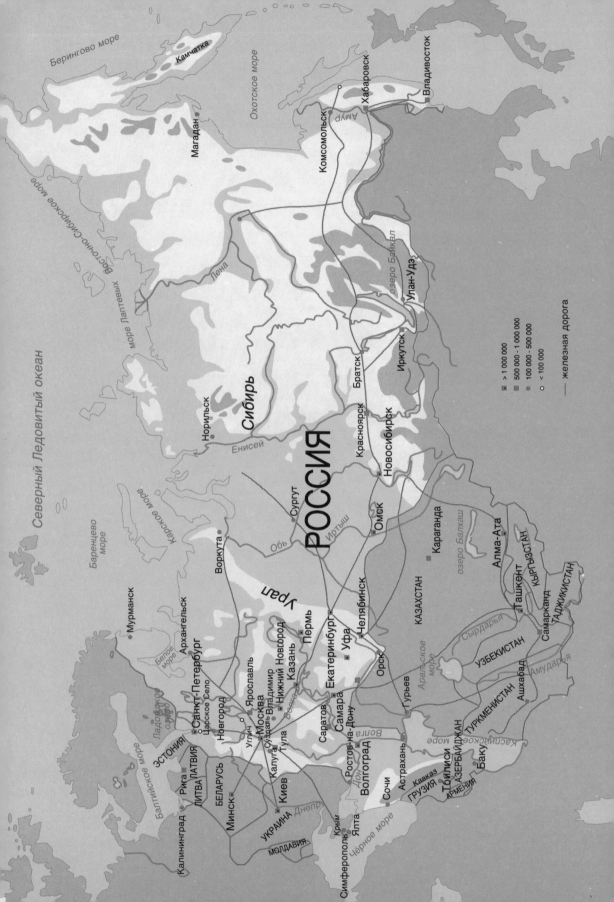

Russian Now!

Learn the Language & the Culture

by
Ursula Gardeia, Monika Gerber, Rainer Groh,
Ludger Hüls, Wolfgang Lücke, Hans-Christoph Pocha,
Christa Salzl, Gudrun Sauter, Irina Schieweck,
Monika Schuster, Ludmilla Tzschach,
and Irmgard Wielandt

LANGUAGE TEXTBOOK

Adapted by
Thomas Beyer, Jr., Ph.D.

Address all inquiries to:
Barron's Educational Series, Inc.
250 Wireless Boulevard
Hauppauge, New York 11788

Authors:
Dr. Ursula Gardeia, Jena; Dr. Monika Gerber, Leipzig; Rainer Groh, Stuttgart; Ludger Hüls, Elchingen; Wolfgang Lücke, Kaarst; Hans-Christoph Pocha, Bottrop; Christa Salzl, Hösbach; Gudrun Sauter, Heilbronn; Irina Schieweck, Leipzig; Monika Schuster, Grimma; Ludmilla Tzschach, Königs Wusterhausen; Irmgard Wielandt, München

Language consultants:
Swetlana Allmendinger, Stuttgart and Natalja Krüger, Greifswald

Vocabulary:
Dr. Bettina Neumann, Leipzig

Cultural consultant:
Ljubow Jakowlewa, Schulforschungsinstitut, Moscow

Visual design:
Alexander Lebedew, Moscow (Illustrations)
Beate Reichert, Bruchsal (Maps)
Hanjo Schmidt, Stuttgart (Layout)

Library of Congress Catalog Number: 96-83956
International Standard Book Number 0-8120-6633-2

Printed in Hong Kong

987654321

Contents

* Only the most important goals are identified for the text passages and exercises. A more complete explanation of goals and approaches can be found in the Instructor's Manual.

Symbols Used

Exercises or drills that encourage the learners to speak about their surroundings.

О СЕБЕ

Pronunciation exercises. These are found on the Cassette for Instructors.

Exercises intended to promote reading skills.

Handwriting practice (only in the Вводный курс).

Listening comprehension exercises. The passages can be found on the Cassette for Instructors and in the Instructor's Manual.

The passage is found on the Cassette for Students and Instructors 1 or 2.

The passage is found on the Cassette for Instructors.

⟨ ⟩   Exercises and drills in parentheses are optional.

These Форточка exercises serve as a preparation for the core lessons. They should be completed *before* beginning work on the step in the core section.

These Форточка exercises serve to reinforce items from the core lessons. They should be completed *after* work on the step in the core section.

Вводный курс

1 ШАГ Аа Ее Ии Оо Ээ Яя Вв Кк Пп Рр Сс Тт

Аа	Бб	Вв	Гг	Дд	Ее	Ёё	Жж	Зз	Ии	Йй	Кк
Лл	Мм	Нн	Оо	Пп	Рр	Сс	Тт	Уу	Фф	Хх	
Цц	Чч	Шш	Щщ	Ъъ	Ыы	Ьь	Ээ	Юю	Яя		

1 Привет!

1 ШАГ

2 Кто это?

Это Ко́стя.   Это ... .

Это ... и ... .

3 Чита́йте!

И́ра Ве́ра Ва́ся Пе́тя Е́ва Та́я Раи́са Ви́тя Све́та Ви́ка
Ка́тя и Ви́ктор   Ри́та и Ки́ра   А́ся и Я́ков   Ко́стя и па́па

4 Приве́т, я Све́та

а) Ви́тя → Пе́тя, Раи́са   Во́ва → па́па
   Ки́ра → Ка́тя   Ве́ра → И́ра, Я́ков
   Ва́ся → Ри́та, Та́я

О СЕБЕ

б) Я ..., а это ... .

Приве́т, я Све́та.
А э́то Ви́ка и Ко́стя.

5 Слу́шайте и говори́те

а	я	и
Све́та	Ка́тя	Ки́ра
Ри́та	Пе́тя	Ри́та
Раи́са	Ва́ся	Ви́тя

Кто это? – Это Во́ва.   А кто это? – Это Ко́стя.
Кто это? – Это Ве́ра.   А кто это? – Это И́ра.
Кто это? – Это Све́та.   А кто это? – Это Та́я и Ва́ся.

6 Пиши́те

А а А́ся, Раи́са   К к Ко́стя, Ви́ка   С с Све́та, Ко́стя

В в Во́ва   О о Во́ва   Т т Та́я, Ви́тя

Е е Е́ва, Ве́ра   П п Пе́тя, па́па   Э э Э́то, это

И и И́ра, Ви́ка   Р р Раи́са, Ки́ра   Я я Я́ков, Ва́ся

Аа	Бб	Вв	Гг	Дд	Ее	Ёё	Жж	Зз	Ии	Йй	Кк
Лл	Мм	Нн	Оо	Пп	Рр	Сс	Тт	Уу	Фф		Хх
Цц	Чч	Шш	Щщ	Ъъ	Ыы	Ьь	Ээ	Юю	Яя		

1   Как тебя́ зову́т?

а)
Дя́дя Фе́дя:	Как тебя́ зову́т?
Ви́ка:	Ви́ка.
Дя́дя Фе́дя:	А как фами́лия?
Ви́ка:	Фами́лия — Соро́кина.
Дя́дя Фе́дя:	А как тебя́ зову́т?
Ко́стя:	Меня́ зову́т Ко́стя, Ко́стя Соро́кин.

б)
Ко́стя:	Там Ла́ра!
Ви́ка:	Приве́т, Ла́ра!
Ла́ра:	Приве́т! Как дела́?
Ви́ка:	Норма́льно. Ну, пока́!
Ла́ра:	Пока́!

2   А как тебя́ зову́т?

Как тебя́ зову́т?
Как фами́лия?

Меня́ зову́т …

Фами́лия …

Све́та Орло́ва
Ли́ля Бакла́нова

Во́ва Ковале́нко
Зи́на Тара́сова

Бо́ря Митя́ев
Ва́дик Я́ковлев

А́ля Соколо́ва
Ва́ня Дья́ков

3   Чита́йте

Ви́ка — Викто́рия	А́ля — А́лла	Ко́стя — Константи́н	Ва́дик — Вади́м
Све́та — Светла́на	Ли́ля — Ли́лия	Во́ва — Влади́мир	Ва́ня — Ива́н
Ла́ра — Лари́са	Зи́на — Зинаи́да	Ви́тя — Ви́ктор	
Ка́тя — Екатери́на	И́ра — Ири́на	Бо́ря — Бори́с	

4 Диало́г

Приве́т, Ка́тя!

Как дела́?

Ну, пока́!

Приве́т, Зи́на!

Норма́льно.

Пока́!

Зи́на   Ка́тя

а) А́лла – Ни́на

Бо́ря – Ли́ля

Йра – Ва́дик

Ко́стя – Ва́ня

б)

О СЕБЕ

5 Пе́тя и Ва́ня

Дя́дя Фе́дя: Как ...?
Пе́тя: Меня́ зову́т Пе́тя.
Дя́дя Фе́дя: ...?
Пе́тя: Дья́ков.
Дя́дя Фе́дя: ...?
Пе́тя: Э́то Ва́ня Дья́ков.

6 Слу́шайте и говори́те

[л]		[л’]		[л — л’]
Ла́ра	Никола́ев	Ли́ля	фами́лия	Э́то Ли́ля Бакла́нова.
Орло́ва	А́лла	А́ля	норма́льно	Э́то Влади́мир Ковале́нко.
Светла́на	Влади́мир	Я́ковлев		Как дела́, А́лла? — Норма́льно.
Бакла́нов	Соколо́в	Ковале́нко		Как дела́, Ли́ля? — Норма́льно.

Как тебя́ зову́т? — Меня́ зову́т Бо́ря. — А как фами́лия? — Митя́ев.
Как тебя́ зову́т? — Меня́ зову́т Ва́ня. — А как фами́лия? — Дья́ков.
Как тебя́ зову́т? — Меня́ зову́т Зи́на. — А как фами́лия? — Тара́сова.

7 Пиши́те

Бб Боря, тебя   Лл Лиза, Алла   Уу зовут

Дд Дима, дела   Мм Мая, Вадим   Фф Федя, фамилия

Зз Зина, зовут   Нн Нина, меня   ь нормально

Аа Бб Вв Гг Дд Ее Ёё Жж Зз Ии Йй Кк
Лл Мм Нн Оо Пп Рр Сс Тт Уу Фф Хх
Цц Чч Шш Щщ Ъъ Ыы Ьь Ээ Юю Яя

S 1   **Но́вгород**

река́
вокза́л
стадио́н
институ́т
центр
собо́р
теа́тр
парк
M музе́й
клуб
шко́ла
кремль
кинотеа́тр
библиоте́ка
по́чта
о́зеро

Гид:	Э́то центр. Э́то парк, а э́то кремль.
Тури́ст:	А что э́то? Э́то собо́р?
Гид:	Да, э́то собо́р.
Тури́ст:	А э́то теа́тр?
Гид:	Нет, э́то не теа́тр, а музе́й.

2 Гид и город

а) *Турист:* Что это?
   Гид: Это кремль.
б) *Турист:* Это собор?
   Гид: Нет, это не собор,
        а музей.

3 Читайте

Новгород   Москва́   Санкт-Петербу́рг
Омск   Новосиби́рск   Ирку́тск
Росто́в   Влади́мир   Су́здаль
Ки́ев   Минск

Во́лга   Дон
Обь   Енисе́й
Ле́на   Аму́р
Днепр

4 Слу́шайте и говори́те

[o]		**[ʌ]**		**[e]**	**[иᵉ]**
по́чта	о́зеро	вокза́л	Бори́с	библиоте́ка	теа́тр
шко́ла	Бо́ря	собо́р	Никола́ев	Ковале́нко	река́
го́род	Ко́стя	пока́	Орло́в	нет	меня́
стадио́н	Во́ва	норма́льно		приве́т	дела́
				Све́та	тебя́

Это Бори́с? — Да, это Бори́с.
Это Ла́ра? — Да, это Ла́ра.
Это кремль? — Да, это кремль.
Это парк? — Да, это парк.

Это Зи́на? — Нет, это не Зи́на, а Йра.
Это Ко́стя? — Нет, это не Ко́стя, а Во́ва.
Это клуб? — Нет, это не клуб, а библиоте́ка.
Это о́зеро? — Нет, это не о́зеро, а река́.

5 Пиши́те

Г г Город, Новгород   *Ч ч Читайте, почта*

Й й музей   *Ш ш Школа, школа*

Ц ц Центр, центр

Аа	Бб	Вв	Гг	Дд	Ее	Ёё	Жж	Зз	Ии	Йй	Кк
Лл	Мм	Нн	Оо	Пп	Рр	Сс	Тт	Уу	Фф		Хх
Цц	Чч	Шш	Щщ	Ъъ	Ыы	Ьь	Ээ	Юю	Яя		

1 Вот они́

Вот Во́ва. Он идёт в клуб.
Э́то Ла́ра. Она́ идёт в библиоте́ку.
А куда́ иду́т Ве́ра Макси́мовна и тури́ст?
Они́ иду́т в музе́й.

2 Куда́ они́ иду́т?

Образе́ц: Во́ва → клуб
Куда́ идёт Во́ва? — Он идёт в клуб.

а) Же́ня → шко́ла
тури́ст → музе́й
Ла́ра → библиоте́ка

б) Ве́ра и Раи́са → центр
Пе́тя и Ва́ня → шко́ла
Бо́ря и па́па → кинотеа́тр

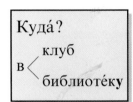

Куда́?
в < клуб
библиоте́ку

3 Авто́бус в центр

Вот авто́бус. Он е́дет в центр.
Э́то спортсме́н. Он е́дет на стадио́н.
Ви́ка и Ко́стя е́дут на о́зеро.

4 Куда́ они́ е́дут?

а) *Образе́ц:* авто́бус → центр
Куда́ е́дет авто́бус?
— Он е́дет в центр.

Ви́тя   → клуб
ма́ма и Зи́на → шко́ла
гид и тури́ст → музе́й
Ва́дик   → библиоте́ка

б) *Образе́ц:* Ви́ка и Ко́стя → о́зеро
Куда́ е́дут Ви́ка и Ко́стя?
— Они́ е́дут на о́зеро.

Ри́та   → по́чта
спортсме́н → стадио́н
Све́та   → о́зеро
тури́ст   → вокза́л

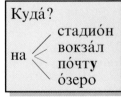

Куда́?
на < стадио́н
вокза́л
по́чту
о́зеро

5 В или НА?

Образе́ц: Ла́ра идёт в библиоте́ку.

Ла́ра				
Пе́тя и Ва́ня			центр	библиоте́ка
Зи́на				
Спортсме́н	→ е́дет / е́дут	в	стадио́н	собо́р
Же́ня и Зи́на	идёт / иду́т	на		по́чта
Тури́ст			вокза́л	шко́ла
Авто́бус			о́зеро	

6 Слушайте и говорите

[ф] в⌣парк, в⌣кремль, в⌣клуб
в⌣театр, в⌣школу, в⌣центр
Дима едет в⌣клуб, а Витя едет в⌣кино.

[в] в⌣библиотеку, в⌣музей, в⌣Москву
в⌣Новгород, в⌣Омск
Аня едет в⌣Минск, а Оля едет в⌣Омск.

7 Привет, ребята!

а) *Миша:* Привет, ребята!
Петя: Привет, Миша! Как дела?
Миша: Нормально.
Петя: Куда ты идёшь?
Миша: Я иду в центр.
А вы? Куда вы идёте?
Ваня: Мы идём домой. Пока!
Миша: Пока!

б) *Света:* Привет, ребята!
Вика: Привет, Света! Как дела?
Света: Спасибо, хорошо.
Куда вы едете?
Костя: Мы едем на озеро.
А куда ты едешь?
Света: Я? Я тоже еду на озеро.
Вика: Здорово, поедем вместе!

8 Идти

1. — Лара, куда ты **идёшь?**
— В библиотеку. А вы?
— Мы ... в клуб.
2. — Привет, Алла! Мы ... в музей.
Пойдём вместе!
— Нет, спасибо, ребята.
Я ... в клуб.

3. — Ребята, вы ... в кинотеатр?
— Нет, мы ... в парк. Там Лиля.
Она ... в кинотеатр.
4. — Вот ... Боря и Витя. А там Миша.
— Привет, Миша! Куда ты ...?
— Я ... в центр. А куда вы ...?
— Мы ... на стадион. Пока!

9 Ехать

1. — Ребята, вы ... домой?
— Нет, мы ... в кинотеатр.
2. Зина и мама ... в школу. Вот
автобус. Но он ... не в школу,
он ... на вокзал.
3. — Привет, Ваня! Куда ты ...?
— Домой. А ты?
— Я ... на озеро.

4. — Папа, мама! Куда вы ...?
— В центр. Мама ... в музей,
а я ... на почту.
5. — Лара, куда ты ...?
— На стадион.
— Хорошо, мы тоже ... на стадион.
Поедем вместе!

10 Диало́г

Образе́ц:

И́ра: Приве́т, Пе́тя! Приве́т, Ва́ня!
Пе́тя: Приве́т, И́ра!
И́ра: Куда́ вы идёте?
Ва́ня: В шко́лу. А куда́ ты идёшь?
И́ра: Я то́же иду́ в шко́лу.
Пе́тя: Хорошо́, пойдём вме́сте.

1. Ви́тя — Бо́ря / То́ля  → стадио́н
2. Ви́ка — Ко́стя / Ю́ра  → о́зеро
3. Ната́ша / Ми́ша  → кинотеа́тр

4. Ла́ра / А́ня — Ри́та  → библиоте́ка
5. Же́ня / Са́ша  → парк
6. Зи́на / Вади́м  → по́чта

11 Чита́йте

12 Слу́шайте и говори́те

з		с	
Зи́на	музе́й	Са́ша	собо́р
зову́т	о́зеро	Све́та	спаси́бо
Ли́за	здо́рово	А́ся	стадио́н

> Шла Са́ша по шоссе́
> и соса́ла су́шку.

13 Пиши́те

Ё ё Стёпа   *Х х Хорошо́! е́хать*

Ж ж Же́ня, то́же   *ы мы*

Аа	Бб	Вв	Гг	Дд	Ее	Ёё	Жж	Зз	Ии	Йй	Кк
Лл	Мм	Нн	Оо	Пп	Рр	Сс	Тт	Уу	Фф	Хх
Цц	Чч	Шш	Щщ	Ъъ	Ыы	Ьь	Ээ	**Юю**	Яя

1 Где они?

Вóва в клýбе.
Он игрáет.

Вéра Максúмовна в музéе.
Онá там рабóтает. Онá гид.

А Лáра в библиотéке.
Онá читáет.

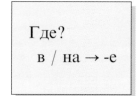

Где?
в / на → -е

Что дéлают Свéта,
Вúка и Кóстя на óзере?
Они там отдыхáют.
Свéта и Вúка игрáют,
а Кóстя слýшает мýзыку.

А где Пéтя и Вáня?
Они дóма.
Они не отдыхáют,
а дéлают урóки.

2 Кто? Где? Что? *Образéц:* Вóва / клуб / игрáть   Вóва в клýбе. Он игрáет.

1. Пéтя и Вáня / дóма / дéлать урóки
2. Вéра Максúмовна / музéй / рабóтать
3. спортсмéн / стадиóн / игрáть
4. турúст / парк / отдыхáть

5. Кóстя / óзеро / слýшать мýзыку
6. Зúна и Вáся / шкóла / читáть
7. Йра и Мúша / клуб / отдыхáть
8. Лáра / библиотéка / читáть

3 Что они дéлают? *Образéц:* Вóва рабóтает дóма.

Вóва   Пéтя и Вáня   Свéта   Вúка и Кóстя   Дя́дя Фéдя

4 На óзере

Вóва: Привéт, ребя́та! Что вы дéлаете?
Свéта: Что за вопрóс! Мы дéлаем урóки.
Вóва: Ха-ха-ха! Вы не знáете, где Кóстя?
Вúка: Вот он. Слýшает мýзыку.
Вóва: Эй, старúк! Что слýшаешь?
Кóстя: Рок-концéрт.
Вóва: Давáй игрáть в бадминтóн!
Кóстя: В бадминтóн? В бадминтóн не
игрáю. Давáйте игрáть в волейбóл!
Вúка, Свéта и Вóва: Давáйте!

5 Что ты дéлаешь? Что вы дéлаете?

Образéц:

— Вáдик, что ты дéла**ешь**?
— Я дéла**ю** урóки.
— Ребя́та, что вы дéла**ете**?
— Мы слýша**ем** мýзыку.

1. — Лáра, что ты дéла…?
— Я отдыхá….
2. — Ребя́та, что вы дéла…?
— Читá… и слýша… мýзыку.
3. — Кáтя, Úра, вы дéла… урóки?
— Нет, мы игрá….

4. — Сáша, что ты дéла…?
— Я дéла… урóки.
5. — Ребя́та, вы отдыхá…?
— Да, отдыхá….
— А что вы дéла…?
— Игрá….
6. — Вúтя, ты дéла… урóки?
— Нет, я читá….
— А что ты читá…?
— Робинзóн Крýзо.

6 Слýшайте и говорúте

[р]

Рáиса	гóрод	парк
рок	хорошó	концéрт
Úра	нормáльно	теáтр
Вéра	спортсмéн	центр

[р']

привéт
крéмль
турúст
старúк

> Карл укрáл у Клáры
> корáллы,
> Клáра укрáла у Кáрла
> кларнéт.

— Вы не знáете, где шкóла?
— Ты не знáешь, где óзеро?
— Вы не знáете, где музéй?
— Ты не знáешь, где пóчта?
— Вы не знáете, где крéмль и собóр?

— Да, знáем. Вот онá.
— Да, знáю. Вот онó.
— Да, знáем. Вот он.
— Да, знáю. Вот онá.
— Да, знáем. Вот онú.

7 Пишúте

Ю ю Юра и Юля читают.

Аа	Бб	Вв	Гг	Дд	Ее	Ёё	Жж	Зз	Ии	Йй	Кк
Лл	Мм	Нн	Оо	Пп	Рр	Сс	Тт	Уу	Фф	Хх	
Цц	Чч	Шш	Щщ	Ъъ	Ыы	Ьь	Ээ	Юю	Яя		

1   Соро́кины

отéц: Бори́с Петро́вич Соро́кин   мать: Вéра Макси́мовна Соро́кина
сын: Константи́н   дочь: Викто́рия

Бори́с Петро́вич — журнали́ст. Вéра Макси́мовна — гид. Они́ рабо́тают в цéнтре.
Ви́ка и Ко́стя ещё не рабо́тают. Ви́ка — учени́ца, а Ко́стя — учени́к.
Они́ живу́т в Но́вгороде.
Во́ва, Ла́ра и Свéта то́же живу́т в Но́вгороде.
Ви́ка, Ко́стя и Свéта живу́т в одно́м подъéзде.

2   Кто они́?

1. Кто Бори́с Петро́вич Соро́кин?
2. А кто Вéра Макси́мовна Соро́кина?
3. Ви́ка и Ко́стя рабо́тают?

4. Где живу́т Соро́кины?
5. А Во́ва, Ла́ра и Свéта?
   Где они́ живу́т?
6. Где живу́т Ви́ка, Ко́стя и Свéта?

3   И́мя — о́тчество

отéц: **Бори́с** Петро́вич

сын: Константи́н **Бори́сович**   дочь: Викто́рия **Бори́совна**

Как о́тчество?

Ива́н	Ива́нович	Андрéй	Андрéевич
	Ива́новна		Андрéевна
Макси́м	…	Никола́й	Никола́евич
Константи́н	…		Никола́…
Влади́мир	…	Сергéй	…
Пётр	Петро́вич	Алексéй	…
	…	Дми́трий	…

4 Вéра Макси́мовна расска́зывает

Вот тури́сты в Но́вгороде. Вéра Макси́мовна расска́зывает:
„В Но́вгороде кремль, институ́ты, шко́лы, па́рки и библиотéки.“
Вот что в Но́вгороде:

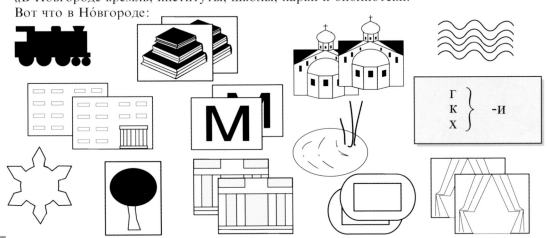

5 Читáйте

Гид рабóтает в кремлé. Журнали́ст рабóтает на рáдио.
Фотóграф рабóтает в фотоателье́.
Инженéр рабóтает на фáбрике. Архитéктор рабóтает в бюрó.
Фи́зик рабóтает в институ́те. Профéссор рабóтает в университéте.

6 Слу́шайте и говори́те

Ы	И	И — Ы
тури́сты	урóки	Тигр игрáет в кáрты.
спортсмéны	пáрки	Мы читáем в библиотéке.
шкóлы	библиотéки	Фи́зик рабóтает в Ми́нске.
учени́цы	ученики́	
Сорóкины	фи́зики	

Ти́ше, мы́ши,
кот на кры́ше,
а котя́та — ещё вы́ше.

Э́то Ви́ка.
Ви́ка дéлает урóки.

Э́то Бори́с Петрóвич.
Бори́с Петрóвич читáет.

Э́то Вéра Макси́мовна.
Вéра Макси́мовна рабóтает.

Лáра идёт домóй.
Ми́ша éдет на óзеро.
Мáма отдыхáет.

И Пéтя идёт домóй.
И Зи́на éдет на óзеро.
И пáпа отдыхáет.

В Но́вгороде клу́бы, пáрки и стадиóны.
В Москвé кремль, собóры и теáтры.
В Но́вгороде живу́т Сорóкины, Свéта и Вóва.

7 Пиши́те

Щу Щу ещё *ъ подъезд*

8 Ру́сский алфави́т

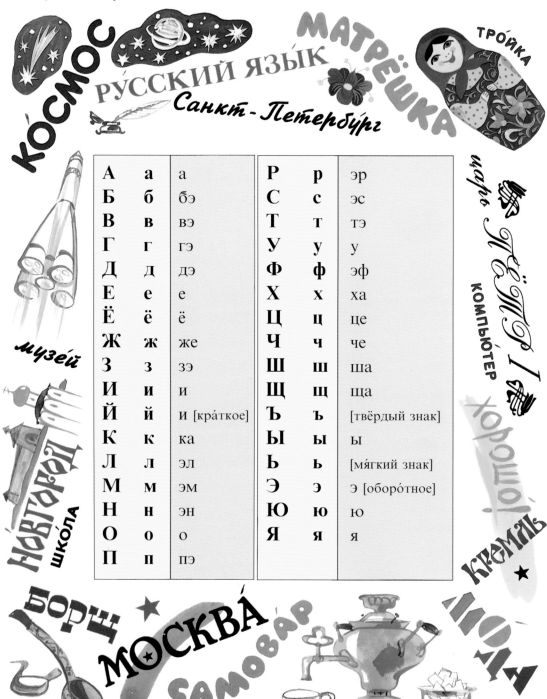

А	а	а	Р	р	эр
Б	б	бэ	С	с	эс
В	в	вэ	Т	т	тэ
Г	г	гэ	У	у	у
Д	д	дэ	Ф	ф	эф
Е	е	е	Х	х	ха
Ё	ё	ё	Ц	ц	це
Ж	ж	же	Ч	ч	че
З	з	зэ	Ш	ш	ша
И	и	и	Щ	щ	ща
Й	й	и [кра́ткое]	Ъ	ъ	[твёрдый знак]
К	к	ка	Ы	ы	ы
Л	л	эл	Ь	ь	[мя́гкий знак]
М	м	эм	Э	э	э [оборо́тное]
Н	н	эн	Ю	ю	ю
О	о	о	Я	я	я
П	п	пэ			

S 1 Пойдём в шко́лу! Пойдём на конце́рт!

a) У́тром Ви́ка и Све́та стоя́т в подъе́зде.
Они́ говоря́т о Москве́.

Све́та: Жить в Москве́ интере́сно!
Там живу́т друг и подру́ги, там
теа́тры, конце́рты …
А Но́вгород – э́то прови́нция!

Ви́ка: Ну, что ты говори́шь, Све́та!
В Но́вгороде то́же интере́сно.
Ты то́лько ещё пло́хо зна́ешь
го́род!

Све́та: А вот Ко́стя идёт. Приве́т, Ко́стя!

Ко́стя: Приве́т! Что вы стои́те? Пойдём
в шко́лу!

| гру́ппа — гру́ппу |
| песня́ — пе́сню |

б) В шко́ле. Све́та и Ко́стя стоя́т в коридо́ре
и смо́трят на афи́шу.

Све́та: Ты лю́бишь гру́ппу „А́виа"?

Ко́стя: Что за вопро́с! Коне́чно, люблю́.
А ты зна́ешь пе́сню „До
свида́ния"?

Све́та: Зна́ю. Дава́й пойдём сего́дня
ве́чером на конце́рт!

Ко́стя: Хорошо́. Пойдём.

АВИА
КОНЦЕРТ
КОГДА?
Сегодня вечером
ГДЕ ?
На стадионе

в) Гру́ппа А́виа. „До свида́ния"

Я говорю́: До свида́ния.
Ты говори́шь: До свида́ния.
Он говори́т: До свида́ния.
Она́ говори́т: До свида́ния.
Мы говори́м: До свида́ния.
Вы говори́те: До свида́ния.
Они́ говоря́т: До свида́ния.
Все говоря́т: До свида́ния.
До но́вых встреч!

2 Вопро́сы

1. Что де́лают Ви́ка и Све́та у́тром?
2. Что говори́т Све́та о Москве́?
3. Что говори́т Ви́ка о Но́вгороде?

4. Что Ко́стя и Све́та де́лают в коридо́ре?
5. Что говори́т Ко́стя о гру́ппе „А́виа“?
6. А вы лю́бите рок-му́зыку?

3 Что они́ де́лают?

стоя́ть: Бори́с … в подъе́зде.
Ни́на и О́ля то́же …

смотре́ть: Са́ша … на афи́шу.
Ве́ра и Ви́тя то́же …

говори́ть: Дени́с … о му́зыке.
Алексе́й и Ка́тя то́же …

4 Что ты де́лаешь ве́чером?

Ви́ка: Алло́?
Ла́ра: Э́то я — Ла́ра. Ви́ка, э́то ты?
Ви́ка: Да, я. Приве́т, Ла́ра!
Ла́ра: Приве́т! Что ты де́ла…?
Ви́ка: Я слу́ша… му́зыку. А ты?
Ла́ра: Я смотр… телеви́зор.
А Ко́стя до́ма?

Ви́ка: Нет. Он на стадио́не. Там сего́дня
ве́чером игра́… гру́ппа „А́виа“.
Ла́ра: Что ты говор…! Гру́ппа „А́виа“
в Но́вгороде? Я о́чень люб…
гру́ппу „А́виа“. Дава́й то́же
пойдём на конце́рт!
Ви́ка: Хорошо́. Пойдём!

5 Слу́шайте и говори́те

— Ты лю́бишь му́зыку?   — Да, люблю́.

— Ты лю́бишь му́зыку?   — Да, я.

— Ты лю́бишь му́зыку?   — Да, му́зыку.

а)

— Све́та лю́бит Москву́?   — Да, … .

— Све́та зна́ет Но́вгород?   — Нет, не … .

— Ко́стя идёт на конце́рт?   — Да, … .

— Ви́ка до́ма?   — Да, … .

— Ла́ра зна́ет о конце́рте?   — Нет, не … .

… лю́бит,
не лю́бит,
лю́бит!

б)

— Са́ша говори́т о му́зыке?
— Да, о му́зыке.
— Ты лю́бишь пе́сню „До свида́ния“?
— Да, о́чень люблю́.
— Вы зна́ете, где они́ игра́ют?
— Да, зна́ем.
— Ко́стя лю́бит пе́сню?
— Да, Ко́стя.
— Ла́ра идёт на стадио́н?
— Нет, она́ е́дет.

1 Неде́ля

а) Сего́дня понеде́льник.

3	*Понеде́льник*
4	*Вто́рник*
5	*Среда́*
6	*Четве́рг*
7	*Пя́тница*
8	*Суббо́та*
9	*Воскресе́нье*

б) Когда́?

в понеде́льник
во вто́рник
в сре́ду
в четве́рг
в пя́тницу
в суббо́ту
в воскресе́нье

[ф]
в ⌣понеде́льник
в ⌣сре́ду
в ⌣четве́рг
в ⌣пя́тницу
в ⌣суббо́ту

[в:]
в ⌣воскресе́нье

2 Что Ла́ра де́лает в понеде́льник, во вто́рник …?

3 – 9/Х
ПН *библиоте́ка*
ВТ *рок-конце́рт*
СР *волейбо́л*
ЧТ *телеви́зор*
ПТ *волейбо́л*
СБ *кино́*
ВС *о́зеро*

а) *Образе́ц:* В понеде́льник Ла́ра рабо́тает в библиоте́ке. Во вто́рник она́ … .

б) Что Ла́ра расска́зывает о себе́?

Образе́ц: В понеде́льник я рабо́таю в библиоте́ке. Во вто́рник я … .

О СЕБЕ

‹в› *Скажи́те, что вы де́лаете в понеде́льник, во вто́рник … .*

3 Расписа́ние

Понеде́льник	Вто́рник	Среда́	Четве́рг	Пя́тница
литерату́ра	*фи́зика*	*исто́рия*	*ру́сский язы́к*	*биоло́гия*
хи́мия	*литерату́ра*	*фи́зика*	*ру́сский язы́к*	*матема́тика*
матема́тика	*исто́рия*	*матема́тика*	*геогра́фия*	*фи́зика*
биоло́гия	*матема́тика*	*ру́сский язы́к*	*хи́мия*	*физкульту́ра*
исто́рия	*му́зыка*	*физкульту́ра*	*неме́цкий язы́к*	*литерату́ра*
англи́йский язы́к	*неме́цкий язы́к*	*хи́мия*	*англи́йский язы́к*	*матема́тика*

а) Что в понеде́льник, во вто́рник …?
б) Когда́ фи́зика, матема́тика, литерату́ра, ру́сский язы́к, неме́цкий язы́к?

в) Когда́ исто́рия, биоло́гия, хи́мия, ру́сский язы́к и матема́тика?
Образе́ц: Исто́рия в сре́ду.

О СЕБЕ

4 Что в классе?

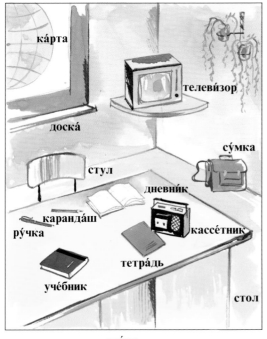

слева

справа

а) *Скажите, что слева стоит / лежит / висит в классе.*

б) *Сравните:* Слева — справа
   Образец: Слева карта висит в классе. Справа тоже висит карта.
   Слева учебник лежит на столе. Справа учебник лежит на стуле.

5 Мой, моя, моё, мои — твой, твоя, твоё, твои

Спросите друг друга.
Образец: Где твои учебники? — Мои учебники? Они в сумке.

учебники, сумка, ручка, карандаш,
дневник, карты, стул, расписание,
друг, подруги, учительница, учитель

мой / твой	карандаш
моя / твоя	ручка
моё / твоё	расписание
мои / твои	учебники

6 Сравните

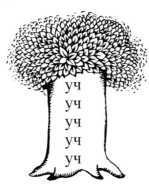

уч	итель
уч	ительница
уч	еник
уч	еница
уч	ебник

1 Это тетрадь Олéга

а)

| Это тетрáдь Олéга. | Это тетрáдь учúтеля. | Это тетрáдь Сергéя. | Это тетрáдь Свéты. | Это тетрáдь Тáни. | Это тетрáдь Вúки. |

б) Вот дневнúк Вадúма. Вот дневнúк … (Лúда, Áся, Волóдя, Максúм, Раúса, Сергéй)

2 Что лежúт на столé?

Образéц: На столé лежúт тетрáдь Олéга.

учúтель
Кáтя
Вúктор

Олéг
Владúмир
Ивáнович
Дúма

Алексéй
Надéжда
Алексáндровна

3 Кто учúтель / учúтельница математúки, фúзики, …?

| Ивáн Петрóвич | Надéжда Алексáндровна | Вéра Сергéевна | Людмúла Петрóвна | Владúмир Ивáнович |

Образéц: Ивáн Петрóвич — учúтель мýзыки.

4 Диалóги

— Вúка, ты знáешь Нóвгород?
— Конéчно, знáю.
— А Москвý?
— Москвý не знáю.

— Вéра, ты знáешь Ивáна Петрóвича?
— Да, знáю.
— А Людмúлу Петрóвну?
— Людмúлу Петрóвну тóже знáю.

— Сáша, ты знáешь … (Санкт-Петербýрг, Новосибúрск, рекá Лéна, гóрод Омск, Кúев, рекá Днепр, Ростóв, рекá Амýр …)?

— Лúля, ты знáешь … (Зúна, Борúс, Úра, Вúктор, Кóстя, Тáня, Валентúн Сергéевич, Надéжда Борúсовна …)?

5 … лю́бит …

Нúна лю́бит Олéга, и Олéг лю́бит Нúну. Вéра …

6 Записка

На уро́ке ученики́ слу́шают му́зыку Проко́фьева „Пе́тя и Волк“.
А Андре́й пи́шет запи́ску: „Та́ня, пойдём сего́дня в кино́!“
Он говори́т Дени́су: „Та́не!“
Та́ня чита́ет и пока́зывает запи́ску подру́ге. Ве́ра пи́шет Та́не:
„Я сего́дня то́же иду́ в кино́.“ Та́ня пи́шет Ве́ре: „Пойдём вме́сте!“

7 „Телефо́н пло́хо рабо́тает“

Ри́та	Ви́ктор	Ли́да	На́дя	И́горь
	Ма́ша пи́шет Ми́ше	Са́ша пи́шет Ми́ше	Ми́ша пи́шет Ма́ше	Ма́ша пи́шет Са́ше	Как э́то, – Са́ша пи́шет Са́ше?

Образе́ц: Ри́та говори́т Ви́ктору: Ма́ша пи́шет Ми́ше, а Ви́ктор говори́т ...

8 Что они́ говоря́т?

к музе́ю!

Ви́ка Соро́кина, к ...!

Во́ва Ковале́нко, к ...!

Ива́н Петро́вич, к ...!

ДИРЕ́КТОР

Ребя́та, к ...!

А́нна Петро́вна! к ...!

ка́рта
телефо́н
доска́
стол
дире́ктор

9 Слу́шайте и говори́те

[к]	[к]	[г]
к Оле́гу	к собо́ру	к доске́
к Андре́ю	к теа́тру	к Дени́су
к о́зеру	к па́рку	к библиоте́ке
к учи́телю	к Све́те	к Зи́не
к А́не	к подру́ге	к дру́гу

10 Гид пока́зывает тури́сту Но́вгород

Ве́ра Макси́мовна и тури́ст иду́т к ... (автобус). Сего́дня они́ е́дут в центр ... (го́род).
В автобусе Ве́ра Макси́мовна расска́зывает ... (тури́ст) о ... (Но́вгород). И вот они́ в ...
(кремль). Ве́ра Макси́мовна пока́зывает ... (тури́ст) собо́ры, теа́тр, музе́й.
Они́ иду́т к ... (музе́й), но музе́й сего́дня не рабо́тает. Ве́ра Макси́мовна говори́т:
„Пойдём к ... (собо́р)! Там то́же интере́сно.“

11 Здо́рово!

Ве́чером Све́та и Ко́стя на концерте рок-гру́ппы „А́виа". Во́ва уже́ там. Он говори́т с Ка́тей. На концерте и учи́тельница физкульту́ры. Она́ о́чень лю́бит рок-му́зыку и пе́сни гру́ппы „А́виа" то́же. Вот она́ стои́т с Влади́миром Ива́новичем и с Валенти́ной Петро́вной и говори́т о му́зыке, о рок-гру́ппе …

„А́виа" игра́ет о́чень хорошо́. Здо́рово на конце́рте!

12 Вопро́сы

1. Све́та идёт с Ви́кой на конце́рт?
2. Ка́тя говори́т с Ни́ной?

3. Валенти́на Петро́вна говори́т с учи́телем му́зыки о рок-гру́ппе?

13 На переме́не

Наде́жда Алекса́ндровна говори́т с Кост…:
1. „Что с Ви́к…?" — „Она́ сего́дня рабо́тает с Ива́н… Петро́вич…."
2. „А что с Та́н…?" — „Она́ сего́дня с па́п… в институ́те."
3. „А что с Йгор…?" — „Он сего́дня с Ве́р… Серге́евн… е́дет в Москву́."

14 Слу́шайте и говори́те

[с]	[с]	[з]
с учеником	с тури́стом	с дру́гом
с Оле́гом	с фото́графом	с ги́дом
с учи́телем	с Ка́тей	с Ди́мой
с А́нной	с подру́гой	с дя́дей

15 Вме́сте

◄ *Образе́ц:*
Све́та вме́сте с Ви́кой и Ко́стей слу́шает му́зыку.

слу́шать му́зыку
Све́та — Ви́ка, Ко́стя

игра́ть в футбо́л
Во́ва — Дени́с, Андре́й

смотре́ть телеви́зор
Ми́ша — Пе́тя, Ва́ня

идти́ в кино́
Та́ня — друг, подру́га

е́хать к дя́де
Ла́ра — ма́ма, па́па

1 „Нос"

Переме́на. Во́ва стои́т вме́сте с Дени́сом и Андре́ем
в коридо́ре. Они́ говоря́т о футбо́ле.
Звоно́к.
Что? Уже́ уро́к?
5 Ребя́та иду́т в кабине́т литерату́ры.
Учи́тельница литерату́ры, Наде́жда Алекса́ндровна,
пи́шет на доске́ те́му уро́ка.
Ученики́ чита́ют:

> Никола́й Васи́льевич Го́голь,
> расска́з „Нос".

10

Во́ва говори́т Дени́су:
— Ох, опя́ть о Го́голе!
На уро́ке учи́тельница расска́зывает о „Но́се", и ребя́та
слу́шают. То́лько Во́ва не слу́шает:
15 — Сего́дня футбо́л. Пойдём с Дени́сом на стадио́н и́ли
нет? — Во́ва смо́трит на Дени́са, но Дени́с слу́шает
учи́тельницу и не смо́трит на Во́ву.

В кабине́те виси́т портре́т Го́голя. Во́ва смо́трит на
Го́голя. — Вот э́то нос!
Он берёт каранда́ш и рису́ет. 20

Э́то нос Го́голя.

А э́то нос Ви́ки.

Э́то нос Наде́жды Алекса́ндровны.

— Во́ва Ковале́нко, что ты там де́лаешь? Запи́ску
пи́шешь? — Учи́тельница идёт к Во́ве. 25
— Опя́ть рису́ешь? — говори́т она́, — что э́то?

Во́ва смо́трит на портре́т Го́голя.

— Ага́, э́то нос Го́голя, — говори́т учи́тельница, — а э́то?

— Нос Ви́ки, — говори́т Во́ва.

— А что э́то? 30

— Мм…
— Непло́хо, непло́хо, — говори́т Наде́жда
Алекса́ндровна. Она́ идёт к доске́ и опя́ть
расска́зывает о „Но́се": Вот Нос е́дет в собо́р …

Г Урок 1

2 Пра́вильно и́ли непра́вильно?

Образе́ц: Во́ва, Дени́с и Андре́й стоя́т в коридо́ре.
— Да, э́то пра́вильно.

Вова́ говори́т о волейбо́ле.
— Нет, э́то непра́вильно. Он говори́т о футбо́ле.

1. Ученики́ иду́т в кабине́т матема́тики.
2. Учи́тельницу литерату́ры зову́т Валенти́на Бори́совна.
3. Учи́тельница расска́зывает о „Но́се".
4. Во́ва не слу́шает учи́тельницу.
5. Он пи́шет запи́ску.
6. Во́ва рису́ет нос учи́тельницы.

3 Во́ва на уро́ке литерату́ры

1. Он идёт к … (доска́).
2. Он чита́ет … (те́ма) … (уро́к).
3. Он не слу́шает … (учи́тельница).
4. Он рису́ет нос … (Го́голь).
5. Он пло́хо зна́ет … (Го́голь).
6. Он говори́т с … (Наде́жда Алекса́ндровна).

4 Расскажи́те об уро́ке литерату́ры

5 Что вы лю́бите?

Образе́ц:
— Марти́на, ты лю́бишь литерату́ру?
— Нет, не о́чень.
— А матема́тику?
— Матема́тику о́чень люблю́. Э́то интере́сно.

Да, люблю́.
Да, о́чень.
Э́то (о́чень) интере́сно.

Нет, не люблю́.
Нет, не о́чень.
Э́то (о́чень) ску́чно.

Спроси́те друг дру́га.

физкульту́ра / теа́тр / ру́сский язы́к / неме́цкий язы́к / футбо́л / волейбо́л / фи́зика / бадминто́н / кино́ / му́зыка

‹6 Диало́ги в шко́ле›

а) На переме́не.
Кто говори́т с Ве́рой?
Что лежи́т на столе́?
Где уче́бники Ви́ки?

б) На уро́ке физкульту́ры.
Кто игра́ет в волейбо́л?
Как Андре́й игра́ет?
Что де́лают Во́ва и Са́ша?

32 *три́дцать два*

0 ноль, нуль		
1 оди́н	11 оди́ннадцать	21 два́дцать оди́н
2 два	12 двена́дцать	22 два́дцать два
3 три	13 трина́дцать	…
4 четы́ре	14 четы́рнадцать	30 три́дцать
5 пять	15 пятна́дцать	
6 шесть	16 шестна́дцать	
7 семь	17 семна́дцать	
8 во́семь	18 восемна́дцать	
9 де́вять	19 девятна́дцать	
10 де́сять	20 два́дцать	

Внимание!
Образец написания цифр индекса:

1   Ско́лько бу́дет?

$4 + 3 = 7$ Четы́ре плюс три бу́дет семь.
$25 - 6 = 19$ Два́дцать пять ми́нус шесть бу́дет девятна́дцать.

Ско́лько бу́дет: $8 + 5$; $15 - 7$; $13 + 8$; $18 - 5$; $8 + 4$; $30 - 9$; $17 + 7$?

2   Как да́льше?

2, 4, 6, …? 5, 10, 15, …? 21, 18, 15, …? 1, 2, 4, 8, …? …

1 Друзья Светы

Света и Вика живут в одном подъезде. Света из Москвы. Вика не знает, кто друзья Светы в Москве. Света показывает ей фото из Москвы.

Света: Вот это Коля. Я его уже давно знаю.
5   Он тоже фигурист, как и я. Ему 13 лет.
Вика: Тебе тоже 13 лет?
Света: Да.
Вика: Вот это Коля? Здорово!
        А девочка слева? Кто она?
10 *Света:* Я её не знаю.

Света: Вот ещё фото. Здесь моя подруга. Её зовут Алина. Ей уже 15 лет.
Вика: А-мне тоже 15. Она фигуристка?
Света: Нет. Она играет в волейбол и любит музыку.
Вика: Я тоже люблю музыку.
       А девочка справа? Кто это?   15
Света: Это Даша, сестра Алины. Ей только 3 года. Алина её очень любит.

Света: Вот ещё фото. Это мой тренер.
20 *Вика:* Как его зовут?
Света: Его зовут Скоровёртов, Станислав Александрович. Я его хорошо знаю и часто пишу ему.
Вика: Он тебе тоже пишет?
Света: Да, пишет.
25 *Вика:* Интересно!

2 Вопросы

1. Сколько лет Свете? Что она делает?
2. Кто друг Светы в Москве? Как его зовут? Сколько ему лет?
3. Кто подруга Светы в Москве? Как её зовут? Сколько ей лет? Что она любит?
4. Что вы знаете о Вике?
5. Что вы знаете о тренере Светы?

3 Сколько лет?

1 год	2/3/4 года
5 — 20 лет	**21 год** | **22/23/24 года**

| Света 13 | Костя 14 | Лара 15 | Даша 3 | С. А. Скоровёртов 24 | Вова 15 | Надежда Александровна 31 |

а) Сколько лет Свете? — Ей 13 лет.   б) Скажите, кому 31 год, 15, 13, 14 лет, 24, 3 года.

4 Кого вы зна́ете?

Спроси́те друг дру́га.
Образе́ц: — Ты зна́ешь Михаи́ла Горбачёва?   — Ты зна́ешь А́ллу Пугачёву?
— Да, я его́ зна́ю.   — Нет, я её не зна́ю.

Михаи́л Горбачёв	А́лла Пугачёва	Никола́й Го́голь	Валенти́на Терешко́ва	Дми́трий Менделе́ев	Наде́жда Алекса́ндровна

5 Друзья́ Ви́ки в Но́вгороде

Мне, тебе́, ей, ему́, её, его́?
1. Вот друг Ви́ки. … зову́т Во́ва. … 15 лет. Ви́ка … давно́ зна́ет. Они́ в одно́м кла́ссе. Он игра́ет в футбо́л и лю́бит матема́тику.
2. Ко́стя — брат Ви́ки. … 14 лет. Он лю́бит рок-му́зыку. Све́та даёт … кассе́ту гру́ппы „А́виа“.
3. Ла́ра — подру́га Ви́ки. … 15 лет. Она́ то́же с Ви́кой в одно́м кла́ссе. Она́ ча́сто игра́ет в волейбо́л. Ви́ка помога́ет … де́лать уро́ки.
4. Ла́ра говори́т Ви́ке: „Вот биле́т на стадио́н.“ Она́ даёт … Ви́ке.
5. „Све́та, ско́лько … лет?“ — „… 13 лет, а …?“ — „… 15,“ — говори́т Ви́ка.

6 Что говори́т Ви́ка?

а) У меня́ есть брат.
   У меня́ нет сестры́, но у меня́ есть подру́га.
   Её зову́т Ла́ра.
   И у меня́ есть ещё подру́га. Её зову́т Све́та.

б) *Спроси́те друг дру́га.*
   — У тебя́ есть брат, сестра́, друг, подру́га?

О СЕБЕ

| У меня́ есть брат. |
| сестра́. |
| У меня́ нет бра́та. |
| сестры́. |

7 Что у тебя́ есть?

О СЕБЕ

Что у тебя́ в су́мке, на столе́, …?

1 Геогра́фия

1 Нори́льск — го́род на се́вере страны́. Там о́чень хо́лодно. Температу́ра ча́сто ми́нус 30! Зимо́й там со́лнце не све́тит.

2 Москва́ — столи́ца страны́. В го́роде — река́ Москва́. В це́нтре го́рода — Кремль.

3 Санкт-Петербу́рг — на за́паде страны́. Недалеко́ от Санкт-Петербу́рга — мо́ре. В го́роде — река́ Нева́ и кана́лы. Кремля́ в Санкт-Петербу́рге нет.

4 Но́вгород — недалеко́ от Санкт-Петербу́рга, на реке́ Во́лхов и на о́зере И́льмень. В Но́вгороде то́же есть кремль, как и в Москве́.

5 Владивосто́к — го́род на мо́ре, на восто́ке страны́. Во Владивосто́ке — порт.

6 Река́ Во́лга течёт на юг, в мо́ре. Го́род Волгогра́д — на реке́ Во́лга.

7 Кавка́з — на ю́ге страны́. На Кавка́зе есть куро́рт Со́чи. Со́чи — на мо́ре.

8 А что э́то? Э́то бу́хта Ба́бушка на о́зере Байка́л.

1

2

3

4

5

6

7

8

2 Где э́то?

Образе́ц: Му́рманск — на се́вере страны́.

Му́рманск	Росто́в	Ура́л
Оренбу́рг	Ирку́тск	река́ Аму́р
Магада́н	Ту́ла	река́ Обь
Екатеринбу́рг	Новосиби́рск	река́ Ле́на

се́вер

за́пад   восто́к

юг

3 Соро́кины

Но́мер 1: Бори́с Петро́вич.
Но́мер 2: Ве́ра Макси́мовна.
Они́ па́па и ма́ма Ви́ки и Ко́сти.
Ви́ка и Ко́стя — сестра́ и брат.
Но́мер 3: О́льга Гео́ргиевна.
Она́ тётя Ви́ки и Ко́сти.
Но́мер 4: Алекса́ндр Петро́вич.
Он дя́дя Ви́ки и Ко́сти.
Но́мер 5: Кузи́на На́дя.
Но́мер 6: Э́то ба́бушка.
Её зову́т Мари́я Васи́льевна.
Но́мер 7: Де́душка.
Его́ зову́т Пётр Ива́нович Соро́кин.

4 Семья́ Ви́ки

а) Семья́ Ви́ки живёт в Но́вгороде. Семья́ На́ди живёт в Нори́льске. Но есть ещё у Ви́ки и у На́ди тёти и дя́ди на се́вере, на ю́ге и на восто́ке. *Что расска́зывает Ви́ка о семье́?*

Образе́ц:

Кузи́на — На́дя — Нори́льск — учени́ца
„У меня́ есть кузи́на. Её зову́т На́дя. Она́ живёт в Нори́льске.
Нори́льск на се́вере страны́. На́дя — учени́ца.“

1. тётя — Любо́вь Петро́вна Соро́кина — Ту́ла — инжене́р
2. дя́дя — Макси́м Петро́вич Соро́кин — Владивосто́к — капита́н
3. ба́бушка — Мари́я Васи́льевна Соро́кина — Но́вгород — учи́тельница
4. дя́дя — Кири́лл Макси́мович Аге́ев — Кавка́з — био́лог
5. де́душка — Макси́м Кири́ллович Аге́ев — Санкт-Петербу́рг — фото́граф

О СЕБЕ

б) *Спроси́те друг дру́га. Образе́ц:*
У тебя́ есть тётя? — Да, тётя у меня́ есть. Её зову́т ... . Она́ живёт ... . Она́ ... .
и́ли: — Тёти у меня́ нет.

5 Что непра́вильно?

а)	б)	в)	г)	д)
се́вер	Москва́	ба́бушка	Во́лга	Све́та
ка́рта	Но́вгород	мать	Байка́л	Наде́жда Алекса́ндровна
восто́к	Ура́л	сын	Во́лхов	Ко́ля
юг	Нори́льск	гид	Нева́	Во́ва

6 Сравни́те

Вы зна́ете: па́па Ви́ки — журнали́ст.

журна́л — журнали́ст
волейбо́л — волейболи́ст
телефо́н — телефони́ст
футбо́л — футболи́ст
гита́ра — гитари́ст
фигу́ра — фигури́ст

журнал
волейбол
телефон
футбол
гитар(а)
фигур(а)

ЙСТ

1 У кого что есть?

Пятница. В школе дискотека. Лара и Вова помогают учительнице. Что есть у Лары и у Вовы?

Лара

кассетник   гитара   фотоаппарат   билеты

Вова

кассетник   афиши   кассеты   видеофильм

а) *Образец:* — У Лары есть кассетник? — Нет, **у неё** нет кассетника.
         — У Вовы есть кассетник? — Да, **у него** есть кассетник.

б) Надежда Александровна говорит:
— У кого есть кассетник? — У Вовы.
— У кого есть гитара? — У Лары и у Вовы нет гитары.

у кого?	у него
	у неё

2 Кто есть? Кого нет?

Вечером ребята на дискотеке.
Костя говорит с Ларой:

Костя: Света здесь?
Лара: Нет, **её нет.** У неё дома друзья из Москвы.
Костя: Вова здесь, или **его** тоже **нет?**
Лара: Он здесь.

Спросите друг друга.

Света	друзья из Москвы
Вова	✓
Вика	✓
Игорь	грипп
Андрей	экзамен
Таня	билеты на концерт
Ира	✓
Петя	✓
Настя	тоже грипп

3 Что они делают?

Что делают ребята? С кем они говорят, играют, ...?

Образец: Вика говорит с Вовой. Она часто говорит **с ним.**
        Лара играет в волейбол с Таней. Она часто играет
        в волейбол **с ней.**

с кем?	со мной
	с тобой
	с ним
	с ней

1. Петя играет в карты с Ваней. Он часто играет в карты с ....
2. Маша говорит с Таней. Она всегда ....
3. Миша смотрит видеофильм с Ирой. Он ....
4. Борис слушает кассету с Ниной. Он ....
5. Саша говорит с Ирой: „Ты идёшь в кино со ...?“ Ира говорит: „С ...? Да.“
6. Лара делает уроки с Викой. Она ....

4 Кири́лл и На́дя

а) Ребя́та говоря́т о Кири́лле и На́де.
Кири́лл и На́дя всегда́ вме́сте.
Он всегда́ ду́мает **о ней.**
А она́ то́лько говори́т **о нём.**

о ком?	обо мне́ о тебе́ о нём о ней

Он Она́	всегда́ то́лько ча́сто	ду́мает говори́т пи́шет в дневнике́ расска́зывает	о	он она́

б) На́дя и Кири́лл говоря́т:
— Ты ду́маешь **обо мне́?** — Да, я всегда́ ду́маю **о тебе́.**

5 На уро́ке физкульту́ры

Ребя́та игра́ют в волейбо́л. Есть гру́ппа Наде́жды Алекса́ндровны и гру́ппа Ива́на Петро́вича. К кому́ иду́т ребя́та? *Спроси́те друг дру́га.*

Образе́ц: К кому́ идёт Ви́ка? К ней и́ли к нему́? — **К ней.**
К кому́ идёт Дени́с? ...

к Наде́жде Алекса́ндровне	к Ива́ну Петро́вичу
Ви́ка Кири́лл Ма́ша Во́ва	Ди́ма Ла́ра Дени́с Та́ня

к кому́?	к ней к нему́

6 Как „А́виа"

Я говорю́ с ... (ты).   Мы говори́м с ... (Ле́на).
Ты говори́шь с ... (Бори́с).   Вы говори́те с ... (он).
Он говори́т с ... (она́).   Они́ говоря́т с... (я).
Она́ говори́т с... (я).   Все говоря́т с ... (учи́тель).

7 Дава́йте, ребя́та!

а) *Образе́ц:* Во́ва? — **С ним** говори́т Ви́ка.
  1. Све́та? — ... до́ма друзья́ из Москвы́.
  2. На́дя? — ... все говоря́т.
  3. Андре́й? — ... экза́мен.
  4. Наде́жда Алекса́ндровна? — ... идёт Ви́ка.
  5. И́ра? — ... Са́ша идёт в кино́.
  6. И́горь? — ... грипп.

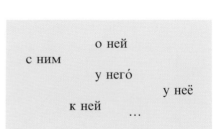

о ней
с ним
у него́
у неё
к ней
...

б) Су́мка? — В ней уче́бник.
Стол? — На нём тетра́дь.
Доска́? — К ней ...

Класс? Шко́ла? О́зеро? ...

8 Что спрашивает бабушка?

Костя говорит с бабушкой.

Костя: Я иду́ к Пе́те.

Бабушка: **К кому́?**

Костя: К Пе́те. Он
со мно́й в шко́ле.

Бабушка: …?

Костя: Со мно́й. У него́
есть видеофи́льм.

Бабушка: …?

Костя: У него́, у Пе́ти.
Это видеофи́льм
о Менделе́еве.

Бабушка: …?

Костя: О Менделе́еве.

Бабушка: … э́то? Хи́мик?

Костя: Да, хи́мик.

9 Ти́гры

1. На восто́ке, во Владивосто́ке, живёт тигр. У … есть подру́га. Она́ живёт
на куро́рте на ю́ге. 2. Тигр ча́сто пи́шет …. 3. „Ты ду́маешь обо …? Ты ещё
лю́бишь …? Здесь живёт мой друг био́лог. Я ча́сто расска́зываю … о ….“
4. Зимо́й во Владивосто́ке хо́лодно. Тигр е́дет к … на юг и отдыха́ет с ….
5. Он расска́зывает … о Владивосто́ке, пока́зывает … фо́то. 6. Подру́га ти́гра
о́чень лю́бит …. 7. Она́ игра́ет в ка́рты с …, и он идёт с … в кино́.

10 Слу́шайте и говори́те

[л]	[л']	[ы]	[и]
Во́лга	— О́льга	вы — ви:	вы — Ви́ка
Байка́л	— Нори́льск	ры — ри:	Крым — Ри́га
Ла́дога	— То́ля	ты — ти:	ты — тигр
пло́хо	— Лёва	сы — си:	сын — спаси́бо
Калу́га	— он лю́бит	мы — ми:	мы — ми́нус

> Эй, вы, львы́, не вы ли вы́ли у Невы́?

‹11 Говори́т Москва́›

Слу́шайте радиопрогра́мму.

а) Напиши́те результа́ты футбо́ла, гандбо́ла, спортлото́.

б) О пого́де. Напиши́те температу́ру во Владивосто́ке,
в Ирку́тске, в О́мске, в Со́чи, в Волгогра́де, в Санкт-
Петербу́рге, в Москве́.

1 Письмо́ из Нори́льска

На́дя — кузи́на Ви́ки. Она́ живёт на се́вере, в Нори́льске, то́лько год. Ви́ке интере́сно, как живёт На́дя в Нори́льске. На́дя пи́шет ей письмо́.

Приве́т, Ви́ка!

Спаси́бо за письмо́. Тебе́ интере́сно, как здесь, на се́вере? Ле́том я о́чень люблю́ се́вер. А зимо́й пло́хо, потому́ что со́лнце не све́тит. У́тром мы слу́шаем прогно́з пого́ды. Сего́дня температу́ра ми́нус 35 и ве́тер. Ми́нус 35 — э́то не о́чень хо́лодно, но ве́тер … э́то у́жас!

Сего́дня я не иду́ в шко́лу. Почему́? Потому́ что ве́тер. Зимо́й я о́чень люблю́ шко́лу. Там не ску́чно. В шко́ле мои́ друзья́, и там я игра́ю в теа́тре. До́ма ску́чно, то́лько телеви́зор и ра́дио. Ма́ма и па́па на рабо́те.

В кла́ссе есть оди́н ма́льчик. Его́ зову́т Са́ша. Он о́чень лю́бит се́вер, хорошо́ зна́ет ту́ндру и тайгу́. Он ча́сто расска́зывает мне о се́вере. Он живёт недалеко́ от меня́. Сего́дня я иду́ к нему́, потому́ что у него́ фо́то о ту́ндре и тайге́. Мне э́то о́чень интере́сно!

А как дела́ у тебя́ до́ма и в шко́ле? Что ты де́лаешь? Приве́т тёте, дя́де и Ко́сте.

Пока́!

Надя

2 Вопро́сы

1. Кто На́дя? Где она́ живёт? Кому́ она́ пи́шет?
2. Что вы зна́ете о Нори́льске?
3. Кто Са́ша? Что он лю́бит?

3 А почему́?

1. Зимо́й пло́хо, потому́ что … .
2. Сего́дня На́дя не идёт в шко́лу, потому́ что … .
3. Она́ лю́бит шко́лу, потому́ что … .
4. До́ма ску́чно, потому́ что … .
5. Са́ша расска́зывает о се́вере, потому́ что … .
6. На́дя идёт к нему́, потому́ что … .

4 Письмо́ Ви́ки

Ви́ка отвеча́ет На́де. Что она́ пи́шет ей?   /   Приве́т, На́дя!   Спаси́бо за письмо́ …

5 Соро́кины в Нори́льске и в Но́вгороде

1. Мать На́ди — О́льга Гео́ргиевна. На́дя — дочь О́льги Гео́ргиевны. 2. Оте́ц На́ди — Алекса́ндр Петро́вич, … Бори́са Петро́вича. 3. Бори́с Петро́вич — … На́ди.
4. Мари́я Васи́льевна — … Алекса́ндра Петро́вича и Бори́са Петро́вича.
Она́ — … На́ди. 5. Пётр Ива́нович Соро́кин — … На́ди. 6. На́дя — … Ви́ки и Ко́сти.
7. Ве́ра Макси́мовна — … Ви́ки и Ко́сти. 8. Она́ — … На́ди.

6 Спроси́те друг дру́га

а) Мо́ре далеко́ от Нори́льска? — Нет, недалеко́.

мо́ре: Нори́льск; о́зеро Байка́л: Москва́; Санкт-Петербу́рг: Но́вгород; Со́чи: Владивосто́к; река́ Во́лга: река́ Во́лхов

б) 1. Све́та из Санкт-Петербу́рга? 2. Ви́ка из Нори́льска? 3. Тётя Любо́вь Петро́вна из Ту́лы? 4. Де́душка Макси́м Кири́ллович из Но́вгорода?
5. На́дя из Москвы́?

⟨7 Пе́сня: Ми́ленький ты мой…⟩

Ми - ленький ты мой, возьми́ ме - ня́ с собо́-ой!

Там в кра-ю́ да - лё - ком бу́ - ду те - бе́ же - но́й.

Она́:
Ми́ленький ты мой,
Возьми́ меня́ с собо́й!
Там в краю́ далёком
Бу́ду тебе́ жено́й.

Она́:
Ми́ленький ты мой,
Возьми́ меня́ с собо́й!
Там в краю́ далёком
Бу́ду тебе́ сестро́й.

Она́:
Ми́ленький ты мой,
Возьми́ меня́ с собо́й!
Там в краю́ далёком
Бу́ду тебе́ чужо́й.

Она́:
Ми́ленький ты мой,
Ну и чёрт с тобо́й.
Там в краю́ далёком
Есть у меня́ друго́й.

Он:
Ми́лая моя́,
Взял бы я тебя́,
Но там в краю́ далёком
Есть у меня́ жена́!

Он:
Ми́лая моя́,
Взял бы я тебя́,
Но там в краю́ далёком
Есть у меня́ сестра́!

Он:
Ми́лая моя́,
Взял бы я тебя́,
Но там в краю́ далёком
Чужа́я мне не нужна́!

1 Вика и Костя показывают Свете Новгород

а) *Света:* Ребята, это какая улица?

Костя: Улица Солецкая. Посмотри, там маленький парк, а за парком Детинец.

Света: Детинец?

Костя: Детинец — это новгородский кремль. Это очень интересное место.

Вика: Света, а вот старая стена, за стеной — Софийский собор.

Света: Какой собор?

Вика: Софийский собор. И ещё в кремле есть большое старое здание. Это музей.

Света: А какой это музей?

Вика: Исторический музей. Там есть интересные картины и старые иконы. Пойдём в музей?

Света: В музей? Нет, спасибо, это неинтересно.

Костя: Да, конечно, только в Москве есть интересные здания и красивые места.

Вика: А скажи, что тебе интересно?

Света: Дискотеки, большие магазины, новые кинотеатры — вот это интересно!

б) *Расскажите о кремле в Новгороде.*

Какой там парк? Какая там стена? Какие здания за стеной? Какие в музее иконы и картины?

2 Какие они?

Образец: Какой это дом? — Старый, маленький.

магазин, школа, кинотеатры, университет, вокзал, библиотека, институты, места, фабрики, дискотека, кремль, фотоателье, бюро, дом, здания, театр, музей, соборы

маленький, старый, новый, новгородский, большой, интересный, русский, исторический, красивый

3 Читайте

- Петербургские улицы, сибирские реки, московские здания, кавказские места, норильские температуры, городские стены, киевские соборы, байкальские курорты.
- Северные моря, школьные расписания, западные песни, восточные страны, южные озёра.

4 Молода́я ба́бушка

а) Ба́бушка гуля́ет в кремле́. Она́ смо́трит на собо́р. Там стои́т гру́ппа. Ба́бушка ду́мает:
„Это, наве́рное, ученики́, а сле́ва — учи́тельница. Она́ симпати́чная. Ой, нет. Это не де́ти. Они́ о́чень больши́е, а учи́тельница о́чень молода́я. Наве́рное, они́ все студе́нты."

б) А вот идёт гид. Это Ве́ра Макси́мовна. Она́ о́чень лю́бит Но́вгород и всё зна́ет о нём. Го́род стар…, и исто́рия го́рода интере́сн…. Студе́нты слу́шают ги́да: „Посмотри́те! Это зда́ние стар…, истори́ческ…. Новгоро́дский кремль о́чень интере́сн…. Софи́йский собо́р о́чень стар…." Ба́бушка то́же слу́шает и ду́мает: „Ско́лько лет го́роду! Кака́я я ещё молод…!"

5 Све́та говори́т с подру́гой из Москвы́

а) *Что расска́зывает Све́та о Но́вгороде?*
— Алло́? Приве́т, Али́на! Это я, Све́та.
— …
— Да, в Но́вгороде. Ну, скажи́, как живёшь? Как дела́?
— …
— То́же норма́льно. Но зна́ешь, Но́вгород — это не Москва́.
— …
— Дискоте́ки? Есть одна́ дискоте́ка, говори́т Во́ва.
— …
— Он мой но́вый друг. У меня́ есть уже́ два дру́га. Во́ва и ещё оди́н, Ко́стя.

б) *Что говори́т Али́на?*

— …
— Да, но́вые подру́ги то́же есть. Две подру́ги, Ви́ка и Ла́ра. Но зна́ешь, здесь не как в Москве́.
— …
— В Москве́ всё есть: и стадио́н, и бассе́йн, а здесь …
— …
— Да, есть четы́ре стадио́на и одно́ большо́е о́зеро. Это непло́хо. Пое́дем ле́том вме́сте на о́зеро!
— …
— Здо́рово! До свида́ния.

6 Что есть в го́роде? Что есть в дере́вне?

В го́роде		В дере́вне
3 (библиоте́ка), 2 (теа́тр) 3 (институ́т), 1 (компью́терный центр), 4 (музе́й), 1 (бассе́йн), 2 (по́чта), 1 (вокза́л), 1 (дискоте́ка), 3 (стадио́н)	Есть	2 (парк), 1 (по́чта), 2 (магази́н), 1 (о́зеро), 2 (река́)
о́зеро, река́, парк	Нет	дискоте́ка, кинотеа́тр, стадио́н, бассе́йн

7 Све́та о себе́

Моя́ семья́ — это оте́ц, мать и я. У меня́ нет бра́та и́ли сестры́. Есть ещё 2 ба́бушки, но то́лько 1 де́душка. Они́ живу́т в Москве́. Моя́ тётя то́же там живёт. У меня́ есть то́лько 1 тётя, но 2 дя́ди. 1 дя́дя, брат ма́мы, живёт в Омске и 1 — брат па́пы — в Москве́. У меня́ до́ма есть 1 соба́ка и 1 попуга́й . Кота́ у меня́ нет, но у де́душки и ба́бушки в Москве́ есть 2 кота́.

1 В кварти́ре у Све́ты

Ла́ра — но́вая подру́га Све́ты. Она́ ещё не зна́ет
кварти́ру Све́ты. Звоно́к. Све́та стои́т в коридо́ре
и говори́т: „Ла́ра! Как хорошо́! Заходи́, пожа́луйста!"
Ла́ра говори́т: „Приве́т, Све́та! Ой, кака́я больша́я
кварти́ра!"
Све́та пока́зывает Ла́ре всё.
Спра́ва гости́ная. Там стои́т большо́й стол, а под столо́м
лежи́т соба́ка Све́ты, Ша́рик. На стене́ вися́т ста́рые
карти́ны. Спра́ва есть ещё одна́ ко́мната: э́то спа́льня
ма́мы и па́пы, ко́мната с балко́ном, о́кна смо́трят в парк.
Пря́мо ва́нная и туале́т.
И у Све́ты есть ко́мната. Она́ ря́дом с ку́хней. Э́то
краси́вая ко́мната, то́же с балко́ном.
Све́та говори́т: „Вот здесь живёт мой попуга́й Кару́до.
Но где он?" В ко́мнате большо́е окно́. Пе́ред окно́м
стои́т кре́сло. А на кре́сле — Кару́до. Он смо́трит на
у́лицу. Там так интере́сно!

2 Расскажи́те о кварти́ре

1. Кака́я у тебя́ кварти́ра/како́й у тебя́ дом?   2. Каки́е ко́мнаты в кварти́ре/до́ме?
3. Каки́е ко́мнаты ря́дом с ку́хней?   4. Кака́я у тебя́ ко́мната? Куда́ смо́трят о́кна?

3 До́ма Ла́ра расска́зывает

Ла́ра: Там, где живёт Све́та, все зда́ния больши́е и краси́вые. В кварти́ре больши́е
о́кна, два балко́на.

А́ня: А кака́я у Све́ты ко́мната? Ма́ленькая?

Ла́ра: Больша́я, с балко́ном.

А́ня: А телеви́зор у неё есть?

Ла́ра: Всё есть. Телеви́зор, кассе́тник, большо́й шкаф, краси́вые кре́сла, но́вый
дива́н.

Оте́ц: К чему́ ей всё э́то? А кни́ги у неё то́же есть?

Ла́ра: Да, коне́чно, есть. Они́ стоя́т на по́лке. А́ня, ты зна́ешь, каки́е но́вые кассе́ты
есть у Све́ты! А на стене́, над столо́м, виси́т афи́ша рок-гру́ппы.

Ба́бушка: О чём ты говори́шь, Ла́ра?

Ла́ра: О кварти́ре Све́ты. Ох, ба́бушка! Кака́я у неё краси́вая ко́мната!

Ба́бушка: Ну, что ты говори́шь, Ла́ра! У Све́ты всё хорошо́, а здесь что? Всё пло́хо?

Ла́ра: Нет, коне́чно. Здесь то́же непло́хо. Но ко́мната с балко́ном — э́то моя́ мечта́.

4 Вопро́сы

1. О чём расска́зывает Ла́ра?
2. Что есть в кварти́ре Све́ты?
3. Что есть у неё в ко́мнате?
4. Над чем виси́т афи́ша?
5. Чего́ нет у Ла́ры?
6. Что она́ ду́мает о ко́мнате Све́ты?

5 Мáма в кóмнате Свéты

Мать: Свéта, какóй у тебя́ в кóмнате беспоря́док! Картúна лежúт на полý. Э́то нехорошó. Положú её, пожáлуйста, в шкаф!

Свéта: Мáма, но в шкафý ужé нет мéста, там живёт Карýдо.

Мать: Твой попугáй — в шкафý?! У́жас! А что с телевúзором? Почемý он стоúт на дивáне? Постáвь егó в ýгол, нá пол!

Свéта: Мáма, на полý в углý ужé нет мéста, там лежúт Шáрик.

Мать: Мéсто Шáрика в коридóре, а не здесь. И что с кассéтником? Почемý он под столóм? Постáвь егó на стол! И почемý твоя́ лáмпа не на столé, а под стýлом?

Свéта: Мáма, но э́то моя́ кóмната!

Мать: Конéчно, твоя́. Но постáвь и положú всё на мéсто!

6 Ря́дом с, над, под, пéред, за?

1. Кнúга лежúт под дивáном, собáка пéред ним. Над дивáном … .

7 Какóй беспоря́док!

8 Расскажúте о кóмнате!

О СЕБЕ

1. Где у тебя́ в кóмнате шкаф, пóлка, стол …?

2. Чтó стоúт на пóлке, что висúт на стенé?

3. Чегó нет в кóмнате?

4. У тебя́ в кóмнате беспоря́док?

1 Семья́ и кварти́ра

а) Пе́тя и Ва́ня расска́зывают о себе́:

— Мы живём на у́лице Свобо́ды. Вы нас не зна́ете? А мы живём здесь уже́ 13 лет.
У нас ма́ленькая кварти́ра: то́лько три ко́мнаты. У нас ещё два бра́та.
Они́ ма́ленькие. С на́ми живёт ба́бушка. Она́ нам помога́ет.
Заходи́те к нам. У нас всегда́ интере́сно!

б) Ко́стя и Све́та говоря́т о них:

Ко́стя: Пе́тя и Ва́ня живу́т с на́ми в одно́м до́ме. Им 13 лет. У них есть
ещё два бра́та. С ни́ми живёт ба́бушка. Дава́й пойдём к ним!

Све́та: Сейча́с? Но я их не зна́ю.

Ко́стя: Э́то ничего́. А я их хорошо́ зна́ю. Я ча́сто у них до́ма. Они́ мой друзья́.

в) 1. Где вы живёте? Кака́я у вас кварти́ра? Ба́бушка и де́душка с ва́ми живу́т?
   Кто ча́сто у вас до́ма?

2. Расскажи́те о семье́ дру́га и́ли подру́ги!
   Где они́ живу́т? Кака́я у них кварти́ра? Ба́бушка и де́душка с ни́ми живу́т
   в кварти́ре?

2 Он и она́

Образе́ц: Мать лю́бит кино́ и теа́тр, а оте́ц их не лю́бит.

1. де́душка/ба́бушка — рок-му́зыка
2. Ви́ка/Ко́стя — матема́тика
   и фи́зика
3. учи́тельница/Во́ва — Го́голь
4. дя́дя/тётя — футбо́л и ка́рты
5. брат/сестра́ — пе́сня „До свида́ния"
6. дире́ктор/ — ра́дио и
   учи́тельница — телеви́зор
7. Ла́ра/Андре́й — волейбо́л
   и бадминто́н

3 Допо́лните

1. Вот ма́ленькие соба́ки. Я … о́чень люблю́.
2. — Вы тури́сты? А кто … пока́зывает го́род?
3. Ученики́ в кла́ссе. … на уро́ке матема́тики. Учи́тель помога́ет … и говори́т:
   — Посмотри́те на до́ску. Там образе́ц.
4. — Ребя́та, расскажи́те о себе́. Как … зову́т, где … живёте?
5. Мои́ подру́ги живу́т в Москве́. Я ча́сто пишу́ ….
6. — Ве́ра Макси́мовна, скажи́те, Ви́ка и Ко́стя ча́сто помога́ют … до́ма?
7. — Ребя́та, мы не зна́ем, где кабине́т дире́ктора. Скажи́те …, пожа́луйста, где он.
8. — Ви́ка, Ко́стя, … зна́ете Пе́тю и Ва́ню? Они́ живу́т с … в одно́м подъе́зде.
   У … есть ещё два бра́та.

4 Како́й э́то эта́ж?

двадца́тый		
девятна́дцатый		
восемна́дцатый		
семна́дцатый		
шестна́дцатый		
пятна́дцатый		
четы́рнадцатый		
трина́дцатый		
двена́дцатый		
оди́ннадцатый		
деся́тый		
девя́тый		
восьмо́й		
седьмо́й		
шесто́й		
пя́тый		
четвёртый		
тре́тий		
второ́й		
пе́рвый		

Како́й э́то эта́ж?
Двена́дцатый.

Осторо́жно!

оди́н	1	пе́рвый
два	2	второ́й
три	3	тре́тий
четы́ре	4	четвёртый

Норма́льно

пять	5	пя́тый
де́вять	9	девя́тый
де́сять	10	деся́тый
	11	…

Ой, ой, ой!

шесть	6	шесто́й
семь	7	седьмо́й
во́семь	8	восьмо́й

5 Слу́шайте и говори́те

[а] – [ʌ] [о] – [ʌ] [е] – [иᵉ] [е] – [иᵉ]
два́дцать – двадца́тый во́семь – восьмо́й семь – седьмо́й де́вять – девя́тый
де́сять – деся́тый

6 Где живёт А́нна Васи́льевна?

Перескажи́те: У Ива́на Бори́совича но́вая подру́га. Сего́дня он идёт к ней …

1	2	3
— Скажи́те, пожа́луйста, э́то како́й подъе́зд? — Второ́й. — А вы не зна́ете А́нну Васи́льевну? — Зна́ю. Она́ здесь живёт. Тре́тий эта́ж, кварти́ра двена́дцатая.	— Я к А́нне Васи́льевне. — Э́то я: Дья́кова А́нна Васи́льевна. — Ой, а я к Сенчу́к А́нне Васи́льевне. — Сенчу́к? Э́то пя́тый эта́ж, двадца́тая кварти́ра.	— Ива́н Бори́сович! Э́то вы? Как хорошо́! — А́нна Васи́льевна! Здра́вствуйте! — Заходи́те, пожа́луйста. — Спаси́бо.

7 Кто здесь? Что здесь?

Образец:
Пе́рвая дверь сле́ва в коридо́ре — э́то седьмо́й „А“ класс.
Втора́я дверь …

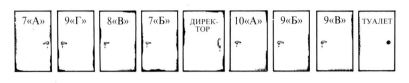

8 Какой автобус идёт в центр?

Спроси́те и скажи́те, куда́ идёт седьмо́й … авто́бус.

9 Где? Куда́?

Образе́ц: — Где ма́ленький стол? — В углу́. — Поста́вь его́ на балко́н, пожа́луйста.

— Где моя́ кни́га? — На полу́. — Положи́ её …

— Где но́вый кассе́тник? — Поста́вь …

— Где пи́сьма ба́бушки? …

— Где ста́рое кре́сло? …

— Где больша́я ла́мпа? …

— Где каранда́ш? …

— Где но́вые кассе́ты? …

— Где ма́ленький телеви́зор? …

‹ 10 Н. Лучи́нский. „Больша́я семья́“ ›

У меня́ больши́е де́ти: Есть и Ми́ша, есть и О́ля, Я большо́й семьи́ роди́тель.
Два Воло́ди и два Пе́ти Есть и Гри́ша, есть и Ко́ля, Догада́лись? Я учи́тель.
Три Серёжи, три Ната́ши, По две Ма́ши, по две Га́ли,
Две Тама́ры и два Са́ши. По три Та́ни, по три Ва́ли.

1 Серге́й Ива́нович расска́зывает

Воскресе́нье. Гуля́ю с соба́кой. Чита́ю объявле́ние:

> *Меня́ю да́чу и кварти́ру (две ко́мнаты, больша́я кухня, ванная), второй этаж, ул. Лермонтова д.18, на 3-4 ко́мнаты (вместе). Нина Петровна*
>
> 38-12-09 38-12-09 38-12-09 38-12-09 38-12-09 38-12-09 38-12-09 38-12-09 38-12-09 38-12-09

Ни́на Петро́вна? У́лица Ле́рмонтова? А я её зна́ю. Понима́ю, почему́ она́ меня́ет кварти́ру. У Ни́ны Петро́вны больша́я семья́, но ма́ленькая кварти́ра. С ней живу́т два ма́льчика: Ви́тя — 13 лет и Воло́дя — 10 лет, и две де́вочки: Мари́на — 8 лет
5 и Ни́ночка — 3 го́да. И э́то ещё не всё. У них живу́т и Зла́та, и Му́льтик. Зла́та — ма́ленький ко́ккер-спа́ниель, а Му́льтик — ста́рый кот. Но нет в семье́ па́пы и ма́мы. Де́ти живу́т у ба́бушки.

Оди́н молодо́й челове́к то́же чита́ет объявле́ние.
— Да́ча? Э́то интере́сно.
10 А я говорю́ ему́:
— Да, интере́сно. Я зна́ю и кварти́ру и да́чу.
— А кака́я у них да́ча?
— Ма́ленькая, но краси́вая. Они́ её меня́ют, потому́ что она́ далеко́ от го́рода. А маши́ны у них нет.
15 — А почему́ они́ меня́ют кварти́ру?
— Зна́ете, у них в кварти́ре нет ме́ста. Есть спа́льня, а там живу́т де́вочки и ба́бушка. И есть гости́ная, а там ма́льчики и соба́ка, и кот. У́жас!
И я расска́зываю ему́ всё: как Ни́на Петро́вна живёт, как мно́го она́ рабо́тает и до́ма, и на да́че, и кака́я она́ уже́ ста́рая.
20 — Понима́ю. А я о́чень люблю́ рабо́тать на да́че …

Среда́. Гуля́ю с соба́кой. Вот Ни́на Петро́вна! Она́ в па́рке, чита́ет газе́ту.
— Ни́на Петро́вна! Как дела́? Отдыха́ете? На да́че не рабо́таете?
— Отдыха́ю, Серге́й Ива́нович. А на да́чу е́ду то́лько в суббо́ту.
— Как?! То́лько в суббо́ту?
25 — Тепе́рь нам на да́че помога́ет симпати́чный молодо́й челове́к. Его́ зову́т Андре́й. Он студе́нт, био́лог. Лю́бит рабо́тать на да́че. И де́ти его́ лю́бят. Он тепе́рь живёт с на́ми.
— Как? Он живёт с ва́ми?
— Да. В тесноте́, да не в оби́де. У нас на ку́хне есть ещё ме́сто …

2 Вопро́сы к те́ксту

1. Что вы зна́ете о кварти́ре Ни́ны Петро́вны?
2. Кто живёт в кварти́ре? Что вы зна́ете о них?
3. Кака́я у них да́ча?
4. Почему́ они́ меня́ют да́чу и кварти́ру?
5. Почему́ молодо́й челове́к тепе́рь живёт у Ни́ны Петро́вны?
6. Скажи́те, что вы ещё зна́ете о нём.

3 Серге́й Ива́нович расска́зывает до́ма

да́ча (2) — семья́ (1) — ма́льчик (1) — де́вочка (1) — он (1) — кварти́ра (2) — Ни́на Петро́вна (1) — челове́к (1) — они́ (2) — ме́сто (1) — ко́мната (2) — она́ (1)

Ве́чером Серге́й Ива́нович до́ма говори́т Ната́лье Па́вловне:
— Ната́ша, зна́ешь, Ни́на Петро́вна меня́ет ... и ....
— А на что она́ ... меня́ет?
— На 3 − 4 ... вме́сте. Гуля́ю с соба́кой в па́рке и чита́ю объявле́ние. Идёт ко мне молодо́й ..., то́же чита́ет и говори́т: „Люблю́ рабо́тать на ...“. А я ... расска́зываю о ... и о ...; зна́ешь, у ... нет ....
— Да, зна́ю. Э́то больша́я .... Там живу́т два ... и две ..., а в кварти́ре то́лько две .... Скажи́, Серге́й, а соба́ка у ... ещё есть?
— Ду́маю, есть. И кот то́же.

‹4 Меня́ем!›

Скажи́те, что непра́вильно.
1. Говори́т Татья́на Алексе́ева.
2. Она́ меня́ет да́чу.
3. У неё 4 ко́мнаты.
4. У неё больша́я ку́хня.
5. Телефо́на нет.
6. Ва́нная больша́я.
7. Э́то шесто́й эта́ж.
8. Кварти́ра на у́лице Ле́рмонтова.

5 Что на карти́не?

1. Где пе́рвый ма́льчик?
2. Где лежи́т второ́й ма́льчик?
3. Ско́лько им лет?
4. Где стои́т стол?
5. Где лежа́т кни́ги?
6. Где стои́т дива́н?
7. Где стоя́т второ́й стул и тре́тий стул?
8. Где виси́т по́лка?
9. Кто смо́трит на ма́льчика?
10. А на кого́ смо́трит ма́льчик?

И. Е. Ре́пин. „Пе́ред экза́меном“, 1864 г.

1 Который час?

а) Сейчас час. Сейчас два часа. Сейчас четыре часа. А который час сейчас?
Сейчас пять часов.

б) *Скажите, который час?*

⟨2   Вечерний звон⟩

Ве - чер - ний звон,   ве - чер - ний звон!

Как мно - го дум   на - во - дит он!

Вечерний звон, вечерний звон!   И как я, с ним навек простясь,
Как много дум наводит он!   Там слушал звон в последний раз!

О юных днях в краю родном,   Вечерний звон, вечерний звон!
Где я любил, где отчий дом,   Как много дум наводит он!

1 Это так трудно!

6 часов утра. Костя, Вика и Борис
Петрович ещё спят. А Вера Максимовна
встаёт, идёт на кухню и готовит завтрак.
Потом встаёт Борис Петрович, а Вера
5 Максимовна будит Костю и Вику.
В 7 часов Сорокины завтракают.
В 8 часов Костя и Вика идут в школу,
а Вера Максимовна и Борис Петрович
едут на работу. У Веры Максимовны
10 интересная работа. Она её очень любит.
Она гид. Она хорошо знает Новгород
и интересно рассказывает о нём.
Сегодня в 10 часов у неё экскурсия по
городу. В час Вера Максимовна и туристы
15 обедают в ресторане. После обеда
экскурсия в кремль.

В четыре часа Вера Максимовна идёт
в магазин.
В 6 часов вечера она приходит домой.
Борис Петрович, Костя и Вика уже дома. 20
Борис Петрович читает газету, Костя
слушает музыку, и Вика делает уроки.
Вера Максимовна готовит ужин,
и в 7 часов семья сидит за столом
и ужинает. После ужина Вера 25
Максимовна убирает кухню. Вика
помогает ей.
Потом Вера Максимовна отдыхает,
смотрит телевизор. А в 10 часов она
уже спит. Она мать и гид — это 30
так трудно.

2 Правильно или неправильно?

1. Вера Максимовна встаёт в 6 часов утра.
2. Потом встаёт папа и будит Костю
   и Вику.
3. В 8 часов Костя и Вика едут в школу.
4. В 10 часов Вера Максимовна в центре
   города. У неё экскурсия по городу.
5. В час она обедает дома.
6. Вера Максимовна приходит домой
   в 4 часа.
7. Вечером Вика готовит ужин.
8. Сорокины ужинают вместе в 7 часов.
9. После ужина Вера Максимовна
   отдыхает, смотрит телевизор.
10. В 10 часов она спит.

3 Вера Максимовна рассказывает

„Я встаю в 6 часов и готовлю завтрак. В 7 часов я бужу
Костю и Вику. После завтрака я еду на работу. У меня
интересная работа. Я её очень люблю. В 6 часов вечера
я прихожу домой. Я готовлю ужин, и в 7 часов мы
ужинаем вместе. Как хорошо! Наконец я отдыхаю, сижу.
После ужина я убираю кухню, а Вика помогает мне.
В 10 часов я сплю.“

4 Что они говорят?

1. Ваня Дьяков: „У́тром папа **бу́дит** меня́, а пото́м я … бра́та.“ (*буди́ть*)
2. Ви́ка: „Я … обе́д, а ма́ма … за́втрак и у́жин.“ (*гото́вить*)
3. Бори́с Петро́вич: „Де́ти … домо́й в 2 часа́, а я … домо́й в 5 часо́в.“ (*приходи́ть*)
4. Ко́стя: „В 6 часо́в я ещё …, а ма́ма уже́ не …“ (*спать*)
5. Пе́тя Дьяков: „Ваня … на о́зере и отдыха́ет, а я … до́ма и де́лаю уро́ки.“ (*сиде́ть*)
6. Ла́ра: „Я … волейбо́л, а Ви́ка и Ко́стя … му́зыку.“ (*люби́ть*)

5 Ко́стя и Ви́ка

а) *Образе́ц:* В 7 часо́в Ко́стя и Ви́ка встаю́т и …

де́лать уро́ки

Ви́ка — гото́вить обе́д
идти́ домо́й

Ко́стя —
слу́шать му́зыку

в шко́ле
писа́ть — чита́ть

у́жинать

идти́ в шко́лу

отдыха́ть

за́втракать
встава́ть

смотре́ть
телеви́зор

спать

О СЕБЕ

б) 1. Расскажи́те, когда́ вы встаёте, за́втракаете, …!
   2. Кто у вас до́ма гото́вит за́втрак, обе́д и у́жин?
      Кто убира́ет кварти́ру?
      Вы помога́ете ма́ме или па́пе?

6 Слу́шайте и говори́те

1. „Па́па бу́дит меня́, а я бужу́ бра́та.“
2. „Бори́с Петро́вич прихо́дит домо́й в 5 часо́в, а я прихожу́ домо́й в 6.“
3. „Ла́ра, что ты пи́шешь?“ — „Пишу́ письмо́.“
4. „Во́ва, что ты смо́тришь?“ — „Смотрю́ фильм.“
5. „Вы лю́бите бадминто́н?“ — „Люблю́. А Пе́тя и Ваня лю́бят волейбо́л.“
6. „Ты смо́тришь телеви́зор?“ — „Нет, не смотрю́. Но па́па и ма́ма смо́трят.“

1 Интервью в школе

В Новгороде, в школе № 27, есть новая большая столовая. В буфете работает Анна Николаевна. Сегодня Борис Петрович Сорокин говорит с ней. Сейчас час. Ученики идут на обед.

Борис Петрович: Анна Николаевна,
5 что у вас сегодня на обед?
Анна Николаевна: Сегодня у нас суп, котлеты с пюре, салат и компот.
Борис Петрович: Все дети здесь обедают?
Анна Николаевна: Нет, не все. Но почти
10 все завтракают в школе.
Борис Петрович: А что дети едят на завтрак?
Анна Николаевна: Они едят бутерброды или сосиски, пьют молоко, чай или
15 кофе.
Борис Петрович: Вы готовите обед здесь в школе?
Анна Николаевна: Нет. Его готовит столовая завода.
20 *Борис Петрович:* Спасибо.
Анна Николаевна: Пожалуйста.

> ## Столовая
> ### Завтрак
> бутерброды, сосиски
> молоко, чай, кофе
>
> ## Обед
> суп
>
> *понедельник:* котлеты с пюре, салат
> *вторник:* сосиски с рисом, мороженое
> *среда:* котлеты с пюре, салат
> *четверг:* рыба с картошкой, салат
> *пятница:* курица с рисом, мороженое
>
> вода, лимонад, компот

Борис Петрович идёт к столу. За столом сидят девочки и мальчики.

Борис Петрович: Приятного аппетита!
Ребята: Спасибо.
25 *Борис Петрович:* Вкусно?
Девочка: Да, сегодня очень вкусный суп.
Борис Петрович: А что вы ещё едите?
Мальчик: Сегодня едим котлеты с пюре, пьём компот. Всё очень вкусно.
30 *Борис Петрович:* А ты не ешь?

Мальчик: Нет, только пью компот. Я ем дома.
Девочка: Антон ест только дома у бабушки.
Антон: Правильно. Моя бабушка всегда 35 вкусно готовит.
Борис Петрович: Да. Дома всегда вкусно. Спасибо, ребята.

2 Новая столовая

Что Борис Петрович пишет в газете?

 **Новгород** Вторник 10-03

Вкусные обеды в школе № 27

В школе № 27 ….
Почти все ученики ….
На завтрак они ….
Обед готовит ….

Ученики говорят, что всё ….
Но не все ученики …. Антон ест ….
Конечно, дома всегда вкусно!

3 Прия́тного аппети́та!

а) *Образе́ц:* Андрей: „Я ем ку́рицу с ри́сом, пью компо́т.“

Андрей   Ира   Боря

Таня и Катя   Стёпа и Лена

О СЕБЕ

б) *Спроси́те друг дру́га, что вы еди́те и пьёте.*

Что ты ешь/пьёшь   на за́втрак/обе́д/   На за́втрак/обе́д/у́жин я ем/пью ....
   вы еди́те/пьёте   у́жин?   мы еди́м/пьём ....

4 Есть 🥄 пить ☕

1. „Что ты ешь?
  „Я 🥄 ры́бу. До́ма мы ча́сто 🥄 ры́бу.
2. „Надя, чай или ко́фе?“
  „Чай, пожа́луйста. Я не ☕ ко́фе.“
3. „Ребя́та, вы не 🥄?“
  „Мы не 🥄 в шко́ле, мы 🥄 до́ма.“
4. В рестора́не Вера Максимовна 🥄 суп, котле́ты, моро́женое и ☕ компо́т. А тури́сты 🥄 ку́рицу с ри́сом и ☕ во́ду.

5. „Саша, ты не 🥄 ку́рицу?“
  „Коне́чно, 🥄. До́ма мама всегда́ вку́сно гото́вит ку́рицу.“
6. „Андрей Петро́вич, что вы ☕ у́тром, чай или ко́фе?“
  „У́тром я ☕ ко́фе, а ве́чером чай.“
7. „Вы не 🥄 ры́бу?“
  „🥄. Но моя́ сестра́ не 🥄 ры́бу. Она́ не лю́бит её.“

5 Чита́йте

КОНФЕ́ТЫ ПИ́ЦЦА МАКАРО́НЫ АНАНА́С КОНЬЯ́К Шампа́нское ликёр АПЕЛЬСИ́НЫ бана́ны МАНДАРИ́НЫ Шокола́д КАКА́О ВО́ДКА СА́ХАР САЛЯ́МИ шашлы́к БУЛЬО́Н БИФШТЕ́КС ши́цель ДЖЕМ КЕФИ́Р

Урок 4 ◆ В За столом

1 Голо́дный как волк

Вова: Ой, ребя́та, я голо́дный как волк.
Ви́ка: Хо́чешь мой суп? Пожа́луйста.
Вова: Спаси́бо. А кусо́к хле́ба у тебя́ есть?
Ви́ка: Пожа́луйста. Вот ещё котле́та, хо́чешь?
Вова: Хочу́.
Ви́ка: Ребя́та, Вова о́чень голо́дный. Вы хоти́те ещё есть?
Ко́стя и Све́та: Нет, не хоти́м.

Наконе́ц, пе́ред Вовой стоя́т четы́ре таре́лки су́па, две котле́ты, два стака́на компо́та, буты́лка молока́ и ча́шка ча́ю.
Вова ест с аппети́том, потому́ что всё о́чень вку́сно.
Но до́ма ему́ о́чень пло́хо. Он не хо́чет у́жинать, пьёт то́лько чай.

2 Вопро́сы

1. Почему́ Ви́ка даёт Вове суп?
2. Что ещё он хо́чет?
3. Что наконе́ц стои́т пе́ред Вовой?
4. Почему́ Вова ест с аппети́том?
5. Почему́ он не у́жинает?

3 Хоте́ть

1. „Мама, где газе́та? Я **хочу́** её чита́ть.“ — „Она́ лежи́т там на столе́.“
2. У Вовы всегда́ хоро́ший аппети́т. Он всегда́ ... есть.
3. „Ребя́та, вы не ... смотре́ть телеви́зор?“ — „... А что там идёт?“ — „Рок-конце́рт.“ — „Здо́рово.“
4. Ве́чером Ве́ра Макси́мовна ... отдыха́ть.
5. „Ве́ра, ты ... соси́ски?“ — „Нет, спаси́бо, я ... бутербро́ды.“
6. Со́лнце све́тит. Ребя́та не ... де́лать уро́ки. Они́ ... игра́ть в па́рке.
7. „Вам хо́лодно? Вы ... домо́й?“ — „Да, о́чень ....“ — „Я то́же ....
Пойдём.“

4 На ку́хне

Образе́ц: На столе́ стои́т стака́н молока́.

		стака́н ча́шка буты́лка кусо́к таре́лка килогра́мм литр	молоко́ вода́ компо́т хлеб суп карто́шка котле́та
На столе́ В шкафу́	стои́т лежи́т		

!
ча́шка ча́ю

5 За́втрак

Воскресе́нье, у́тро. Соро́кины за́втракают.

Па́па, Ко́стя и Ви́ка уже́ сидя́т за **столо́м** в 🏠 . На 🪑 стоя́т ча́шки и таре́лки, ко́фе и буты́лка молока́. То́лько хле́ба ещё нет. Па́па встаёт, идёт на 🗄️ и берёт из 🚪 хлеб. Ма́ма ещё на 🏭 . Сего́дня она́ гото́вит соси́ски с 🥔 .

Наконе́ц и Ве́ра Макси́мовна сиди́т за 🪑 . Она́ сиди́т ря́дом с 🧍 .

У́тром Соро́кины пьют ко́фе. Ве́ра Макси́мовна лю́бит ко́фе с 🍼 .

Кот то́же за́втракает. Он пьёт молоко́ из 🥤 .

„Где газе́та?" — спра́шивает Бори́с Петро́вич. „Вот она́, под 🍽️ ," — говори́т Ви́ка.

А где кот? Кот сиди́т под 🪑 и ест 🥔 .

6 Гид и тури́сты

Образе́ц: В кремле́ **так** интере́сно, **что** там всегда́ тури́сты.

В кремле́ **так** интере́сно, **что**	они́ о́чень хорошо́ зна́ют все у́лицы.
На о́зере **так** краси́во, **что**	тури́сты там ча́сто обе́дают.
В па́рке **так** хорошо́, **что**	там всегда́ тури́сты.
Ги́ды **так** ча́сто рабо́тают в це́нтре, **что**	все тури́сты слу́шают.
В рестора́не **так** вку́сно, **что**	де́ти хотя́т игра́ть там.
Ги́ды расска́зывают **так** интере́сно, **что**	тури́сты отдыха́ют до́ма.
Ба́бушка слу́шает ги́да **так** ча́сто, **что**	тури́сты хотя́т домо́й.
В музе́е **так** ску́чно, **что**	все лю́бят отдыха́ть там.
На у́лице сего́дня **так** хо́лодно, **что**	она́ всё зна́ет о кремле́.

7 Она́ интере́сно расска́зывает интере́сный расска́з

1. У Ве́ры Макси́мовны **интере́сная** рабо́та.
   Она́ хорошо́ зна́ет го́род Но́вгород
   и **интере́сно** расска́зывает о нём.
   (*интере́сный, -ая, -ое, -ые; интере́сно*)

интере́сный	расска́з
интере́сно	расска́зывать

2. Ма́ма Све́ты всегда́ … гото́вит.
   Сего́дня она́ гото́вит Све́те о́чень … пюре́.
   (*вку́сный, -ая, -ое, -ые; вку́сно*)
3. Са́ша смо́трит фильм о тайге́. Он ду́мает: „Почему́ так … расска́зывают о тайге́?
   Кака́я … програ́мма!" (*ску́чный, -ая, -ое, -ые; ску́чно*)
4. На дискоте́ке сего́дня игра́ет но́вая рок-гру́ппа. Э́то о́чень … конце́рт, потому́ что
   ребя́та … игра́ют. (*плохо́й, -а́я, -о́е, -и́е; пло́хо*)
5. Ла́ра смо́трит волейбо́л. Она́ ду́мает: „Каки́е … волейболи́сты! Как … они́ игра́ют!"
   (*хоро́ший, -ая, -ее, -ие; хорошо́*)
6. У Та́ни но́вая, … кварти́ра. Подру́га говори́т: „Как у вас …!
   (*краси́вый, -ая, -ое, -ые; краси́во*)

1 Ко́стя расска́зывает

Воскресе́нье. 8 часо́в. Ма́ма и па́па ещё спят. Мы с Викой
встаём и за́втракаем.
Звоно́к. Это Све́та. Сего́дня мы е́дем на рыба́лку.
Мы — это Во́ва и я — хоти́м лови́ть ры́бу, а Све́та и Ви́ка
5   хотя́т ходи́ть на лы́жах.

Во́ва уже́ на у́лице с я́щиком. Мы е́дем на о́зеро
на авто́бусе.
В 10 часо́в мы уже́ на о́зере. Дья́ковы то́же на рыба́лке.
Ря́дом с ни́ми уже́ лежи́т больша́я ры́ба.

10   В час мы еди́м бутербро́ды на льду. Здо́рово отдыха́ем,
то́лько ры́бы нет. Хорошо́, что у нас в те́рмосе
чай, и что у меня́ игра́ет кассе́тник.
Во́ва говори́т: „Де́вочки, ещё ча́сик, и у нас бу́дет
больша́я-больша́я ры́ба!“

15   А в 4 часа́ мы с Во́вой ещё сиди́м на льду, а ры́бы нет.
Хо́лодно. У́жас. Де́вочки хотя́т домо́й. Я то́же.
А Во́ва не хо́чет.

5 часо́в. Наконе́ц мы сиди́м в авто́бусе. Дья́ковы е́дут
с на́ми. Они́ смо́трят на нас и говоря́т: „Большо́й я́щик
20   у Во́вы, а ры́бы нет.“ Во́ва сиди́т и смо́трит в окно́. Нам
хо́лодно. Мой кассе́тник не рабо́тает. Кассе́тнику то́же
хо́лодно.

В 7 часо́в мы до́ма. На столе́ лежи́т запи́ска: „Мы
в теа́тре. Карто́шка в холоди́льнике. Ры́ба у вас есть.
25   Прия́тного аппети́та. Ма́ма.“
У́жас! Я голо́дный как волк. Све́та и Во́ва сейча́с вку́сно
у́жинают, а у нас то́лько карто́шка.

Звоно́к. Это Све́та. Она́ говори́т: „Ма́ма и па́па
на конце́рте. Пойдём ко мне! У меня́ о́чень вку́сный
30   у́жин, ры́бная соля́нка.“
Как хорошо́, что оте́ц Све́ты то́же рыболо́в!

2 Перескажи́те

1. У́тром Ви́ка и Ко́стя за́втракают. Сего́дня они́ е́дут …

3 Что они́ говоря́т?

1. У́тро. 8 часо́в. Ко́стя бу́дит Ви́ку. Ви́ка говори́т: „Что? Встава́ть? У́жас!“

2. 10 часо́в. Ребя́та на о́зере. Све́та смо́трит на о́зеро и говори́т: „…“

3. Во́ва сиди́т и ло́вит, а ры́бы у него́ нет. Ко́стя говори́т: „…“

4. Ви́ка и Све́та хотя́т домо́й. Они́ говоря́т: „…“

5. Све́та говори́т: „Дава́йте пойдём ко мне у́жинать. — Ви́ка и Ко́стя говоря́т: „…“

6. Ребя́та едя́т соля́нку с аппети́том. Они́ говоря́т: „…“

Как ску́чно!

О́чень вку́сно!

Ой, как краси́во!

У́жас!

Здо́рово, дава́йте!

Нам хо́лодно!

‹4 Ры́бная соля́нка›

Оте́ц Све́ты — Никола́й Андре́евич, мать Све́ты — А́нна Миха́йловна.
Слу́шайте расска́з о них.

1. Что де́лает Никола́й Андре́евич сего́дня?

2. У него́ хоро́шая рыба́лка? Почему́?

3. Когда́ он за́втракает на рыба́лке? Что он ест и пьёт?

4. Почему́ Никола́й Андре́евич хо́чет домо́й?

5. Когда́ он прихо́дит домо́й? Что он де́лает?

6. Что он де́лает в 6 часо́в ве́чера? О чём ду́мает Никола́й Андре́евич? Почему́?

7. А что с соля́нкой?

5 Ры́ба, ры́ба, ры́ба

Андре́й хоро́ший ….
Сего́дня суббо́та, и он е́дет на ….
Он сиди́т на реке́ и ….
Ве́чером он е́дет домо́й и гото́вит ….

ры́бный сала́т

рыболо́в

рыба́лка

лови́ть ры́бу

1 Реце́пт: ры́бная соля́нка

2 Афана́сий Фет. „Чу́дная карти́на“

Чу́дная карти́на,
Как ты мне родна́:
Бе́лая равни́на,
По́лная луна́,

Свет небе́с высо́ких,
И блестя́щий снег,
И сане́й далёких
Одино́кий бег.
(1842)

Wondrous picture,
How dear you are to me:
White the plain,
Full the moon,

Light of heavens high,
Brightly shining snow,
Far away the sleigh,
On its lonely run.

Анкета

Что вы делаете в свободное время?

1. Что вы обычно делаете после школы?
   - а) Я отдыхаю.
   - б) Я готовлю обед.
   - в) Я делаю уроки.
   - г) Я хожу на тренировки.

2. Что вы обычно делаете вечером?
   - а) Я ужинаю.
   - б) Я пишу на компьютере.
   - в) Я смотрю телевизор или видеофильмы.
   - г) Я хожу в кино, театр или на концерт.

3. Что вы обычно делаете в субботу?
   - а) Я хожу на дискотеку.
   - б) Я всё время лежу на диване и отдыхаю.
   - в) Я читаю книги или пишу письма.
   - г) Я хожу в кафе или ресторан.

4. Что вы обычно делаете в воскресенье?
   - а) Я помогаю на кухне и ем, ем, ем …
   - б) Мы с другом или подругой гуляем по городу.
   - в) Я почти всё время сплю.
   - г) Я убираю комнату.

(Результаты на странице 207.)

1 Давайте играть в волейбол!

> ### Алло, ребята!
>
> Кто хочет с нами играть в волейбол?
> Мы готовимся к игре с командой из Санкт-
> Петербурга. Мы встречаемся в спортзале.
> Тренировки в понедельник, в среду, в пятницу.
> Они начинаются в 16 и кончаются в 18 часов.
> Спортзал находится на улице Комарова,
> туда идёт шестой автобус.
>
> Лара Губина, 9 „Б“.

2 Вопросы

Что спрашивают ребята у Лары?

1. — **К чему вы готовитесь?**
   — К игре с командой из
     Санкт-Петербурга.
2. — ...?
   — В спортзале.
3. — ...?
   — В понедельник,
     в среду и в пятницу.

4. — ...?
   — В 16 часов.
5. — ...?
   — В 18 часов.
6. — ...?
   — На улице Комарова.
7. — ...?
   — Шестой.

я	встреча́**юсь**
ты	встреча́**ешься**
он(а)	встреча́**ется**
мы	встреча́**емся**
вы	встреча́**етесь**
они	встреча́**ются**

3 Лара рассказывает о тренировке

1. Я сейчас ... к игре с командой из Санкт-Петербурга.
2. Обычно тренировка ... в 16 часов и ... в 18 или 19 часов.
3. У нас очень хороший тренер. Мы обычно ... с ним на стадионе или в спортзале.
4. Стадион и спортзал ... недалеко от центра города.
5. Моя подруга Алла тоже играет в команде и ... с нами к игре.
6. Я часто ... с ней после школы, и мы вместе идём на тренировку.

4 Слушайте и говорите

[ц]	[ц]	[ц]
гото́ви**ться**	он гото́вит**ся**	они гото́вят**ся**
встреча́**ться**	она встреча́ет**ся**	они встреча́ют**ся**
начина́**ться**	он начина́ет**ся**	они начина́ют**ся**
конча́**ться**	она конча́ет**ся**	они конча́ют**ся**
находи́**ться**	он нахо́дит**ся**	они нахо́дят**ся**

1. Команда из Новгорода готовится к игре с командой из Санкт-Петербурга.
2. Ещё спортсмены готовятся к игре с командой из Москвы.
3. Лара встречается с Аллой. Они встречаются после школы.
4. Игра начинается уже в 15 часов. Спортзал находится в центре города.
5. „Хорошо то, что хорошо кончается.“

5 Мочь

а) *Лара:* Ой, Света, что с тобой?

Света: Мне так тру́дно! Я пло́хо понима́ю фи́зику.

Лара: Зна́ешь, мы мо́жем вме́сте де́лать уро́ки.

Света: Вот хорошо́! Ты мо́жешь уже́ сего́дня по́сле шко́лы?

Лара: Нет, я могу́ то́лько по́сле трениро́вки.

Света: Хорошо́, пока́!

Лара: Пока́!

б) 1. Там идёт шесто́й авто́бус. Ты ... е́хать на нём.

2. У Вовы есть свобо́дное вре́мя. Он ... игра́ть на компью́тере.

3. Что вы ... де́лать в свобо́дное вре́мя?

4. Как хорошо́! Со́лнце све́тит. Мы ... гуля́ть и фотографи́ровать.

5. В воскресе́нье они ... спать до обе́да.

6. Посмотри́, Костя идёт. Сейча́с ты ... с ним танцева́ть.

7. Я не ... рисова́ть, потому́ что у меня́ нет карандаша́.

6 Уме́ть

а) Что они уме́ют де́лать? Что вы уме́ете де́лать?

Образе́ц: Лара: игра́ть в волейбо́л

Лара уме́ет игра́ть в волейбо́л, а я не уме́ю / я то́же уме́ю.

1. Вова: рисова́ть
2. Костя и Вова: игра́ть в футбо́л
3. Таня: танцева́ть
4. Ба́бушка: гото́вить

5. Света: фотографи́ровать
6. Вика и Света: ходи́ть на лы́жах
7. Бори́с Петро́вич: писа́ть на компью́тере
8. Попуга́й: говори́ть

О СЕБЕ б) Кто в кла́ссе уме́ет хорошо́ рисова́ть, игра́ть в футбо́л, танцева́ть, гото́вить, фотографи́ровать, ходи́ть на лы́жах, игра́ть на компью́тере?

7 -ова-, -ева-

а) Кого́ они рису́ют? Что они фотографи́руют?

| ребя́та | я | вы | Света | ты | мы |

б) С кем они танцу́ют? *Образе́ц:* Андрей танцу́ет с Викой.

| я | тре́нер | Вика | Света | мы | Петя и Ваня | ты |
| Лара и Алла | | фигури́стка | Костя | Андрей | он | вы | Вова |

8 Чита́йте

Консерви́ровать, реаги́ровать, фантази́ровать, импровизи́ровать, тренирова́ть, анализи́ровать, гипнотизи́ровать, дискути́ровать, опери́ровать, телефони́ровать.

Урок 5 ◆ Б Чем мы занимаемся?

1   В спортзале

а) Чем ребята занимаются в спортзале?

Образец: В понедельник ребята занимаются волейболом.
Тренировка начинается в 16 часов и кончается в 18 часов.

день	время	в спортзале
Понедельник	16 ч. — 18 ч. 18 ч. — 22 ч.	волейбол хоккей
Вторник	14 ч. — 16 ч. 16 ч. — 19 ч. 19 ч. — 22 ч.	футбол гимнастика баскетбол
Среда	13 ч. — 15 ч. 16 ч. — 18 ч.	аэробика; дзюдо волейбол
Четверг	15 ч. — 18 ч. 18 ч. — 21 ч.	гимнастика теннис
Пятница	14 ч. — 16 ч. 16 ч. — 18 ч. 19 ч. — 22 ч.	гандбол волейбол теннис
Суббота	10 ч. — 13 ч. 14 ч. — 18 ч.	аэробика; дзюдо футбол

б)
О СЕБЕ

1. Вы занимаетесь спортом?
2. Кто в классе занимается …?

2   Чем они интересуются?

Образец: Нина часто ходит в библиотеку. Она интересуется **литературой**.

1. Нина часто ходит в библиотеку.
2. Зина читает журнал „Молодой физик“.
3. У Вовы есть дискеты.
4. Надежда Александровна хорошо знает Пушкина, Тургенева, Пастернака.
5. Костя читает журнал „Футболист“
6. Тренер Светы — теннисист.
7. Вика умеет играть на гитаре.
8. Над диваном Лары висит фото волейболиста.

3   Какое у них хобби?

Расскажите о хобби дяди Феди, Светы, Вовы, Пети и Вани.
Начните, например, так: Хобби дяди Феди — это рыбалка. Он очень любит …

дядя Федя	Света	Вова	Петя и Ваня

4 Объявления

Живу в дере́вне. Мне о́чень ску́чно. У меня́ нет подру́ги. Кто хо́чет со мной перепи́сываться? Люблю́ пла́вать, лежа́ть на со́лнце и чита́ть.

Со́ня, 15 лет, тел. 10-02-05.

Кто уме́ет хорошо́ игра́ть в ша́хматы и хо́чет гото́виться вме́сте со мной к турни́ру?

Окса́на, 16 лет, тел. 24-02-11.

Я люблю́ ката́ться на велосипе́де, но ... не оди́н! Кака́я симпати́чная де́вушка то́же лю́бит ката́ться на велосипе́де? Дава́й ката́ться вме́сте!

Алёша, 16 лет, тел. 38-07-24.

Ищу́ пиани́стку. Люблю́ игра́ть на пиани́но в четы́ре руки́.

И́горь, 17 лет, тел. 19-27-30.

Собира́ю и меня́ю всё: кассе́ты, афи́ши, откры́тки, моне́ты и ма́рки.

Никола́й, 14 лет, тел. 25-19-01.

Кто хо́чет со мной перепи́сываться? Мой хо́бби — лёгкая атле́тика, насто́льный те́ннис и совреме́нная литерату́ра. Ката́ться на конька́х то́же люблю́.

Фаи́на, 15 лет, тел. 12-21-01.

Како́й молодо́й челове́к уме́ет игра́ть на гита́ре и даёт уро́ки?

Ни́на, 15 лет, тел. 25-22-00.

а) Расскажи́те, каки́е хо́бби у Со́ни, И́горя, Алёши, Никола́я, Окса́ны, Фаи́ны и Ни́ны.
б) Отве́тьте Со́не, И́горю, Алёше, Никола́ю, Окса́не, Фаи́не или Ни́не.
в) Напиши́те объявле́ние в газе́ту о себе́.

О СЕБЕ

5 О хо́бби

Спроси́те друг дру́га.
Образе́ц: — Ты собира́ешь ма́рки?
— Да, .../Нет, ...

6 Сравни́те

Са́ша — волейболи́ст.
Ла́ра — волейболи́стка.

футбол
гитар(а)
хокке(й)
теннис
фигур(а)
шахмат(ы)
волейбол
баскетбол
журнал
велосипед
пиан(ино)

ЙСТ КА

● 1 Пойдём в кино!

а) *Вова:* Привет, Света! Ты что делаешь?

Света: Привет, ребята! Отдыхаю. Смотрите, у меня новый журнал. Я читаю интересный рассказ американского автора.

Костя: Давай пойдём сегодня в кино!

Света: В кино? А на какой фильм?

Вова: В „Космосе“ идёт исторический фильм о Петре Первом.

Света: В „Космосе“? Это в центре города?

Костя: Нет, не в центре. „Космос“ находится недалеко от новой библиотеки. Ты знаешь, где это?

Света: Знаю. В новой библиотеке работает мама Тани.

Костя: Ах, да! Ну что, пойдём?

Света: Нет, ребята. Исторические фильмы я не очень люблю. А какие кинотеатры есть ещё в Новгороде?

Вова: В кинотеатре „Родина“ идёт новый американский фильм.

Света: Американский? Это, наверное, интересно!

Вова: Ну хорошо, пойдём туда!

б) Вечером Вова и Костя стоят в большом вестибюле кинотеатра „Родина“. Светы ещё нет. Недалеко от них стоит девушка. Она говорит с молодым человеком. Вова смотрит на молодого человека и на симпатичную девушку. Он думает: „Какая она красивая!“

И вот, наконец, Света приходит. Но она идёт не к Вове и Косте, а к молодому человеку и красивой девушке. Потом они все вместе идут к ним. Света говорит: „Ребята, это Таня и Юра. Мы вместе каждую субботу катаемся на коньках.“ Ребята идут в кинозал. Они сидят в десятом ряду. Вова сидит рядом с симпатичной Таней. Он думает: „Какой сегодня хороший день!“

2 Вопросы

а) 1. Что делает Света в парке?
2. Где находится кинотеатр „Космос?“
3. Света знает, где это? Почему?
4. Какой там идёт фильм?
5. На какой фильм идут Света, Вова и Костя?

б) 1. Где встречаются ребята вечером?
2. На кого смотрит Вова? Почему?
3. К кому идёт Света?
4. Что делают Света, Таня и Юра каждую субботу?
5. Где сидят ребята?
6. Почему Вова думает, что сегодня хороший день?

3 Это книга ...

Образец: Это книга *(американский)* журналиста.
Это книга **американского** журналиста.

1. Это музыка *(немецкая)* рок-группы.
2. Это рассказ *(молодая)* журналистки.
3. Это фото *(русский)* фотографа.
4. Это песня *(русская)* гитаристки.
5. Это фильм *(американский)* автора.
6. Это история *(старый)* города.
7. Это здание *(новая)* библиотеки.
8. Это вода из *(большое)* озера.

4 Допо́лните

Образе́ц: — Света, что ты смо́тришь?
— Я смотрю́ **америка́нский** фильм.

1. — Дени́с, кого́ ты рису́ешь? — Я рису́ю ... де́вушку.	4. — Ни́на, на кого́ ты смо́тришь? — Я смотрю́ на ... челове́ка.	америка́нский краси́вый ста́рый но́вый интере́сный симпати́чный молодо́й
2. — Ребя́та, кого́ вы хорошо́ зна́ете? — Мы хорошо́ зна́ем ... дире́ктора.	5. — Оле́г, кого́ ты фотографи́руешь? — Я фотографи́рую ... учи́тельницу.	
3. — О́ля, что ты чита́ешь? — Я чита́ю ... кни́гу.	6. — Де́вушки, куда́ вы идёте? — Мы идём в ... клуб.	

5 К кому́ они́ хо́дят ка́ждый день?

Образе́ц:
Ла́ра → но́вая подру́га
Ка́ждый де́нь Ла́ра хо́дит **к но́вой подру́ге**.

> ка́ж**дый** день   ка́ж**дую** неде́лю
> ка́ж**дый** вто́рник ка́ж**дую** сре́ду
>   ка́ж**дое** воскресе́нье

1. студе́нты → молодо́й профе́ссор
2. ученики́ → симпати́чная учи́тельница
3. Ле́на → но́вый друг
4. волк → ста́рая ба́бушка
5. учи́тель → но́вый дире́ктор
6. молодо́й челове́к → краси́вая де́вушка

6 Кто чем занима́ется?

1. — Бори́с, ты занима́ешься ... (*лёгкая атле́тика*)?
   — Да, я ка́ждый день хожу́ на трениро́вку.
2. — Де́вушки, чем вы занима́етесь в свобо́дное вре́мя?
   — Мы занима́емся ... (*неме́цкий язы́к*).
3. — Ко́стя, Ви́ка, вы интересу́етесь ... (*но́вый компью́тер*)?
   — Да, коне́чно.
4. — Ната́ша, ты лю́бишь занима́ться ... (*совреме́нная литерату́ра*)?
   — Нет, не о́чень.
5. — Ребя́та, чем вы занима́етесь ве́чером?
   — Мы занима́емся ... (*насто́льный те́ннис*).
6. — И́горь, ты интересу́ешься ... (*класси́ческая му́зыка*)?
   — Да, о́чень. Класси́ческая му́зыка — э́то моё хо́бби.

7 У ка́ссы

а) *Скажи́те, что вы хоти́те.*
— Пожа́луйста, оди́н биле́т в деся́тый ряд.

КИНО
РЯД 10   МЕ́СТО 4

б) *Скажи́те, где вы сиди́те.*
— Я сижу́ в деся́том ряду́, на четвёртом ме́сте.

| **КИНО**
РЯД 2   МЕ́СТО 9 | **КИНО**
РЯД 8   МЕ́СТО 12 | **КИНО**
РЯД 15   МЕ́СТО 18 | **КИНО**
РЯД 21   МЕ́СТО 6 | **КИНО**
РЯД 32   МЕ́СТО 7 |

8 Вика, Костя и Лара о себе

а) Како́е у меня́ хо́бби? Тру́дный вопро́с!
Пе́рвое хо́бби — это му́зыка. Я о́чень интересу́юсь …
(*класси́ческая му́зыка*). Уме́ю игра́ть на пиани́но и на
гита́ре. …(*ка́ждый вто́рник*) и … (*ка́ждая пя́тница*)
5 хожу́ в … (*музыка́льная шко́ла*). Я сейча́с гото́влюсь
к … (*большо́й конце́рт*). Это о́чень тру́дно, но ма́ма
всегда́ говори́т: „Без труда́ не вы́тащишь и ры́бку из
пруда́!" Второ́е хо́бби у меня́ — это кни́ги. О́чень
люблю́ чита́ть … (*совреме́нная литерату́ра*). Ча́сто
10 хожу́ в … (*но́вая библиоте́ка*).
Ещё я занима́юсь … (*неме́цкий язы́к*), интересу́юсь …
(*неме́цкая литерату́ра*).
А зна́ете, что я совсе́м не люблю́? Когда́ мой брат
игра́ет на пиани́но. У́жас! Он уме́ет игра́ть то́лько на
15 кассе́тнике!

б) В свобо́дное вре́мя я ча́сто слу́шаю … (*совреме́нная
му́зыка*). Ещё я о́чень интересу́юсь компью́тером.
Люблю́ игра́ть на … (*но́вый компью́тер*) Во́вы.
Ещё я люблю́ смотре́ть видеофи́льмы. Мы с Во́вой
ча́сто хо́дим в … (*но́вый видеосало́н*). Мой па́па всегда́ 20
говори́т, что мы о́чень мно́го смо́трим телеви́зор,
и что э́то о́чень пло́хо. А я ду́маю, что э́то не так.
Я о́чень интересу́юсь спо́ртом, занима́юсь …
(*насто́льный те́ннис*) и футбо́лом. А зимо́й люблю́
ходи́ть с дру́гом на рыба́лку. Но, к сожале́нию, ры́ба 25
меня́ не лю́бит!

в) У меня́ три хо́бби: пе́рвое хо́бби — спорт, второ́е —
спорт, тре́тье — то́же спорт! Я уже́ четы́ре го́да
занима́юсь волейбо́лом в … (*шко́льная кома́нда*).
30 … (*ка́ждый понеде́льник*), … (*ка́ждая среда́*) и …
(*ка́ждый четве́рг*) хожу́ на трениро́вки. Это о́чень
здо́рово! Мы ча́сто встреча́емся с кома́ндой из
Санкт-Петербу́рга. Вот и сейча́с гото́вимся к …
(*но́вый турни́р*).
35 Ещё я интересу́юсь … (*лёгкая атле́тика*). Недалеко́ от
… (*ста́рый центр го́рода*) нахо́дится … (*большо́й
спортза́л*). Здесь мы мо́жем занима́ться не то́лько
волейбо́лом, но и баскетбо́лом, гандбо́лом, дзюдо́
и́ли … (*насто́льный те́ннис*). Я о́чень люблю́ пла́вать.
40 Ле́том мы с Ви́кой, Во́вой и Ко́стей ча́сто хо́дим на
ре́ку, а зимо́й в … (*но́вый бассе́йн*). Во́ва и зимо́й
пла́вает в реке́, он у нас морж. А мне — ой, как
хо́лодно!

1 Почему́ у меня́ нет хо́бби?

Расска́зывает Аня Никола́ева, сестра́ Лары.

„Почти́ у ка́ждого челове́ка есть
интере́сное хо́бби. Моя́ подру́га Нина,
наприме́р, интересу́ется бале́том. Она
занима́ется в новгоро́дском теа́тре.

5 А Вова, друг Лары, не то́лько хорошо́
рису́ет, но он ещё и хоро́ший спортсме́н.
И у нас в семье́ у ка́ждого есть хо́бби.
То́лько я не зна́ю, чем занима́ться
в свобо́дное вре́мя.

10 У мамы, наприме́р, золоты́е ру́ки. Она
о́чень хорошо́ уме́ет шить. Я то́же хочу́
шить. Ка́ждый ве́чер сижу́ и шью ю́бку.
Наконе́ц пока́зываю её маме. Но мама
смо́трит на ю́бку и пото́м на меня

15 и говори́т: „А́ннушка, како́й у́жас!“ Нет,
ду́маю я, сиде́ть и шить — э́то не по мне.
Моя́ сестра́ Лара занима́ется спо́ртом.
Она хоро́шая волейболи́стка. Она всё
вре́мя то́лько в спортза́ле. А я? Как то́лько

20 я ду́маю о спо́рте, у меня́ всё боли́т.
Занима́ться спо́ртом — э́то совсе́м не по
мне.
Мой брат интересу́ется компью́тером.
Сейча́с у него́ есть но́вая компью́терная

25 игра́. Он ча́сто игра́ет в неё. Вот и я хочу́
игра́ть на компью́тере. Как э́то здо́рово!
Я игра́ю час, два, три … Но пото́м я не
могу́ спать, потому́ что я ви́жу всё вре́мя
ци́фры и фигу́ры. Нет, э́то то́же не по мне.

30 У папы то́же есть хо́бби. Он лю́бит чита́ть
детекти́вы. Вот и я чита́ю детекти́в.
Не понима́ю: кто, что, к чему́, с кем,
почему́ …? Нет, э́то неинтере́сно!

Не понима́ю, почему́ папа так лю́бит
детекти́вы. 35
Что де́лать? Всё вре́мя сиде́ть пе́ред
телеви́зором? Ску́чно! Занима́ться
спо́ртом, как Лара? Не люблю́. Рисова́ть,
как Вова? Не уме́ю. Фотографи́ровать?
Не могу́, у меня́ нет фотоаппара́та. По- 40
чему́ же у меня́ нет интере́сного хо́бби?“

И вот день рожде́ния Ани. У́тром папа
бу́дит её и говори́т: „Смотри́, Аня,
в коридо́ре сиди́т твой пода́рок.“
— „Сиди́т?“ — В коридо́ре она ви́дит 45
ма́ленькую соба́ку. „Ой, кака́я она
симпати́чная! Спаси́бо, папа.“
Тепе́рь у Ани есть но́вый друг. Его́
зову́т Джек. Ка́ждый день она гуля́ет
с ним в па́рке. Он о́чень лю́бит игра́ть с 50
Аней, и ей с ним всегда́ интере́сно. Как
хорошо́, что наконе́ц и у Ани есть хо́бби!

2 Вопро́сы

а) 1. Како́е хо́бби у подру́ги Ани?
2. Чем занима́ется Вова?
3. Почему́ Аня говори́т, что у мамы
   „золоты́е ру́ки“?
4. Чем занима́ется сестра́ Ани?
5. Чем лю́бит занима́ться брат Ани?
6. Что лю́бит де́лать оте́ц Ани?
7. Како́е хо́бби есть сейча́с у Ани?

б)
О СЕБЕ

1. Чем вы интересу́етесь?
2. У вас есть соба́ка, кот или попуга́й?
3. Как вы ду́маете, у вас „золоты́е
   ру́ки“? Что вы уме́ете де́лать?
4. У вас в семье́ у ка́ждого есть хо́бби?
   Расскажи́те.

Д **Урок 5**

3 Аня шу́тит

Что непра́вильно в расска́зе Ани?

1. У ка́ждого есть хо́бби. Наприме́р, моя сестра́ Лара ча́сто хо́дит в бассе́йн. Там она занима́ется волейбо́лом.
2. Вова лю́бит рисова́ть. Он всё вре́мя рису́ет: в шко́ле, до́ма, когда́ он е́дет на авто́бусе, когда́ ката́ется на велосипе́де.
3. Моя подру́га Нина интересу́ется бале́том. Она сейча́с гото́вится к игре́ с кома́ндой из Москвы́.
4. У Кости золоты́е ру́ки. Ка́ждый ве́чер шьёт и шьёт. Наконец у него краси́вая ю́бка.
5. Мой брат лю́бит игра́ть на компью́тере. Ве́чером он сиди́т пе́ред компью́тером и смо́трит видеофи́льмы.
6. Хо́бби па́пы — литерату́ра. Он лю́бит чита́ть кни́ги, кассе́ты и журна́лы.

4 Насто́льный календа́рь

Это календа́рь Вики, Кости, Светы, Лары или Вовы? Почему́ вы так ду́маете?

ПН	ВТ	СР	ЧТ	ПТ	СБ	ВС
тренировка 16 ч. делать уроки со Светой 19 ч.	18 ч. спортзал	тренировка 16 ч.	21 ч. рок-концерт	15 ч. игра на стадионе !!!	19 ч. кино с Викой	у Вовы день рождения 18 ч. (подарок!)

‹5 Сего́дня хоро́шая пого́да›

1. Кто говори́т с Кири́ллом?
2. Чем занима́ется Кири́лл?
3. Что хо́чет де́лать Игорь?
4. Почему́ Кири́лл не мо́жет идти́ с ним?
5. Куда́ он идёт ве́чером?
6. Кто хорошо́ уме́ет игра́ть на гита́ре?

С НОВОСЕЛЬЕМ!

С днем 8 Марта!

С РОЖДЕСТВОМ!

С новым годом!

С Пасхой

С днем рождения!

1 Где наш подарок?

Сегодня у Вовы день рождения. У Вики и Кости есть подарок для Вовы. Но где подарок? Вика ищет его в комнате Кости.

Вика: Костя, какой беспорядок в твоей комнате!
Костя: А что ты делаешь в моей комнате?
Вика: Я ищу наш подарок для нашего Вовы.
Костя: Может, он в моём шкафу?
Вика: Здесь нет нашего подарка.
Костя: А на полке, рядом с моим кассетником?
Вика: Не с моим, а с нашим … Но здесь его тоже нет.
Мама: Что вы ищете? Ваши учебники?
Вика: Нет, мы ищем наш подарок и нашу открытку для Вовы.
Мама: Я не знаю, где ваши вещи.
Костя: Может, подарок в моей сумке?
Вика: Ах, вот он! В сумке вместе с нашей открыткой.

Вика берёт ручку и пишет: „Нашему дорогому Вовочке …!"

2 Мой, твой, наш, ваш

Что говорят Вика, Костя и Вера Максимовна? *Образец:* Где **наш** подарок?

1. Где	подарок?
2. Я ищу	открытку.
3. Это подарок для	друга Вовы.
4. Подарок лежит в	шкафу.
5. В шкафу нет	подарка.
6. В шкафу тоже нет	открытки.
7. Подарка нет рядом с	кассетником.
8. Вы ищете	учебники?
9. Я не знаю, где	вещи.
10. Костя, какой беспорядок в	комнате!
11. Подарок лежит в	сумке.
12. В сумке лежит подарок вместе с	открыткой.
13. Мы пишем открытку	другу Вове.

мой
твой
наш
ваш

3 Дополните

а) 1. У … брата день рождения. (*мой*)
2. В … семье сегодня весело. (*наш*)
3. После обеда я иду в кино с … кузиной. (*мой*)
4. Ты говоришь о … новом учителе? (*ваш*)
5. „Вова и Роман, у … кузины есть собака?" (*ваш*)
„Да, у … кузины есть собака." (*наш*)
6. Ты знаешь … подругу? (*мой*)

б) 1. Почему … сегодня нет в школе? (*твой брат*)
2. Лара занимается в …? (*твой класс*)
3. Подарок лежит рядом с …. (*моя сумка*)
4. Они готовят ужин на …. (*наша кухня*)
5. Мы идём к Вове с …. (*наш тренер*)
6. Я даю … цветы. (*твоя мама*)
7. Оксана показывает … (*наш друг/ наша открытка*)

4　Дóма у Вóвы

У Вóвы гóсти из Кúева. Это его тётя и дя́дя, его кузúна Оксана и её собáка. Они спят в его кóмнате. Там стоя́т их вéщи на полý. На столé лежáт их подáрки для Вóвы. В кóмнате беспоря́док, но Вóве интерéсно и вéсело вмéсте с дя́дей и тётей, кузúной и её собáкой.

5　Постáвь все вéщи на мéсто!

Сегóдня мáма с Вóвой убирáют квартúру. Там лежáт вéщи тёти и дя́ди, Оксаны, брáта Ромáна и пáпы.

а) *Вóва:*　Это сýмка Оксаны?　　*Вóва:*　Это газéта пáпы?
　Мáма:　Да, это её сýмка.　　*Мáма:*　Да, …
　Вóва:　Это кнúга тёти и дя́ди?
　…

Спросúте друг дрýга.
Там ещё лежáт: подáрки, кассéта, фотоаппарáт, бутербрóды, тéрмос, откры́тки, тетрáдь, гитáра.

б) Мáма говорúт Вóве: „Постáвь вéщи в машúну *тёти и дя́ди.*“
　Образéц: Постáвь вéщи в **их** машúну.

　1. Положú тéрмос в сýмку *тёти.*
　2. Положú фотоаппарáт на пóлку *пáпы.*
　3. Постáвь кассéту ря́дом с кассéтником *Ромáна.*
　4. Положú юбку *Оксаны* в шкаф.
　5. Постáвь подáрки *тёти и дя́ди* на стол.
　6. Покажú собáке *Оксаны* туалéт.

6　Чьи это вéщи?

Спросúте друг дрýга.
а) *Вóва:*　Чей это учéбник?
　Мáма:　Это учéбник Оксаны.
　Вóва:　Чья это кассéта?
　Мáма:　Я не знáю, чья это кассéта.

Чей		учéбник?
Чья	это	кассéта?
Чьё		фóто?
Чьи		откры́тки?

Там ещё лежáт: журнáл, сýмка, я́щик, календáрь, игрá, письмó, шоколáд, конфéты, расписáние.

б) В клáссе.
　　— Чья это рýчка?　　　кассéта　　учéбник　　тетрáдь
　　— Это рýчка Томаса.　　дневнúк　　карандáш　　…

‹7　Чьи чижú?›

На часáх сидя́т чижú,
Кáждый час поют они:
— Чьи – чьи – чьи …

— Ты чей, чúжик?
— Вы чьи, чижú?
— Мы ничьú, ничьú, — отвечáют чижú.

1 Открываем календарь. Начинается январь.

ФЕВРАЛЬ
МАРТ
АПРЕЛЬ
МАЙ
ИЮНЬ
ИЮЛЬ
АВГУСТ
СЕНТЯБРЬ
ОКТЯБРЬ
НОЯБРЬ
ДЕКАБРЬ

ЯНВАРЬ

а) *Спросите друг друга. Образец:*
Какой месяц после марта?
Какой месяц перед апрелем?

б) В каком месяце начинается зима, весна, лето, осень?

в) В каком месяце у вас день рождения?
А у подруги, друга, сестры, брата …?

(О СЕБЕ)

январь	—	в январе
февраль	—	в феврале
сентябрь	—	в сентябре
октябрь	—	в октябре
ноябрь	—	в ноябре
декабрь	—	в декабре

2 Какое сегодня число?

Сегодня первое января.   … третье мая.   … девятое октября.
    … второе февраля.   … двадцатое августа.   … тридцатое ноября.

Скажите, какое сегодня число. 6. 8., 1. 7., 4. 10., 3. 11., 14. 8., 19. 3., 17. 6., …

3 Слушайте и говорите

а)   **[a]**   **[ʌ]**   **[a]**   **[иᵉ]**
январь — третье января,   сентябрь — девятое сентября
февраль — шестое февраля   октябрь — восьмое октября
декабрь — седьмое декабря   ноябрь — второе ноября

⟨б⟩ В январе, в январе   В октябре, в октябре
много снегу на дворе.   частый дождик на дворе.
                              (С. Маршак)

4 Календарь Вики

Спросите друг друга.

а) — Какого числа у Вовы день рождения?
    — У Вовы день рождения третьего мая.

б) Какого числа у вас день рождения?
    А у вашего папы, вашей мамы, вашей сестры, вашего брата …?

(О СЕБЕ)

5 Праздники

31-го декабря и 1-го января русские празднуют Новый год. Дома стоит красивая ёлка. Приходят Дед Мороз и Снегурочка. Они поздравляют с Новым годом, жела-
5 ют здоровья, счастья, всего хорошего. Все в семье получают подарки.

7-го января русские празднуют Рождество. В квартире ещё стоит ёлка. Люди не работают, некоторые идут в церковь.

10 8-го марта русские празднуют Женский день. Люди не идут на работу. В Женский день дома работают не женщины, а мужчины. Они убирают квартиру и готовят обед. Мальчики им помогают. Женщины
15 и девочки получают цветы и подарки.

Весной есть ещё один праздник. Это Пасха. Дома на столе лежат красивые яйца и куличи. Некоторые люди идут в церковь.

20 Как и мы, русские люди празднуют день рождения. Приходят гости, поздравляют с днём рождения, желают здоровья, счастья и всего хорошего. В день рождения всегда очень весело.

6 Вопросы

1. Что празднуют русские люди и когда?
2. Когда у нас Рождество?
3. В какой праздник русские получают подарки?
4. Скажите, как празднуют русские Новый год и 8-ое марта?

Когда?	В день рождения. На Пасху. На Рождество. На Новый год.

7 С праздником!

Образец: Лара поздравляет бабушку с Новым годом и желает ей всего хорошего.

Лара Костя и Вика Вова я ты мы вы …	поздравля́ть	бабушка дядя брат ты мы вы я …	с	Новый год праздник Женский день Пасха новоселье Рождество день рождения …	и	жела́ть ….

1 Вова празднует свой день рождения

Вечер. В квартире у Вовы гости: вот его тётя и дядя и кузина Оксана, его бабушка и дедушка и его друзья.

Вова помогает своей маме на кухне.
Вова говорит со своим дядей.
Вова показывает своей бабушке подарки.
Вова танцует со своей кузиной.
Вова рассказывает о своём брате.
— Как его зовут?

Лара тоже помогает его маме на кухне.
И Света говорит с его дядей.
И Андрей показывает его бабушке подарки.
Потом Костя танцует с его кузиной.
Вика тоже рассказывает о своём брате.
— О ком она рассказывает?

2 Обычно …, но сегодня …

1. Обычно Вова помогает **своей** маме, но сегодня **его** маме помогает Лара.
2. Обычно Вика играет на … гитаре, но сегодня на **её** гитаре играет Андрей.
3. Обычно лампа стоит на … месте, но сегодня на … месте лежит собака.
4. Обычно Вова сидит рядом со … братом, но сегодня рядом с … братом сидит дядя.
5. Обычно Таня танцует со … другом, но сегодня … Оксана.
6. Обычно папа читает … газету, но сегодня … тётя.
7. Обычно Вова спит на … диване, но сегодня … Оксана.

3 Свой или не свой

Образец:
Учебник Вовы: Сегодня Вова не читает **свой учебник, его учебник** лежит под диваном.

1. Собака Оксаны: Оксана играет со …, Света тоже играет с ….
2. Фотоаппарат тёти и дяди: Тётя и дядя не знают, где …. Они ищут ….
3. Гитара Вики: Вика играет на …, Лара тоже ….
4. Кресло дедушки: Дедушка не сидит в …, в … спит собака.
5. Подарок Оксаны: Оксана ищет … в сумке, но … уже лежит на столе.
6. Стакан Вики: Вика пьёт из …, Костя тоже пьёт из ….
7. Брат Вики: Вика сидит рядом со …, но … всё ещё говорит с Оксаной.
8. Комната Вовы: Вова убирает … комнату, Оксана тоже убирает … комнату.

‹4 Переведите›

Делать своё дело хорошо.
Ехать в Тулу со своим самоваром.
В своём доме как хочу, так и ворочу.
Всяк кузнец своего счастья.

(*Неделя* № 5, 2/92)

5 Пода́рки Во́вы

Во́ва пока́зывает свои́ пода́рки.
Ребя́та спра́шивают его́.

— Покажи́, пожа́луйста, кассе́ту.
— Каку́ю?
— Вот э́ту кассе́ту, рок-гру́ппы „А́виа".

— Есть у тебя́ фо́то гру́ппы?
— Како́й гру́ппы?
— Вот э́той гру́ппы. Гру́ппы „А́виа".

— Я хочу́ посмотре́ть э́тот журна́л.
— Како́й? Вот э́тот, неме́цкий?
— Да, э́тот. Спаси́бо.

— От кого́ э́ти карандаши́?
— Э́ти карандаши́ — пода́рок де́душки.
— Здо́рово!

Спроси́те друг дру́га.
Во́ва пока́зывает ещё пода́рки: больша́я
ча́шка, весёлая игра́, откры́тка Ви́ки и Ко́сти,
неме́цкие ма́рки, но́вый кассе́тник,
видеофи́льм от па́пы.

О СЕБЕ

6 Напиши́те откры́тку

Напиши́те пра́здничную откры́тку
дру́гу, подру́ге, ба́бушке, учи́телю …

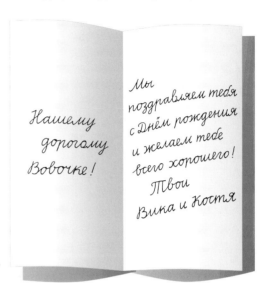

На́шему дорого́му Во́вочке!

*Мы поздравля́ем тебя́
с Днём рожде́ния
и жела́ем тебе́
всего́ хоро́шего!
Твои́
Ви́ка и Ко́стя*

7 Ска́зка Ба́бы-Яги́

1. Где э́та у́лица, где э́тот дом?

2. В … до́ме живёт ста́рая
   ба́бушка.

3. … ста́рую ба́бушку зову́т
   Ба́ба-Яга́.

4. С … ста́рой ба́бушкой живёт
   … большо́й кот.

5. … большо́го кота́ зову́т Ва́ська.

6. Ва́ська спит в … ста́ром
   кре́сле.

7. … ста́рое кре́сло стои́т ря́дом
   с … столо́м.

8. За … столо́м сиди́т Ба́ба-Яга́.

9. Она́ смо́трит в … ма́ленькое
   окно́.

10. За … ма́леньким окно́м она́
    ви́дит … краси́вую де́вочку.

8 Диало́ги

а) — Я хочу́ пригласи́ть тебя́ в кино́.
     Пойдём?
   — С удово́льствием. Когда́?
   — Сего́дня ве́чером в 8 часо́в.

б) — Я хочу́ пригласи́ть вас в го́сти.
   — Когда́?
   — В суббо́ту, 22-го ма́я.
   — К сожале́нию, не могу́. В суббо́ту
     у меня́ уже́ есть биле́ты в теа́тр.

*Вы хоти́те пригласи́ть дру́га и́ли подру́гу в кафе́ / в теа́тр / на рыба́лку / на у́жин /
в рестора́н / на Но́вый год / на день рожде́ния.*

9 Вова, скажи!

Дедушка хочет знать, кто эти гости.

Дедушка: Скажи, Вова, кто этот мальчик, который танцует с Оксаной?

Вова: Это Костя. Он брат Вики.

Дедушка: Интересно. А кто эта девочка, с которой говорит Вика?

Вова: Это Света. Она из Москвы, но сейчас она живёт в одном подъезде с Викой.

Дедушка: А кто эта девочка, которой твоя мама показывает фото?

Вова: Её зовут Лара. Она волейболистка. Тоже ходит в 9-й класс.

Дедушка: Она очень симпатичная. А кто этот молодой человек, с которым она сейчас говорит?

Вова: Это её тренер.

Дедушка: Скажи, кто этот мужчина, для которого твой папа готовит бутерброды?

Вова: Это Максим Михайлович. Он живёт рядом с нами. Он часто ходит на рыбалку с папой.

Дедушка: А я совсем не знаю эту красивую женщину, которая стоит рядом с твоим братом.

Вова: О ком ты говоришь?

Дедушка: Я говорю о женщине, которая сейчас смотрит на нас.

Вова: Ах, дедушка, это же тётя Алиса, твоя дочь!

10 Кто это?

1. Мальчик,
2. Люди,
3. Девочка,
4. Мальчик, с
5. Мужчина,
6. Молодой человек, о
7. Женщина,

который, -ая, -ое, -ые,

говорит с дедушкой, это Вова.
в квартире у Вовы, это гости.
из Москвы, это Света.
танцует Оксана, это Костя.
папа даёт бутерброды, это Максим Михайлович.
говорит дедушка, это тренер Лары.
дедушка не знает, это тётя Алиса, его дочь.

‹ 11 Марк Шагал. „День рождения" ›

1. У девушки, которая стоит в комнате, день рождения.
2. Девушка, ... поздравляет её друг, очень красивая.
3. Молодой человек целует девушку, ... он желает ей здоровья и счастья.
4. Цветы, ... она получает от него, красивые.
5. В комнате стоит стол, на ... стакан.
6. Торт, ... стоит на столе, очень вкусный.
7. Обычно девушка спит на диване, над ... висит ковёр.
8. За окном, в ... смотрит девушка, находится улица.

‹ 12 В кафе „Русский чай" ›

Послушайте диалог. Ответьте на вопросы.

1. Кто встречается в центре города?
2. Что они делают в центре?
3. Кто хочет пригласить кого в кафе? Почему?
4. Где находится кафе?
5. Как кончается диалог?

1 Дра́ма

Пе́рвая сце́на: Ве́чер. Кварти́ра № 26.
В гости́ной уже́ стоя́т и сидя́т го́сти. В углу́
стои́т самова́р. В середи́не ко́мнаты стол,
на кото́ром стоя́т винегре́т, ку́рица, ры́ба,
5 котле́ты, сала́ты, огурцы́, бутербро́ды,
хлеб.
Звоно́к. Ива́н Андреевич открыва́ет
дверь.

Бори́с Петро́вич: До́брый ве́чер. Мы к вам
10 на новосе́лье. Вот моя́ жена́ Ве́ра
Макси́мовна, на́ша дочь Ви́ка и
наш сын Ко́стя.
Все: Здра́вствуйте! До́брый ве́чер!
Ива́н Андреевич: Заходи́те, заходи́те.
15 *Ве́ра Макси́мовна:* С удово́льствием.
Ната́лья Васи́льевна: Здра́вствуйте. Меня́
зову́т Ната́лья Васи́льевна, вот мой
муж Ива́н Андреевич, наш сын
Ваню́шка и на́ша ба́бушка, моя́ ма́ма,
20 Елизаве́та Серге́евна.
Ве́ра Макси́мовна: До́брый ве́чер. Вот вам
на новосе́лье.

*Ве́ра Макси́мовна даёт Ната́лье
Васи́льевне большо́й календа́рь.*

25 *Ната́лья Васи́льевна:* Ой, как краси́во!
Спаси́бо вам! Это фо́то Но́вгорода?
Ве́ра Макси́мовна: Да, это наш Но́вгород.
Бори́с Петро́вич: Поздравля́ем вас
с новосе́льем!
30 *Ви́ка:* Жела́ем вам всего́, всего́ хоро́шего
в но́вой кварти́ре.
Ко́стя: Здоро́вья! Сча́стья!
Елизаве́та Серге́евна: Каки́е у вас
хоро́шие де́ти!
35 *Ива́н Андреевич:* Что же вы тут сто́ите?
Все уже́ за столо́м. Ната́шенька,
положи́ календа́рь на по́лку. Там уже́
лежа́т други́е пода́рки.

Приглаша́ем
к нам на новосе́лье
25-го ма́я в 7 часо́в ве́чера
четвёртый эта́ж,
кварти́ра № 26
Ле́бедевы.

Втора́я сце́на. Го́сти сидя́т за столо́м.

Ната́лья Васи́льевна: Хоти́те ещё сала́т? 40
1-й гость: Да, пожа́луйста. О́чень вку́сно.
Ива́н Андреевич: Вам ещё ры́бу?
2-й гость: Нет, спаси́бо, уже́ не могу́.
3-й гость: Како́й вку́сный винегре́т!
4-й гость: Как вы хорошо́ уме́ете 45
гото́вить, Ната́лья Васи́льевна.
Ната́лья Васи́льевна: Вы зна́ете, винегре́т
у нас то́лько па́па гото́вит.
3-й гость: Что вы говори́те! У вас па́па
гото́вит? Вы́пьем за па́пу! 50
Ива́н Андреевич: За меня́? Нет, нет.
Сего́дня у нас новосе́лье. Вы́пьем
за сча́стье в этом до́ме. За вас,
дороги́е го́сти.
2-й гость: За ва́ше здоро́вье, Ива́н 55
Андреевич и Ната́лья Васи́льевна!

Все встаю́т и говоря́т: На здоро́вье!

Тре́тья сце́на.

Бори́с Петро́вич: Кварти́ра у вас
неплоха́я. 60
Ива́н Андреевич: Да, неплоха́я. Но
ма́ленькая. Две ко́мнаты, и ба́бушка
живёт то́же с на́ми.
1-й гость: Это ничего́. „В тесноте́, да не
в оби́де“. 65
Ната́лья Васи́льевна: У нас ку́хня
больша́я. Это хорошо́.
2-й гость: И балко́н то́же большо́й.
Ле́том он как ко́мната.
Ива́н Андреевич: Ваню́шка да́же мо́жет 70
спать там.
Все: Ха-ха-ха.
3-й гость: Вы́пьем за балко́н.

Четвёртая сце́на. Ребя́та сидя́т на дива́не.

Ви́ка: Ваню́шка, ско́лько тебе́ лет?

Ваню́шка: Мне 6 лет.

Ко́стя: Ты уже́ хо́дишь в шко́лу?

5 *Ваню́шка:* Ещё нет.

Све́та: С кем ты лю́бишь игра́ть?

Ваню́шка: С на́шей ко́шкой Ма́узи.

Ви́ка: У тебя́ есть ко́шка? Интере́сно.
   А где она́?

10 *Ваню́шка:* Не зна́ю. Наве́рное, она́ под
   дива́ном. Она́ всегда́ спит там.

Ребя́та и́щут под дива́ном.

Все: Ма́узи, где ты?

Ваню́шка: Вот она́!

Пя́тая сце́на.   15

1-й гость: Ната́лья Васи́льевна, покажи́те
   нам, пожа́луйста, пода́рки.

Ната́лья Васи́льевна: С удово́льствием.
   Вот ла́мпа. Кака́я она́ краси́вая.
   Большо́е вам спаси́бо.   20

2-й гость: А э́то от нас. Ча́шки.

3-й гость: Здо́рово! А кака́я э́то кни́га?

Ива́н Андре́евич: „Ру́сская ку́хня“. Вот э́то
   пода́рок! Я о́чень люблю́ гото́вить.

Ната́лья Васи́льевна: А вот цветы́.   25
   Ах, каки́е они́ краси́вые! Спаси́бо,
   дороги́е го́сти.

Ива́н Андре́евич: Вот календа́рь. Почему́
   он не виси́т на стене́? Здесь его́ ме́сто.
   Где молото́к, где гвоздь?   30

Ваню́шка: Вот они́.

*Ива́н Андре́евич берёт молото́к и гвоздь,
и … Бах! Бух! Бац!*

— Темнота́ —

Все: Что э́то? У́жас! Почему́ темно́?   35
   К чему́? Где? Мя́у! Ой! Ах!

— За́навес —

2   Вопро́сы к дра́ме

1. Что вы зна́ете о но́вой семье́ в до́ме?
   Как их зову́т?
   Кто живёт в кварти́ре?
   На како́м этаже́ они́ живу́т?
   Кака́я у них кварти́ра?
2. Каки́е пода́рки они́ получа́ют?
3. Чего́ жела́ют го́сти?
4. За кого́ и за что они́ пьют?

3   С новосе́льем!

а) Напиши́те сце́ны, как други́е лю́ди
   прихо́дят в го́сти.
   Что говоря́т Ле́бедевы?
   Что говоря́т го́сти?

б) Инсцени́руйте дра́му в кла́ссе.

4   Сравни́те

по здоро́в ье
    здоро́в о
    здрав   ствуйте
    здрав   ля́ть

1 Пе́сенка крокоди́ла Ге́ны

Пусть бе-гут не-ук-лю-же пе-ше-хо-ды по лу-жам, а во-да— по ас-фаль-ту ре-кой. И не-яс-но про-хо-жим в э-тот день не-по-го-жий, по-че-му я ве-се-лый та-кой.

Припев Я иг-ра-ю на гар-мош-ке у про-хо-жих на ви-ду... К со-жа-лень-ю, день рож-день-я— толь-ко раз в го-ду.

Пусть бегу́т неуклю́же *clumsy awkward*
Пешехо́ды по лу́жам,
А вода́ — по асфа́льту реко́й.
И нея́сно прохо́жим,
В э́тот день непого́жий,
Почему́ я весёлый тако́й.

„Я игра́ю на гармо́шке
У прохо́жих на виду́ …
К сожале́нью, день рожде́нья —
Только́ раз в году́.“

Прилети́т вдруг волше́бник
В голубо́м вертолёте
И беспла́тно пока́жет кино́.
С днём рожде́нья поздра́вит
И, наве́рно, оста́вит
Мне в пода́рок пятьсо́т „Эскимо́“.

„Я игра́ю на гармо́шке …“

2 Споко́йной но́чи!

Споко́йной вам но́чи,
Прия́тного сна.
Жела́ю вам ви́деть
Козла́ и осла́.
Козла́ до полно́чи,
Осла́ до полдня́.
Споко́йной вам но́чи,
прия́тного сна.

3 Что э́то?

В не́бо – дыра́.
В зе́млю – дыра́.
В середи́не – ого́нь.
Круго́м – вода́.

Самова́р.

1 Всё было лучше

Софья Васильевна и Иван Антонович думают, что раньше всё было лучше.

Софья Васильевна: Раньше после школы дети читали, делали уроки, помогали на кухне …

Иван Антонович: Да-да, мой сын, например, всегда помогал, ходил в магазин, убирал квартиру, готовил обед. А сегодня дети приходят домой, смотрят телевизор, слушают рок-музыку, играют на компьютере.

Софья Васильевна: Когда я была девочкой, я всегда помогала, в кино не ходила, а сидела, читала книги, играла на пианино, шила. У нас не было дискотеки и бассейна. Как хорошо мы жили! А сегодня?

Иван Антонович: Сегодня? Мой внук только гуляет, ходит на дискотеку. А этим летом он едет в Берлин. Понимаете, в Берлин!

Софья Васильевна: К чему ему Берлин? Там же люди не знают русского языка!

Иван Антонович: Да-да, когда я был мальчиком, мы летом все вместе были на даче, вместе работали. И какая была хорошая погода! Каждый день светило солнце. Хорошо было. А теперь всегда плохая погода. Раньше всё было лучше!

2 Когда Софья Васильевна была девочкой, и Иван Антонович был мальчиком

а) Как вы думаете, что они делали, а что нет?

Образец: Софья Васильевна раньше часто работала на даче.
Иван Антонович не слушал рок-музыку.

1. гулять по парку
2. играть на компьютере
3. слушать кассеты
4. работать на даче
5. смотреть видеофильмы
6. готовить вкусные обеды
7. ловить рыбу
8. читать книги
9. говорить по телефону
10. ходить в церковь
11. танцевать на дискотеке
12. плавать в бассейне

б) Как вы думаете, что у них было и чего у них не было?

Образец: У них был велосипед. У них **не было** машин**ы**.

машина, велосипед, кассетник, компьютер, самовар, радио, телевизор, пианино, гитара, телефон, холодильник, фотоаппарат

3 Кем они были?

Образец: Лара — волейболистка. Её мать тоже **была** волейболистк**ой**.

1. Борис Петрович — журналист. Его отец тоже … .
2. Света — фигуристка. Её мать тоже … .
3. Вера Максимовна — гид. Её мать тоже … .
4. Моя мать — архитектор. Мой дедушка тоже … .
5. Надежда Александровна — учительница. Её отец тоже … .
6. Иван Петрович хороший пианист. Его мать тоже … .
7. Сергей плохой спортсмен. Его отец тоже … .
8. Чарли симпатичная собака. Его мать тоже … .

4 Открытка

Дорогая Надя!   *3 сентября*

К сожалению, только сегодня отвечаю тебе. Раньше я не могла, потому что мы были на даче. Вова и Света тоже там были. Было здорово! Мы встречались каждый день, много работали, собирали

в лесу грибы. Вова каждый день катался на лодке и ловил рыбу. Он не мог без рыбалки. А мы ели его рыбу – на завтрак, на обед и на ужин. Ужас! Мы не могли её уже видеть! А чем ты занималась летом?

Целую. Вика

5 Летом

а) Что они часто делали летом?

О СЕБЕ

б) Что вы часто делали летом в свободное время?

6 Мог — могла — могло — могли?

1. Вчера была плохая погода, и ребята не … собирать грибы.
2. Летом на улице лежал снег. Где это … быть?
3. Они ели так много рыбы, что не … уже видеть её.
4. Вова не … кататься на лодке, потому что ему было плохо.
5. Аня всё время играла на компьютере, а потом она не … спать.
6. Они на даче не … смотреть телевизор, потому что там не было телевизора.
7. Ребята … делать всё, что хотели.

1 Весна на улице!

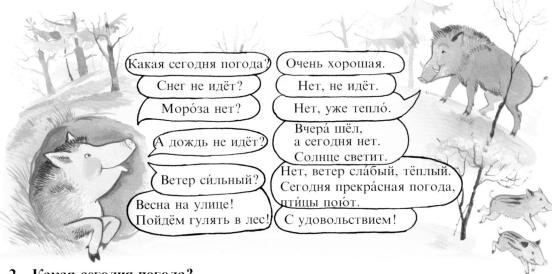

Какая сегодня погода? — Очень хорошая.

Снег не идёт? — Нет, не идёт.

Мороза нет? — Нет, уже тепло.

А дождь не идёт? — Вчера шёл, а сегодня нет. Солнце светит.

Ветер сильный? — Нет, ветер слабый, тёплый. Сегодня прекрасная погода, птицы поют.

Весна на улице! Пойдём гулять в лес! — С удовольствием!

2 Какая сегодня погода?

а)

1. Почему туристы сегодня не гуляют по городу?

2. Почему ребята сегодня не сидят дома?

3. Почему люди сегодня не катаются на велосипеде?

4. Почему ребята сегодня не играют в бадминтон?

б) А какая у вас сегодня погода? А какая погода была вчера (летом, зимой)?

3 Какое время года они любят?

Вика: Я люблю весну. Весной уже тепло, но ещё не жарко. Птицы поют. Можно гулять в лесу.

Костя: Я люблю осень. Осенью можно собирать грибы. И ещё — осенью у меня день рождения.

А вы? Какое время года вы любите?

4 Здорово на даче!

Сегодня Сорокины на даче. Дача находится недалеко от города, прямо у леса и реки. Там тихо и красиво. Дача — это домик, маленький сад и большой огород.

В саду растут фрукты: 🍎 , 🍐 и 🥜 . В саду тоже растут 🍇 и 🌼 . В огороде растут овощи: 🥒 , 🥔 , 🥔 и 🧅 . В огороде стоит старый 🌳 . На нём сидит старый 🐦 , смотрит на 🍇 и думает: наверное, 🍇 очень вкусные!

5 Вопросы

Какие фрукты и овощи растут на даче? Где они растут? Где сидит ворон? Что он делает?

О СЕБЕ

У вас тоже есть сад или огород? Что там растёт? Вы любите работать в саду и в огороде? Какие фрукты вы любите? Какие овощи вы любите?

⟨6 Песня: „Калинка"⟩

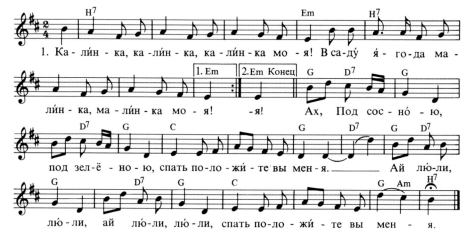

1. Калинка, калинка, калинка моя! В саду ягода малинка, малинка моя! -я! Ах, Под сосною, под зелёною, спать положите вы меня. Ай люли, люли, ай люли, люли, спать положите вы меня.

1   Новый дом

Всё лето Сорокины были на даче. Они там строили новый дом. Их старый дом был очень маленьким. Дом строили все: папа, мама, бабушка, дедушка, дядя, тётя, Вика, Костя.

Вова и Света часто приходили туда. Когда папа и дядя Артём делали фундамент, Костя и Вика помогали им. Мама и тётя Лиля работали в огороде. Иногда ребята им помогали. В хорошую погоду они собирали в лесу ягоды и грибы. Бабушка и дедушка каждый вечер готовили ужин. Дедушка всё время говорил: „Кто хорошо работает, тот и хорошо ест.“ После ужина Сорокины делали костёр, сидели у костра, шутили, пели.

Когда папа и дядя Артём сделали фундамент, в семье был небольшой праздник. На праздник пришли и Света с Вовой. Мама и бабушка приготовили праздничный ужин. Ребята им помогли. Они собрали овощи и фрукты. Потом папа сделал костёр. Когда они всё приготовили, дедушка сказал: „Пожалуйста, все к столу!“ Это был очень весёлый вечер.

Сорокины долго строили. Наконец, в августе они построили свой дом.

2   Сорокины всё лето строили

1. Сорокины всё лето … дом. В августе они его ….
2. Света и Вова часто … на дачу. На праздник они тоже ….
3. Костя и Вика часто … Борису Петровичу и дяде. Когда они сделали фундамент, мама и бабушка … праздничный ужин. Ребята им ….
4. Ребята иногда … ягоды и грибы в лесу. На праздник они … в огороде овощи.
5. Папа и дядя долго … фундамент. Когда они его …, они … стены.
6. Когда они … ужин, дедушка …: „Пожалуйста, все к столу!“ Иногда и дедушка … ужин. Он всегда …: „Кто хорошо работает, тот и хорошо ест.“

3   писал — написал?

1. Вика после обеда долго ….	писать/
Наконец она … четыре открытки.	написать
2. Вера Максимовна каждый день … газеты,	читать/
но сегодня она не … их.	прочитать
3. Вчера Света, наконец, … открытку от Алины.	получать/
Раньше она каждую неделю … письмо от неё.	получить
4. — Кто мне … этот молоток? — сказал папа. — Ужас,	
какой он плохой!	давать/
Когда у тёти Лили не было дачи, овощи и фрукты	дать
ей всегда … Сорокины.	
5. Вчера у Вики был день рождения, и ребята … прекрасный	смотреть/
фильм. Всё лето они не … телевизор.	посмотреть
6. На даче Сорокины всегда … в 8 часов,	вставать/
а после праздника они … только в десять часов.	встать
7. Света много …: дачу, лес, озеро.	фотографировать/
Наконец она … и новый дом.	сфотографировать
8. Вова долго сидел и … новый дом.	рисовать/
Только вечером он … его.	нарисовать

4   Свинья́ и дуб

В один прекра́сный день свинья́ гуля́ла по ле́су. Вдруг она́ (ви́дела/уви́дела) большо́й ста́рый дуб. А под ду́бом лежа́ли жёлуди. Свинья́ о́чень люби́ла жёлуди. Она́ (е́ла/съе́ла) оди́н жёлудь.

— Как э́то вку́сно! — (говори́ла/сказа́ла) она́. Она́ ещё до́лго (е́ла/съе́ла) и, наконе́ц, (е́ла/съе́ла) все жёлуди. На ду́бе сиде́л во́рон и (смотре́л/посмотре́л) на свинью́. Пото́м он (говори́л/сказа́л):

— Почему́ ты э́то (де́лала/сде́лала)? Все жёлуди (е́ла/съе́ла)! Э́то нехорошо́!

— Почему́ нехорошо́? — (спра́шивала/спроси́ла) свинья́. — Жёлуди о́чень вку́сные!

— Жёлудь — э́то бу́дущий дуб. Нет жёлудя, нет и ду́ба! Понима́ешь?

— Ну и что? К чему́ мне дуб? — (отвеча́ла/отве́тила) свинья́.

— Эх, ты! — (говори́л/сказа́л) во́рон. — Кака́я ты свинья́!

5   Вопросы

1. Где гуля́ла свинья́ в оди́н прекра́сный день?
2. Что она́ уви́дела?
3. Что она́ де́лала под ду́бом?
4. Кто с ней говори́л?
5. Почему́ он сказа́л ей: „Кака́я ты свинья́?“

6   Сравните

про- чита́ть
у- ви́деть
по- смотре́ть
по- стро́ить
при- гото́вить
на- писа́ть
на- рисова́ть
с- де́лать
с- фотографи́ровать

7   Мо́жно?

Вопро́сы и отве́ты.

1. Мо́жно откры́ть окно́? Мне жа́рко.
2. Мо́жно пла́вать в э́том о́зере?
3. Мо́жно вам помо́чь?
4. Мо́жно здесь ката́ться на конька́х?
5. Мо́жно посмотре́ть ваш журна́л?
6. Мо́жно пригласи́ть вас на у́жин?
7. Мо́жно вас сфотографи́ровать?

Да, мо́жно, но лу́чше с вну́ком.
Да, коне́чно, я его́ уже́ прочита́л.
Нет, зимо́й здесь не о́чень хо́лодно.
Да, коне́чно, мне то́же о́чень жа́рко.
Да, мо́жно, но вода́ в нём о́чень холо́дная.
Да, большо́е спаси́бо.
Нет, к сожале́нию, я не могу́. Я иду́
в теа́тр.

8   Ты им помога́ешь

Америка́нская семья́ пригласи́ла ру́сского ученика́ в го́сти. Его́ зову́т Же́ня.
Ма́ма и па́па не зна́ют ру́сский язы́к, а Же́ня не зна́ет англи́йский. Ты им помога́ешь.

Ма́ма: Ask him if they have a summer cottage (dacha).
Ты: У вас есть да́ча?
Же́ня: Да, да́ча есть. В ию́ле э́того го́да мы постро́или но́вый до́мик.
Ты: ...
Па́па: And where is the little house?
Ты: ...
Же́ня: Совсе́м недалеко́ от Москвы́. Там ма́ленькая дере́вня. Авто́бус идёт туда́
два часа́.
Ты: ...
Ма́ма: And do you have a garden too?
Ты: ...
Же́ня: Да, у нас большо́й огоро́д и ма́ленький сад. Там расту́т капу́ста, лук,
карто́шка, огурцы́ и помидо́ры.
Ты: ...
Па́па: What kind of house is it? Is it also possible to live there in the winter?
Ты: ...
Же́ня: Мо́жно. Там две ко́мнаты, ку́хня, но туале́т во дворе́. Мы живём ка́ждое
ле́то на да́че.
Па́па: That's great! A dacha not far from the city — that has been our dream for a
long time!
Ты: ...

‹9   Домово́й на да́че›

Прослу́шайте текст. Отве́тьте на вопро́сы.

1. Когда́ ребя́та спа́ли на да́че?
2. Кто хоте́л там спать?
3. Кто не хоте́л? Почему́?
4. Что де́лали ребя́та ве́чером?
5. Почему́ Све́та сказа́ла: „Ти́хо"?
6. Кто пришёл пото́м?
7. Что бы́ло пото́м?

1 Подснежники в январе (Сказка)

В маленькой деревне жи́ли-бы́ли мать, дочь и па́дчерица. Мать и дочь не рабо́тали, а то́лько е́ли, пи́ли да спа́ли. А па́дчерица мно́го рабо́тала до́ма, в саду́ и в огоро́де. Одна́жды ве́чером в январе́ мать и дочь сиде́ли до́ма и смотре́ли в окно́. Был моро́з. Шёл снег. На дворе́ бы́ло о́чень хо́лодно. Па́дчерица гото́вила у́жин.   5
Вдруг дочь сказа́ла:

— Опя́ть снег! То́лько снег да снег. Где цветы́? Где подсне́жники?

А мать сказа́ла па́дчерице:

— Иди́ в лес. Там расту́т подсне́жники. Принеси́ их!

Де́вочка зна́ла, что подсне́жники в лесу́ в январе́ не расту́т. Но что   10
де́лать? Она́ ушла́ из до́ма. Она́ до́лго шла по ле́су. Бы́ло хо́лодно и темно́. Был си́льный ве́тер. Вдруг она́ уви́дела костёр. У костра́ сиде́ли лю́ди, ста́рые и молоды́е. Их бы́ло двена́дцать. Оди́н стари́к уви́дел де́вочку и спроси́л:

— Что ты де́лаешь в лесу́ зимо́й?   15

Де́вочка отве́тила:

— Я ищу́ подсне́жники.

— Подсне́жники зимо́й? Они́ расту́т то́лько весно́й!

— Но мне мать сказа́ла: „Принеси́ для сестры́ подсне́жники!"

В э́то вре́мя оди́н молодо́й и весёлый челове́к встал и сказа́л: 20

— Я э́ту де́вочку зна́ю. Она́ ка́ждый день рабо́тает в саду́, в огоро́де и до́ма. Брат Янва́рь, мо́жно мне на твоё ме́сто на оди́н часи́к?

— Хорошо́, брат Март.

И вдруг де́вочка уви́дела подсне́жники! Она́ собира́ла, собира́ла их … и собрала́ большо́й буке́т.   25

— Спаси́бо, ме́сяц Март! Спаси́бо, ме́сяц Янва́рь!

Пришла́ де́вочка домо́й и всё рассказа́ла.

А сестра́ сказа́ла:

— Ме́сяцы ма́ло тебе́ да́ли! То́лько подсне́жники. У них есть ещё я́блоки, гру́ши, я́годы и грибы́!   30

И сказа́ла мать:

— Что мно́го говори́ть! Тепе́рь ты, до́чка, иди́ в лес! Принеси́ нам пода́рки!

Дочь ушла́ из до́ма. В лесу́ она́ уви́дела костёр. У костра́ сиде́ли лю́ди. Их бы́ло двена́дцать.   35

— Что ты де́лаешь в лесу́ зимо́й? — спроси́л ме́сяц Янва́рь.

— Я ищу́ пода́рки.

— Пода́рки?! — сказа́л Янва́рь.

— Ты не рабо́таешь, а то́лько ешь, пьёшь да спишь. А тепе́рь хо́чешь ещё пода́рки?   40

Вдруг ста́ло совсе́м темно́ и о́чень хо́лодно. И де́вочка замёрзла.

Мать до́лго сиде́ла у окна́ и ду́мала:

— Где моя́ до́чка? Что с ней? Почему́ она́ не пришла́ домо́й?

Наконе́ц мать ушла́ в лес. Она́ иска́ла, иска́ла до́чку и замёрзла в лесу́.

А па́дчерица жила́ до́лго и хорошо́.   45

2   Перескажи́те сказку „Подсне́жники в январе́"

1. Жи́ли-бы́ли … в маленькой ….
2. Мать и дочь только …, а па́дчерица ….
3. Это бы́ло зимой. На дворе́ ….
4. Когда па́дчерица гото́вила ужин, мать и дочь ….
5. Дочь хоте́ла …, а па́дчерица зна́ла, что ….
6. Но она́ ….
7. В лесу́ у костра́ ….
8. … дал па́дчерице …, потому что ….
9. Когда она пришла́ домой, ….
10. Дочь тоже ушла́ в лес, потому что ….
11. Но дочь не получи́ла подарки, потому что ….
12. В лесу́ ста́ло …, и она́ ….
13. Её мать …, а па́дчерица ….

‹3   „Кра́сная Ша́почка"›

Вы все знаете сказку „Кра́сная Ша́почка". Расскажи́те её. Напиши́те маленькую сказку!
Начни́те, например, так:
Жила́-была́ маленькая девочка, которую зва́ли Красная Ша́почка. Одна́жды мама ей сказа́ла: „Вот подарки. Иди́ к бабушке." И Кра́сная Ша́почка ушла́ в лес ….

дать подарки для бабушки
увидеть во́лка
жить за ле́сом
лежать на диване
съесть бабушку
спроси́ть бабушку

< 4 Ру́сские и англи́йские посло́вицы >

1. Одна́ ла́сточка не делает весны.
2. Я́блоко от я́блони недалеко па́дает.
3. Во́рон во́рону глаз не вы́клюет.
4. Вся́кому о́вощу своё время.
5. Ли́бо до́ждик, ли́бо снег, ли́бо будет, ли́бо нет.

А. There is honor among thieves.
Б. Maybe yes, maybe no.
В. One swallow doesn't make it spring.
Г. The apple doesn't fall far from the tree.
Д. There's a time and place for everything.

1 Город Петра́

1 Па́мятник Петру́ Пе́рвому. В нача́ле XVIII ве́ка русский царь Пётр I осно́ва́л новый город на за́паде страны́. Он хоте́л „открыть окно в Евро́пу“. Два ве́ка Санкт-Петербург был столицей страны́.

begin
founded
west
country

2 Петропа́вловская кре́пость. Это бы́ли первые здания бу́дущего Петербурга. Кре́пость нахо́дится на маленьком о́строве реки́ Невы́.

future

3 Зи́мний дворе́ц. В этом дворце́ жи́ли русские цари́ и цари́цы. Сейчас во дворце́ нахо́дится изве́стный музей „Эрмита́ж“.

famous

4 Адмиралте́йство. Это место, где раньше строили корабли́. Кора́бль на Адмиралте́йстве — си́мвол города.

ships
serves

5 Не́вский проспе́кт — гла́вная улица Санкт-Петербурга. На Не́вском нахо́дятся магазины, рестораны, кафе, театры и соборы.

6 Смо́льный институт.
Здесь ра́ньше жил и рабо́тал Влади́мир Ильи́ч Ле́нин. Ленингра́д — так называ́лся го́род мно́го лет.

7 Санкт-Петербург — центр рок-му́зыки. Здесь игра́ют изве́стные и ещё неизве́стные рок-гру́ппы. Ка́ждый год, в ию́не, в Санкт-Петербу́рге большо́й рок-фестива́ль.

8 Недалеко́ от го́рода нахо́дится Петерго́ф. Здесь ле́том жи́ли ру́сские цари́ и цари́цы.

9 Санкт-Петербург о́чень краси́вый го́род, здесь па́рки, сады́, кана́лы и мосты́.

2 Вопросы

1. Почему́ Пётр I основа́л Санкт-Петербург?
2. Где нахо́дится Петропа́вловская кре́пость?
3. Зи́мний дворе́ц — что там сейча́с, и кто там ра́ньше жил?
4. Почему́ кора́бль си́мвол го́рода?
5. Как называ́ется гла́вная у́лица Санкт-Петербу́рга?
6. Как ещё называ́лся го́род?
7. Что вы зна́ете о Петерго́фе?

1 Сорокины едут в Санкт-Петербург

а) Борис Петрович едет в командировку в Санкт-Петербург. Перед ужином он говорит об этом со своей семьёй.

Вера Максимовна: Ну, что с командировкой? Ты едешь?
Борис Петрович: Да, в субботу.
Вера Максимовна: Слушай, Боря, я тоже хочу. Я давно не была у Лили. Я хочу посмотреть её новую квартиру.
Борис Петрович: Пожалуйста. Почему нет?
Костя: А мы? Слушайте, у меня идея. Поедем все вместе!
Вика: Здорово! Пап, скажи, а Свету можно пригласить? Она ещё не была в Петербурге.
Борис Петрович: Конечно, пригласи её и покажи ей город.
Вера Максимовна: Обязательно посмотрите Зимний дворец и погуляйте по Невскому.
Костя: Прекрасно. А, может, там будет рок-концерт. И ещё я хочу купить новую кассету.
Борис Петрович: Ладно, купи. А после обеда поедем вместе в Петергоф!
Вера Максимовна: Ой, ребята, уже семь часов. Убирайте книги, готовьтесь к ужину.

б) В пятницу вечером у Светы дома.

Мама: Света, ты уже спишь?
Света: Нет, я ещё читаю.
Мама: Напиши, пожалуйста, бабушке открытку из Петербурга. Она так любит этот город.
Света: Ладно.
Мама: Поставь будильник на шесть.
Света: Почему будильник? Лучше ты разбуди меня.
Мама: Хорошо, не волнуйся. А теперь поцелуй меня и спи, Светик.

2 Что они говорят?

а) *Образец:*
Вера Максимовна хочет посмотреть новую квартиру Лили.
Борис Петрович говорит: „Хорошо, **посмотри** квартиру.“

1. Вика хочет пригласить Свету.
2. Вика и Света хотят посмотреть Зимний дворец.
3. Ребята хотят погулять по Невскому.
4. Костя хочет купить кассету.
5. Они все хотят посмотреть Петергоф.
6. Они хотят ужинать.

б) Что говорят Света и её мама?
1. Бабушка так любит Санкт-Петербург. ... .
2. Ты хочешь встать в шесть. ... .
3. Почему будильник? ... .
4. Уже 11 часов? Теперь ... .

3   В школе

Что говорит учитель или учительница в классе?
Образец: Прочита́й(те) книгу.

1. прочитать (книга, рассказ, вопрос, образец)
2. посмотреть на (доска, карта, картина)
3. посчита́ть (дни, месяцы, недели)
4. спросить (мама, папа, учитель, учительница)
5. нарисовать (кот, кошка, попугай)
6. показать (дневник, ру́ки, записка)
7. написать (записка, вопрос, рассказ)
8. рассказать о (Гоголь, Пётр I, Москва, Новгород)
9. заниматься (спорт, литература, немецкий язык)
10. готовиться к (урок, работа, экзамен)

4   Диалоги

Образец: – Это книга о Петербурге? Можно посмотреть?
– Пожалуйста, посмотрите.

1. – Это новая кассета? Можно послу́шать?
2. – Это письмо от Алины? Можно прочитать?
3. – Это твоя тетрадь? В ней можно рисовать?
4. – Все здесь? Можно начина́ть урок?
5. – Мама, можно пригласить Лару на ужин?
6. – Можно вас сфотографировать?
7. – Эта лодка свободная? Можно поката́ться?

5   Что можно делать в Санкт-Петербурге?

а) *Образец:* Можно гулять по Не́вскому проспе́кту, ходи́ть в магазины и в кафе …

б) Вы в Петербурге. Что вы хоти́те делать?

Йенс: Я хочу́ идти на балет. Я люблю́ балет.
Анна: Я хочу́ катиться на ске́йт-бо́рде перед Эрмита́жем. Это здорово.

1   Экскурсия на ка́тере *cutter*

В Санкт-Петербурге Костя, Вика и Света реши́ли покататься на ка́тере. Они купи́ли билеты в кио́ске недалеко от Эрмита́жа. Катера́ стоя́ли у бе́рега Невы́.

Света: Как здорово! Смотрите, на этой скаме́йке есть ещё свободные места́.

Гид: Дорогие го́сти! Друзья́ нашего города! Сейчас вы находитесь на Большо́й Неве́ в це́нтре истори́ческого Петербурга. Вы, наве́рное, зна́ете, что наш Петербург — это „се́верная Вене́ция". Санкт-Петербург — это больши́е и маленькие острова́, ре́ки и каналы.

Света: Какие здесь красивые мосты́, дома́ и па́мятники!

Гид: Справа вы видите знамени́тый Зи́мний дворе́ц и Эрмита́ж. Там есть прекрасные карти́ны и иконы, которые собира́л уже́ вели́кий царь Пётр I. Кто из вас ещё там не́ был, обяза́тельно посмотри́те их. Напро́тив Эрмита́жа находится Петропа́вловская кре́пость со свои́м высо́ким собо́ром.

Света: Ой, что это? Кто стреля́ет?

Гид: Не волну́йтесь! Сейчас двена́дцать часо́в, и каждый день в двена́дцать часо́в стреля́ет старая пу́шка на крепостно́м о́строве. Теперь, тоже слева, вы видите маленький до́мик. Это до́мик Петра I. Как вы, наверное, знаете, Пётр I был очень высо́ким человеком. Он даже не мог стоять в этом ни́зком до́мике!

Света: Поду́майте только! Царь жил в этом до́мике!

Вика: Да, это интересно. Света, сфотографи́руй до́мик.

Света взяла́ свой фотоаппарат и сфотографи́ровала до́мик Петра I.

2   Расскажите о Санкт-Петербурге

Образе́ц: — Вели́кий царь Пётр I основа́л этот знамени́тый город.

     — „Се́верная Вене́ция" — так говорят туристы об этом прекрасном городе.

     — В истори́ческом Эрмита́же можно посмотреть … .

царь Пётр I, Зи́мний дворе́ц, город, Петропа́вловская кре́пость, соборы, Вене́ция, пу́шка, каналы, до́мик, места́, Адмиралте́йство, кора́бль, улицы, мосты́, острова́, картины, сад, ка́тер, па́мятник, музей

вели́кий, высо́кий, знамени́тый, истори́ческий, свободный, се́верный, старый, маленький, класси́ческий, ни́зкий, красивый, прекрасный, интересный, изве́стный, большо́й

3   Он и они

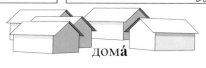

дом   дома́

остров — острова́, катер — катера́, берег — берега́

А как дальше?

город — …, профессор, вечер, лес, номер, директор, учитель

человек   люди

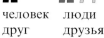

друг   друзья

4 В магазине

Ребята гуляют по Нéвскому. Перед магазином „Мелóдия":

Костя: Стóйте! Я же забы́л купи́ть кассету. Может, здесь есть новые кассеты. Здравствуйте. У вас есть новые рок-кассеты?

Девушка: Да, посмотри́те. Вот новая американская. А вот новая кассета нашей группы „ЭСТ".

Костя: Можно послу́шать?

Девушка: Пожалуйста, послу́шайте.

Света: Ой, „ЭСТ"! Здорово! Обяза́тельно купи́ её.

Костя: Лáдно. Дáйте вот эту.

Девушка: Заплати́те в кассу, пожалуйста.

Костя: Хорошо.

Состáвьте диалоги в магазине. Вы хоти́те купи́ть сувениры/матрёшку/план города/ книгу о городе/маленький золотой корáбль, си́мвол города.

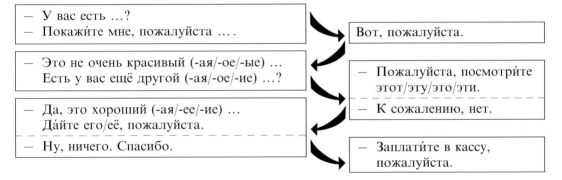

5 В кафе

Ребята хотя́т есть и пить. Они идут в кафе „Мороженое".

Официáнтка: Здравствуйте. Вы уже вы́брали?

Вика: Да. Принеси́те мне, пожалуйста, мороженое „Петербу́ргская мечта" и чай.

Костя: А я не знаю, что взять.

Официáнтка: Возьми́те блины́. Они сегодня очень вкусные.

Костя: Хорошо. Принеси́те блины́, пожалуйста.

Света: А мне, пожалуйста, мороженое „Петербу́ргская мечта" и блины́.

Официáнтка: Хорошо.

Состáвьте диалоги в кафе или ресторане. Вы хоти́те есть и пить.

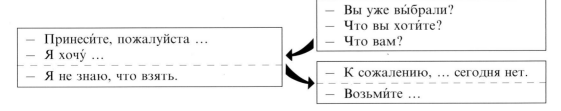

1　План Невского

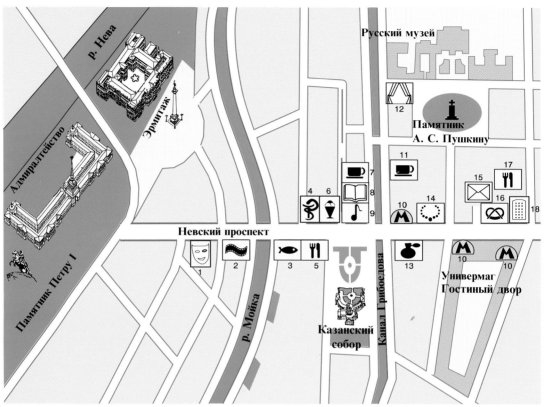

Читайте.

1　Магазин „Маска"
2　Кинотеатр „Баррикада"
3　Магазин „Рыба"
4　Аптека 8/21
5　Ресторан „Кавказский"
6　Кафе „Мороженое"

7　Кафе „У Казанского"
8　„Дом книги"
9　Магазин „Ноты"
10　Станция метро
11　Кафе „ICE"
12　Театр оперы и балета

13　Парфюмерия
14　Ювелирный магазин „Кристалл"
15　Почта 8/22
16　Кондитерская „Север"
17　Ресторан „Нева"
18　Универмаг „Пассаж"

2　Извините, пожалуйста

— Извините, пожалуйста. Где здесь аптека?
— Рядом с кафе „Мороженое".
— Большое спасибо.

— Скажите, пожалуйста, где находится „Дом книги"?
— Напротив Казанского собора.
— Спасибо.

Посмотрите на план Невского и спросите друг друга.
Где памятник Пушкину / Адмиралтейство / катера / кафе „Мороженое" / станция метро / памятник Петру I / Казанский собор / Русский музей / почта / парфюмерия / ресторан „Нева" / река Нева / …?

в	на напротив	у
рядом с	за	
перед	недалеко от	

3 О Петербурге

отéц	рисýнок
отцá	рисýнка

1. Пётр I постро́ил дворе́ц Петерго́ф недалеко́ от Санкт-Петербу́рга.
2. Он сам нарисова́л пе́рвые пла́ны … .
3. Когда́ Пётр I был в Петерго́фе, он всегда́ жил в ма́леньком … „Монплези́р".
4. За … начина́ется мо́ре. Пётр о́чень люби́л смотре́ть на мо́ре, на за́пад.
5. „Монплези́р" о́чень краси́вое зда́ние, и сего́дня ги́ды в Петерго́фе мно́го расска́зывают об э́том … .
6. Дочь Петра́, бу́дущая цари́ца Елизаве́та I, получи́ла дворе́ц от … .
7. Архите́ктор стро́ил сады́ по … Петра́ I.
8. На берегу́ Невы́ стои́т па́мятник Петру́ I. Па́мятник был … цари́цы Екатери́ны II для Петербу́рга.
9. В декабре́ в Санкт-Петербу́рге со́лнце све́тит то́лько час, … о́чень тёмные.
10. Лю́ди сидя́т на … Невы́ и ло́вят ры́бу.
11. Зимо́й в Петербу́рге хо́лодно. Ча́сто там си́льный ве́тер. А в ию́не со́лнце све́тит 20 часо́в. Пого́да хоро́шая, … нет.

дворе́ц

отéц
рисýнок
подáрок

день

лёд

вéтер

4 Сравни́те

большо́й — **не**большо́й   плохо́й — **не**плохо́й

Это вы то́же понима́ете.

| неизве́стный |
| нехоро́ший |
| некраси́вый |
| неинтере́сный |
| небольшо́й |
| неплохо́й |

1. Это кафе́ …, там то́лько одна́ ма́ленькая ко́мната.
2. Он … друг, он не хо́чет помога́ть нам.
3. Это ещё … рок-гру́ппа, потому́ что она́ но́вая.
4. Я зна́ю … рестора́н. Там всегда́ вку́сные блины́.
5. Сего́дня был … уро́к литерату́ры. Мы чита́ли ску́чный расска́з.
6. Я не люблю́ совреме́нные карти́ны. Я ду́маю, что они́ … .

5 Слу́шайте и говори́те

а)

[л]	[л']	[н]	[н']	[р]	[р']	[ф]	[ф']
си́мвол	кора́бль	дива́н	день	ка́тер	царь	напро́тив	це́рковь
вокза́л	фестива́ль	рестора́н	о́сень	са́хар	дверь	детекти́в	поста́вь
кана́л	апре́ль	у́жин	о́чень	самова́р	сентя́брь		

— Кора́бль на Адмиралте́йстве — э́то си́мвол го́рода.
— Детекти́в положи́л в у́гол на́ пол свой журна́л и пошёл в кремль иска́ть це́рковь.
— Пришла́ о́сень. Ка́ждый день я хожу́ в рестора́н и ем о́чень вку́сный у́жин.
— Инжене́р откры́л дверь, но был ноя́брь — на дворе́ был си́льный ве́тер.

б) Извини́те, вы не зна́ете, где Не́вский проспе́кт?
Извини́те, вы не зна́ете, где здесь туале́т?
Извини́те, мо́жно посмотре́ть э́ту кни́гу?
Извини́те, мо́жно вас спроси́ть?

1 Пётр I и иностранцы

Светило солнце, но день был холодный,
с ветром. Пётр I любил ветер. Он гулял
перед своим маленьким домиком и
смотрел на Неву. На берегу реки уже
5 стояли первые каменные дома.
Напротив — Адмиралтейство, рядом
с ним — большой собор. Недалеко
в порту стояли немецкие, английские,
голландские корабли. Рядом строили
10 первые русские корабли. В городе
работали итальянские, английские,
немецкие архитекторы, инженеры,
строители и другие специалисты.
— Вот, — сказал Пётр, — Петербург —
15 это окно в Европу.

Как всегда, вместе с царём был
Александр Меншиков, бургомистр
Петербурга и старый друг Петра.
— Мин херц, — сказал Меншиков,
20 — какой красивый город здесь будет.
Я уже люблю твой Петербург!
Пётр засмеялся.
— Это ты так думаешь и я, а как думает
вот этот голландский матрос?

25 Все иностранцы знали русского царя,
его высокую фигуру. Царь часто ходил
по городу, говорил с ними и смотрел,
как быстро идут работы. Иногда он
даже с ними вместе работал.
30 Пётр знал голландский язык и сам
спросил матроса:
— Скажи, ты знаешь старый русский
порт Архангельск? Ты был там?
Матрос ответил:
35 — Да, был.
— А что? Петербург лучше?
— Нет, совсем нет, — ответил матрос.
— Почему? — удивился Пётр.
— В Архангельске всегда были блины
40 и водка.
— Здесь тоже будут блины и водка, —
засмеялся Пётр. — Приходите все ко
мне сегодня вечером во дворец.
Когда Пётр пришёл во дворец, он сказал
45 своему главному повару Вёлтину:

— Сегодня вечером у нас будут гости.
Готовь блины и водку!
А Меншикову он сказал:
— А ты, Алексашка, пригласи театр.
— Мин херц, лучше музыку. 50
Иностранцы любят петь и танцевать.
— Да, так будет лучше.

Вечером был праздник во дворце.
Пришли все голландские матросы. Они
пили водку и ели блины вместе с царём. 55
Играла музыка. Было очень весело.

А некоторые русские говорили:
— Иностранцы хорошо живут
в Петербурге. А мы? Пётр делает всё, что
они говорят. 60
Пётр услышал это и сказал:
— Русские тоже будут жить хорошо.
Иностранцы помогают нам строить
Петербург. Они много знают. Вместе
с ними будут у нас новая столица и 65
новая жизнь!

2 Фа́кты, фа́кты …

Скажите, что вы узна́ли нового о Петре́ и о Петербурге.
Образец: — Я ещё не знал(а), что так бы́стро строили ка́менные дворцы́.

— Для меня бы́ло интересно, что …
— Я узна́л(а), что …
— Я раньше (не) думал(а), что …

— Теперь я знаю, что …
— Для меня бы́ло новым, что …

3 Когда, где, кто говорит?

Образец: „Петербург — это окно в Евро́пу.“
     — Это сказал Пётр, когда он стоял перед своим домом на берегу́ Невы́
     и смотре́л на город. Он видел первые ка́менные дома́, иностра́нные
     и русские корабли́.

1. „Петербург — это окно в Евро́пу.“
2. „Мин херц, какой красивый город здесь будет.“
3. „Скажи, ты знаешь старый русский порт Арха́нгельск?“
4. „Приходите все ко мне сегодня вечером во дворе́ц.“
5. „Да, так будет лучше.“
6. „Иностра́нцы хорошо живут в Петербурге. А мы?“

4 Виктори́на

Кто что знает о Петербурге?

1. Он дал городу своё имя.
2. Так город называ́лся раньше.
3. Она дала́ городу па́мятник Петру́ I в подарок.
4. Здесь летом жил Пётр I.
5. Здесь жил В. И. Ленин.
6. На этой улице находится Каза́нский собор.
7. Елизавета — кто это?

8. Он си́мвол города.
9. Она стреля́ет в двенадцать часов.
10. Здесь можно посмотреть картины и иконы.
11. Это ре́ки в Петербурге.
12. Он был бургоми́стром Санкт-Петербурга.
13. Здесь раньше строили корабли́.

‹5 В Петерго́фе›

Прослу́шайте рассказ и отве́тьте на вопросы.

1. Где гуляли Сорокины после обеда?
2. Что сказала Вера Максимовна?
3. Кого они увидели в парке?
4. Где они его увидели?
5. Что хотели ребята? Что ответил Пётр I?
6. Где хотел Борис Петрович сделать фото?
7. А где хотел сделать фото Пётр I и почему?

1   Шко́льная фо́рма

Ра́ньше все ученики́ ходи́ли в шко́лу
в шко́льной фо́рме.
Де́вочки ходи́ли в кори́чневом пла́тье
и в чёрном фа́ртуке, а на пра́здники
в бе́лом фа́ртуке. Ма́льчики ходи́ли
в си́нем костю́ме.

А тепе́рь? Ученики́ хо́дят в шко́лу, в чём
хотя́т.
Све́та сего́дня в кра́сной блу́зке и зелёной
ю́бке. Ко́стя и Во́ва лю́бят ходи́ть
в джи́нсах. Ви́ка сего́дня то́же в брю́ках.
Во́ва в се́ром сви́тере, Ко́стя в голубо́й
руба́шке, а Ви́ка в жёлтой ма́йке.

2   Вопро́сы

1. В чём все ученики́ ходи́ли в шко́лу ра́ньше?
2. В чём ребя́та хо́дят в шко́лу сего́дня?
3. В чём вы лю́бите ходи́ть в шко́лу?
4. Вы зна́ете, в чём хо́дят в шко́лу англи́йские, францу́зские или америка́нские ученики́?

О СЕБЕ

1 В чём они сегодня?

Борис Петрович идёт на работу в си́нем костю́ме и бе́лой руба́шке.

В день рождения Вика в … .

Бабушка идёт в церковь в … .

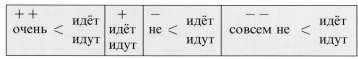

Света идёт на дискотеку в … .

Вера Максимовна работает на даче в … .

Костя едет в Петербург в … .

2 Они какого цвета?

Каким карандашо́м они рисуют?
Образец: Вова рисует лес. Он рисует зелёным карандашо́м.

1. Надя рисует снег.
2. Вика рисует море.
3. Мальчик рисует солнце.
4. Красная Шапочка рисует волка.
5. Баба-Яга́ рисует своего́ кота́.
6. Вова рисует ягоды.
7. Света рисует собаку.
8. Дед-Мороз рисует ёлку.

3 Это ей очень идёт

В магазине люди покупают оде́жду.
Что ему/ей идёт, а что не идёт?

++ очень	идёт идут	+ идёт идут	− не	идёт идут	− − совсем не	идёт идут

Образец: Молодой человек; се́рый костю́м ++
          Молодому человеку се́рый костю́м очень идёт.

1. Маленькая девочка; кра́сное пла́тье +   2. Высокий мужчина; жёлтая руба́шка − −   3. Симпатичная бабушка; голубы́е джи́нсы ++   4. Красивая женщина; чёрная юбка −   5. Маленький мальчик; зелёный сви́тер +   6. Весёлый дядя; кори́чневые брю́ки − −

4 Что у них есть, а чего нет?

есть	Вика	Костя	Таня	Андрей	Виктор	Петя

| нет | Света | Вова | Лара | Роман | Олег | Ваня |

5 Нра́вится или не нра́вится?

О СЕБЕ

а) *Спроси́те друг дру́га.*

Образец: — Посмотри́, какой у меня сви́тер. Он тебе нра́вится?
   — Да, нра́вится./Да, о́чень./Нет, не нра́вится./Нет, совсе́м не нра́вится.

б) *Составьте диалоги.*

Образец: — Тебе нра́вятся ру́сские ико́ны? — Да, …/Нет, …

весёлые лю́ди   совреме́нная литерату́ра   ру́сские карти́ны
   истори́ческие фи́льмы   англи́йский язы́к   класси́ческая му́зыка
молодо́й учи́тель   ста́рые маши́ны   ру́сские пе́сни   …

6 Понра́вилось или не понра́вилось?

Образец: Ты вчера́ смотре́ла фильм по телеви́зору? Он тебе понра́вился?
1. Вы прочита́ли эту кни́гу?
2. Ты слу́шал но́вую пе́сню?
3. Она́ ви́дела но́вую учи́тельницу?
4. Вы смотре́ли дра́му?
5. Она́ ви́дела карти́ны и ико́ны?
6. Они́ бы́ли в Петербу́рге?
7. Вы вчера́ бы́ли в теа́тре?
8. Он в суббо́ту был на дискоте́ке?

7 Читайте

Образец: На столе́ лежи́т кре́мовое бики́ни.

ора́нжевый
фиоле́товый
сала́тный
лило́вый
кре́мовый
бе́жевый
ро́зовый

сандале́ты
шо́рты
бле́зер
бики́ни
жаке́т
пуло́вер
костю́м для
   джо́ггинга

1 Мальчик твоей мечты

> Я могу́ тебя сделать счастли́вой. Мне 16 лет. Я прекрасно вы́гляжу.
> У меня спорти́вная фигура. Глаза́ голубы́е, как море, и во́лосы
> све́тлые, как солнце. У меня золоты́е ру́ки. Я всё умею делать.
> Я очень у́мный или, так сказать, све́тлая голова́. Играю в теннис,
> люблю́ музыку и театр. Все девушки меня лю́бят.
>
> Сергей
>
> P. S. Я совсем забыл, что я ещё скро́мный и до́брый.

2 Что вы думаете о Сергее?

1. Как он вы́глядит?
2. Какой у него хара́ктер?
3. Чем он лю́бит заниматься?

4. Как вы думаете, он скро́мный?
5. Вам нра́вится Сергей?
   Почему?

3 Ответы

> Дорогой Сергей!
>
> Пишет тебе симпати́чная
> стро́йная девушка. Меня зовут
> Татья́на. У меня коро́ткие
> ры́жие во́лосы и зелёные глаза́.
> Подруги говорят, что я очень
> красивая. Мама думает, что
> я немно́го лени́вая, но это,
> по-мо́ему, совсем не так.
> Я тоже люблю́ играть в теннис,
> хорошо пою́ и танцую.
> Я мечта́ю о тако́м мальчике,
> как ты.
>
> Татья́на

> Привет, Сергей!
>
> Меня зовут Мария. Мне 15 лет.
> Я сре́днего ро́ста, немно́го
> по́лная. У меня ка́рие глаза́
> и дли́нные чёрные во́лосы. Как
> и ты, я тоже всё умею и знаю.
> Я могу́ быть и весёлой, и
> серьёзной. Я совсем не
> спорти́вная, но очень много
> читаю. Я хочу, перепи́сываться
> и разгова́ривать с у́мным,
> ве́жливым человеком. Пиши.
>
> Мария
>
> P. S. Я тоже очень до́брая
> и скро́мная.

4 Вопросы

а) 1. Как вы́глядит Татья́на?
2. Какой человек Татья́на?
3. Как вы́глядит Мария?
4. Какой у неё хара́ктер?
5. Чем девушки интересу́ются?

6. Вам нра́вятся Татья́на и Мария?
   Почему?
7. Как вы думаете, кому ответил Сергей?
8. О каком мальчике или какой девушке
   вы мечта́ете?

О СЕБЕ

б) 1. Кто это? Расскажите о девушке или мальчике в классе, но не говорите, как их
   зовут.
2. Какой человек твой друг или твоя подруга, брат или сестра?

5 Как они вы́глядят?

Что говорят бабушка, Ирина и Света?

а) Кто приходи́л?

Вова:	Здравствуй, бабушка!
Бабушка:	А, это ты, Вова? Ну, как дела?
Вова:	Всё нормально.
Бабушка:	Ах, почти забыла, к тебе сегодня приходила симпатичная девушка.
Вова:	Какая девушка?
Бабушка:	Я её не знаю.
Вова:	А как она вы́глядела?
Бабушка:	…
Вова:	Ах, это, наверное, была́ Вика.

б) Ты его знаешь?

Ирина:	Слушай, Лара, я вчера на дискотеке встретилась с очень интересным мальчиком. Ты, по-мо́ему, его знаешь.
Лара:	Вот как?!
Ирина:	Он очень хорошо вы́глядит. Он …
Лара:	Конечно, я его знаю. Это Костя Сорокин, брат моей подруги.

в) Разговор по телефону.

Света:	Алло, это ты, Алина? Говорит Света.
Алина:	Привет, Света! Что нового?
Света:	Алина, моя подруга будет в воскресенье в Москве. Её зовут Лара. Утром у неё будет игра́ на стадионе, а после обеда у неё свободное время. Ты можешь ей немно́го показать город?
Алина:	С удовольствием. А какая она? Чем она интересуется?
Света:	…
Алина:	Ну, хорошо. В 14 часо́в у кассы стадиона. А как Лара вы́глядит?
Света:	…
Алина:	Ладно, это всё?
Света:	Всё. Спасибо тебе, Алина. До свидания.

1 красивый — краси́в

а) Наш го́род о́чень краси́вый.   В пра́здники он (был) осо́бенно краси́в.
Река́ в на́шей дере́вне о́чень краси́вая.   У́тром она́ (была́) осо́бенно краси́ва.
О́зеро за го́родом о́чень краси́вое.   Ве́чером оно́ (бы́ло) осо́бенно краси́во.
Петербу́ргские па́рки о́чень краси́вые.   Весно́й они́ (бы́ли) осо́бенно краси́вы.

б) 1. Моя́ подру́га о́чень … . *вежливая* Вчера́ на конце́рте она́ была́
осо́бенно … . *красива*

2. Наш де́душка не о́чень … . Но вчера́ в день рожде́ния ма́мы
он был о́чень … . *весел*

3. Э́то большо́е зда́ние за теа́тром о́чень … . *красиво* Ве́чером оно́
осо́бенно … . *красиво*

4. Мой друг всегда́ о́чень … . Но сего́дня он был совсе́м не … .

5. Ди́му лю́бят все, потому́ что он … . Но вчера́ в шко́ле
он был совсе́м не … . *весел*

ве́жливый/ве́жлив	*polite*
краси́вая/краси́ва	
скро́мный/скро́мен	*modest / reserve*
весёлый/ве́сел	
краси́вое/краси́во	

2 В магази́не

а) Ива́н Ива́нович хоте́л купи́ть себе́ но́вый костю́м.
В магази́не висе́ли о́чень краси́вые костю́мы: кори́чневые,
чёрные, се́рые, зелёные, си́ние …
Зелёный костю́м ему́ о́чень понра́вился, и он наде́л его́. Но пиджа́к был ему́
ко́роток, а брю́ки длинны́. Тогда́ он наде́л кори́чневый костю́м. Тепе́рь пиджа́к
был как раз, но брю́ки коротки́. У чёрного костю́ма пиджа́к был дли́нен, а брю́ки
как раз.
„Како́й у́жас! Что де́лать? Кака́я у меня́ ненорма́льная фигу́ра!" — поду́мал Ива́н
Ива́нович и наде́л свой ста́рый се́рый костю́м. Мо́жет, лу́чше купи́ть но́вую *maybe*
руба́шку? Но и э́то сде́лать бы́ло о́чень тру́дно. Пе́рвая руба́шка, кото́рую он
наде́л, была́ ему́ велика́, втора́я мала́, а тре́тья длинна́. То́лько четвёртая руба́шка
была́ и не коротка́, и не длинна́, а как раз.
Де́вушка показа́ла ему́ ещё краси́вые тёплые пальто́. Но Ива́н Ива́нович сказа́л:
„Спаси́бо, пальто́ у меня́ прекра́сное. Оно́ мне не велико́, не мало́, не ко́ротко
и не длинно́. Тако́го хоро́шего пальто́ у вас, наве́рное, нет!"

ма́ленький/ мал, -а́, -о́, -ы́
большо́й/ вели́к, -а́, -о́, -и́

б) Что говори́т Ива́н Ива́нович де́вушке? *Образе́ц:*
— Зелёный пиджа́к мне, к сожале́нию, ко́роток, а брю́ки длинны́. Како́й у́жас!

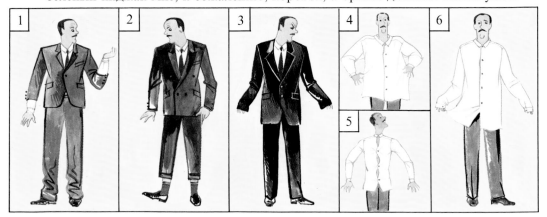

3 Слушайте и говорите

Этот сви́тер Саше был вели́к.
Эта блу́зка Ни́не была́ велика́.
Это пла́тье ма́ме бы́ло велико́.
Эти джи́нсы Ди́ме бы́ли велики́.

Си́ний костю́м бра́ту был мал.
Чёрная ю́бка подру́ге была́ мала́.
Зелёное пальто́ ба́бушке бы́ло мало́.
Се́рые брю́ки дя́де бы́ли малы́.

А эта голуба́я руба́шка отцу́ была́ не велика́ и не мала́, а как раз.

4 Всё не так

Образец: Ма́ма сши́ла А́не но́вую ю́бку. Но, к сожале́нию, она́ была́ ей мала́.

1. Оте́ц купи́л ма́ме в пода́рок краси́вую блу́зку. Но …
2. На дискоте́ку Све́та хоте́ла наде́ть ю́бку Ви́ки. Но …
3. В магази́не тётя Ли́ля уви́дела прекра́сное пальто́. Но …
4. Ста́рые джи́нсы Во́ве о́чень нра́вятся. Но …
5. Ба́бушка хоте́ла купи́ть себе́ си́ний костю́м. Но …
6. Ко́стя получи́л на день рожде́ния но́вый сви́тер. Но …

5 Анекдо́т

Тётя смо́трит на ма́ленькую Та́ню и говори́т:
— Не понима́ю, Таню́ша. На па́пу ты не похо́жа и на ма́му не похо́жа. Да, ты, наве́рное, похо́жа на твою́ ба́бушку.
Та́ня до́лго смо́трит на тётю и отвеча́ет:
— Ужас, старе́ю …

— Тепе́рь он похо́ж на тебя́, па́почка.

6 Кто на кого́ похо́ж?

1	2	3	4	5
Ве́ра — оте́ц	Зи́на — ма́ма	Ю́ра — брат	О́ля — сестра́	Дьяко́вы — ма́ма

7 Вы согла́сны?

а) Кто прав?

Ни́на: По-мо́ему, все по́лные лю́ди о́чень весёлые.

Оле́г: Да, ты права́. Моя́ ба́бушка, наприме́р, по́лная. Она́ о́чень до́брый и весёлый челове́к, лю́бит шути́ть и расска́зывать анекдо́ты.

Ди́ма: А я с тобо́й совсе́м не согла́сен. По́лные лю́ди не всегда́ весёлые. Есть и о́чень серьёзные.

б) А вы согла́сны с э́тим?

О СЕБЕ

1. То́лько стро́йные лю́ди спорти́вные.
2. Слу́шать класси́ческую му́зыку о́чень ску́чно.
3. В теа́тр мо́жно ходи́ть в джи́нсах.
4. Чёрный цвет идёт то́лько ста́рому челове́ку.

1 Бо́льше не приходи́!

Ра́ю в кла́ссе все люби́ли. Учителя́,
потому́ что она́ была́ у́мная и ве́жливая.
Де́вочки, потому́ что она́ всегда́ была́
весёлая и до́брая. А ма́льчики, потому́
5 что Ра́йка была́ о́чень краси́вая. Она́
прекра́сно вы́глядела: у неё бы́ли
дли́нные све́тлые во́лосы, больши́е ка́рие
глаза́, стро́йная фигу́ра.

Ра́я давно́ дружи́ла с Са́ввой. Ра́ньше
10 они́ вме́сте игра́ли во дворе́, в шко́ле они́
сиде́ли в одно́м кла́ссе, ле́том вме́сте
отдыха́ли. Са́вва о́чень люби́л му́зыку,
он хоте́л быть изве́стным компози́тором.
Он уме́л хорошо́ игра́ть на пиани́но
15 и писа́ть му́зыку.

Одна́жды в класс пришёл но́вый учени́к —
Я́ша. Ра́е он о́чень понра́вился. Он был
высо́кого ро́ста, спорти́вный, сме́лый,
у́мный. На уро́ке всё знал. Он о́чень
20 люби́л матема́тику и фи́зику, мно́го
чита́л, занима́лся компью́тером и да́же
карате́. Одни́м сло́вом — интере́сный
челове́к! Ра́я и Я́ша ча́сто гуля́ли вме́сте.
Ра́я всё вре́мя хоте́ла быть то́лько с ним.
25 Она́ была́ о́чень сча́стлива. И Са́вве
ста́ло гру́стно. Он Ра́ю люби́л и да́же
пе́сни писа́л для неё. А Ра́я то́лько
шути́ла и расска́зывала ему́, како́й
прекра́сный челове́к Я́ша.

30 Была́ зима́. На у́лице лежа́л снег, был
си́льный моро́з. На реке́ был лёд, на
кото́ром ребя́та люби́ли ката́ться. Од-
на́жды Ра́я с Я́шей шли из шко́лы домо́й,
а Са́вва, как всегда́, шёл за ни́ми. Вдруг
35 они́ услы́шали крик: „Помоги́те!“
Они́ по́няли — э́то была́ не шу́тка! На
большо́й льди́не они́ уви́дели Анто́на,
ученика́ из пе́рвого кла́сса. Льди́на, на
кото́рой он стоя́л, всё да́льше уходи́ла
40 от бе́рега.

— Дава́й, в во́ду! — кри́кнул Я́ша. Но
Анто́н не уме́л пла́вать. Что де́лать?

— Недалеко́ стои́т ло́дка. Мо́жет,
возьмём её? — спроси́л Са́вва.
45 Но Я́ша отве́тил, что э́то о́чень опа́сно.

Он бы́стро побежа́л в дере́вню. А льди́на
с Анто́ном уходи́ла всё да́льше и да́льше.
Са́вва и Ра́я бы́стро побежа́ли к ста́рой
ло́дке. Бы́ло о́чень хо́лодно. Где же
Анто́н? На льди́не его́ уже́ не́ было. 50
Ребя́та иска́ли его́ в воде́. Вдруг они́
уви́дели Анто́на. Он уже́ почти́ замёрз,
и па́льцы у него́ бы́ли совсе́м бе́лые.
Са́вва и Ра́я положи́ли ма́льчика в ло́дку.
До бе́рега бы́ло ещё далеко́. И вдруг они́ 55
уви́дели в ло́дке во́ду.

— Э́то коне́ц, — поду́мал Са́вва.

Когда́ Ра́я откры́ла глаза́, она́ до́лго не
могла́ поня́ть, где она́. Пото́м она́
уви́дела, что ря́дом с ней сиде́ла ма́ма. 60

— А что с Анто́ном? — спроси́ла Ра́я.

— Всё хорошо́, Ра́ечка, не волну́йся, —
отве́тила ма́ма. Приходи́ли друзья́,
спра́шивали о здоро́вье. То́лько Я́ша
до́лго не приходи́л. Он пришёл то́лько 65
на пя́тый день. Он рассказа́л, что но́вого
в кла́ссе, каки́е кни́ги он чита́ет, каки́е
фи́льмы иду́т в клу́бе. Пришёл и Са́вва
с бинто́м на пра́вой руке́.

— Что э́то у тебя́? — спроси́ла Ра́я. Са́вва 70
до́лго не хоте́л отвеча́ть, а пото́м сказа́л:

— Тепе́рь на э́той руке́ то́лько три па́льца.
Ра́я запла́кала. А Са́вва сказа́л:

— Ничего́, Ра́йка, всё бу́дет норма́льно.
Ты не ду́май, я всё равно́ бу́ду писа́ть 75
му́зыку и дава́ть конце́рты. Зна́ешь,
Бетхо́вен глухо́й был и писа́л му́зыку …
Когда́ Я́ша пришёл ещё раз, Ра́я сказа́ла:

— Бо́льше не приходи́.

— Почему́? 80

— Потому́. *(По расска́зу А. Толсти́кова)*

2 Вопросы к тексту

1. Как вы́глядят Ра́я и Я́ша?
2. Что вы узна́ли о Са́вве?
3. Что де́лали ра́ньше Ра́я и Са́вва вме́сте?
4. Каки́е хо́бби у Я́ши?
5. Что ребя́та уви́дели одна́жды у реки́?

6. Что сде́лал Я́ша, а что сде́лали Ра́я и Са́вва?
7. Что вдруг бы́ло с ло́дкой? *случил*
8. Что пото́м бы́ло с Ра́ей, что с Са́ввой?
9. О чём говори́л Я́ша, когда́ он пришёл к Ра́е домо́й?

3 Как вы ду́маете?

а) 1. Почему́ Ра́е понра́вился но́вый учени́к?
2. Почему́ Са́вве ста́ло гру́стно?
3. Почему́ Я́ша не помо́г Анто́ну?
4. Почему́ Ра́я запла́кала?
5. Почему́ она́ сказа́ла Я́ше: „Бо́льше не приходи́!"

б) О хара́ктере.
1. Како́й хара́ктер у Ра́и?
2. Что за челове́к Са́вва?
3. Како́й челове́к Я́ша?

4 Расска́зывает ма́ма Анто́на

Я так *счастлива* …, что с Анто́ном всё хорошо́.
Не ду́майте, что наш Анто́н *домашний* … ма́льчик. Он … учени́к, в шко́ле
у него́ всё *хорошо* … *простой* … Его́ учи́тель говори́т, что Анто́н всегда́ о́чень
вежливый и *похожий* … Не понима́ю, почему́ он ката́лся на льди́не. Это совсе́м
не … на него́. Наш сын обы́чно о́чень …, он же прекра́сно
знал, что это … *опасно* … *осторожный*
Понима́ете, мы своего́ Анто́на о́чень лю́бим. Он у нас ещё
тако́й …. *Как* и Са́вва, он лю́бит му́зыку. На день рожде́ния
мы ему́ гита́ру купи́ли. Анто́н и … *хороший* … спортсме́н. То́лько пла́вать
ещё не уме́ет. Ра́ю я то́же зна́ю. Мы живём недалеко́ от её
до́ма. Она́ о́чень *симпат* … де́вочка. *смелый* Когда́ я ду́маю о Са́вве, мне
о́чень гру́стно. Како́й … ма́льчик! Како́й у́жас! Я до́лго
пла́кала. Мы же зна́ем, что Са́вва хо́чет быть … компози́то-
ром и пиани́стом. *знаменитым*

ма́ленький
норма́льный
плохо́й
похо́жий *resemble*
ве́жливый *polite*
сме́лый
симпати́чный *good*
опа́сный *dang*
счастли́вый *famous*
знамени́тый
хоро́ший
скро́мный *modest*
осторо́жный *care*
неплохо́й

⟨5 Кто здесь кто?⟩

а) Кого́ вы ви́дите на фо́то? Как они́ вы́глядят?
б) Прослу́шайте и скажи́те, кто есть кто. Како́й у них хара́ктер?

Из газеты „НОВГОРО́ДСКАЯ ПРАВДА“:

СЕГОДНЯ В НОМЕРЕ:

ЦВЕТ И ХАРА́КТЕР

Все мы лю́бим один цвет. Ну, может, не один, а два, три. Цвет, который вы бо́льше лю́бите, мо́жет рассказать о вашем хара́ктере.

Бе́лый — это цвет мечты́. Он очень интересный. Све́тлый и холо́дный, как лёд. Все, кому нра́вится этот цвет, люди с хорошим хара́ктером.

Чёрный — этот цвет очень тёмный. Кто лю́бит его, тот несчастли́вый человек. Эти люди много волну́ются, у них часто драма.

Се́рый цвет обычно лю́бят люди, которые много работают, думают, реша́ют. Это у́мные и серьёзные люди.

Кра́сный цвет — это любо́вь. Он символ свобо́ды, теплоты́. Его лю́бят сильные и счастли́вые люди.

Ора́нжевый цвет лю́бят люди, которые много мечта́ют. Эти люди часто не очень скро́мны и ве́жливы.

Кори́чневый — цвет семьи. Его лю́бят там, где есть дети, теплота́. Это очень до́брые люди.

Жёлтый — это цвет солнца. Эти люди до́брые и у́мные. С ними можно хорошо дружи́ть.

А **ро́зовый** цвет? Он вам тоже нра́вится? Люди, которые его лю́бят, обычно оптими́сты, они сча́стливы. У них всё хорошо, они лю́бят жить.

Фиоле́товый цвет лю́бят только серьёзные люди. Осторо́жно, с ними иногда ску́чно!

Си́ний — цвет не́ба. Обычно это сильные люди. Они лю́бят отдыха́ть на берегу́ моря.

Зелёный — цвет природы и весны. Это сильные и весёлые люди.

Ну что? Вы думаете, это шу́тка? Или вы совсем не согла́сны с а́втором?

(Н. Кузнецо́ва)

— Осторо́жно, до́ктор, я занима́юсь карате́.

12-ый век.
Москва ещё была́ маленькой деревней. В середине века Юрий Долгору́кий построил кремль.

13-ый век.
Тата́ры разру́шили Москву.

16-ый век.
Иван Гро́зный был первым русским царём.

18-ый век.
При Петре I Санкт-Петербург стал столи́цей страны́, но Москва всегда была́ её се́рдцем.

19-ый век.
Наполео́н и его а́рмия в Москве.

20-ый век.
В начале века была́ Октя́брьская револю́ция, и Москва опять ста́ла столицей страны́.

1   Самый большой город страны

Москва — самый большой город страны и её столица. Город очень старый. Его основал Юрий Долгорукий в 12-ом веке. В центре города находится Кремль. Его
5   красивые соборы, башни и дворцы — самые старые здания Москвы.

Красная площадь — центральная и самая известная площадь Москвы. На ней находится храм Василия Блаженного,
10   самый красивый собор столицы. Напротив Кремля находится ГУМ — Государственный универсальный магазин. Недалеко от ГУМа находится гостиница „Россия", это самая большая гостиница
15   в центре города.

В Москве есть красивые парки и сады. Там москвичи гуляют, отдыхают и слушают концерты. В самом большом парке — в Измайловском — находится луна-парк.

20   Москвичи и туристы любят ходить в самую популярную галерею страны — в Третьяковскую галерею.

Московское метро — самое красивое метро в мире. Почти каждая станция
25   в центре похожа на дворец.

2   О Москве

Что вы узнали о/об
— центре города?
— самом красивом соборе?
— самой большой гостинице?

— Измайловском парке?
— Третьяковской галерее?
— московском метро?

3   Что ещё есть в Москве?

Казанский вокзал —		большая крепость в мире.
Московский государственный университет —		высокая башня страны.
	самый	популярная радиостанция Москвы.
Московский Кремль —	самая	
Большой театр —	самое	известный кинотеатр Москвы.
Телебашня „Останкино"	самые	большой вокзал Москвы.
„Эхо Москвы" —		длинная улица в Москве.
Тверская улица —		известный театр страны.
Кинотеатр „Россия" —		старый университет страны.

4 Туристы рассказывают

а) *Образец:* Когда я была́ в Москве́, я ходи́ла в **са́мую изве́стную галере́ю** го́рода.

1. Когда́ я был в Петербу́рге, я был в *(са́мый изве́стный музе́й)* го́рода.
2. В Ло́ндоне я жила́ недалеко́ от *(са́мый большо́й дворе́ц)* го́рода.
3. Я сфотографи́ровал *(са́мая высо́кая ба́шня)* Берли́на.
4. Когда́ я была́ в Ве́не, я гуля́ла по *(са́мый популя́рный лу́на-па́рк)* го́рода.
5. Я спал под *(са́мый ста́рый мост)* Пари́жа.
6. Когда́ я была́ в Кита́е, я гуля́ла по *(са́мая дли́нная стена́)* ми́ра.
7. Когда́ я был в Мадри́де, я смотре́л карти́ны в *(са́мая знамени́тая галере́я)* страны́.
8. Я говори́ла с *(са́мый изве́стный мужчи́на)* Ватика́на.
9. Когда́ я был в Мо́нте-Ка́рло, я ката́лся на *(са́мая бы́страя маши́на)* ми́ра.

О СЕБЕ

б) Расскажи́те, где вы бы́ли, куда́ вы ходи́ли, с кем вы встреча́лись, танцева́ли, кого́/что вы ви́дели.

5 Москва́ – Санкт-Петербу́рг

Так говоря́т:	*Так пи́шут:*
Москва́ – столи́ца страны́.	Москва́ явля́ется столи́цей страны́.
Санкт-Петербу́рг – морско́й порт.	Санкт-Петербу́рг явля́ется морски́м по́ртом.

1. Ю́рий Долгору́кий – основа́тель Москвы́. Пётр I – основа́тель Санкт-Петербу́рга.
2. Спа́сская ба́шня – си́мвол Москвы́. ... – си́мвол Санкт-Петербу́рга.
3. Третьяко́вская галере́я – са́мый изве́стный музе́й Москвы́. ...
4. Тверска́я у́лица – гла́вная у́лица Москвы́. ...
5. Кремль – истори́ческий центр Москвы́. ...

S ‹6 **Песня: „Подмоско́вные вечера́“**›

2. Ре́чка дви́жется и не дви́жется,
   Вся из лу́нного серебра́.
   Пе́сня слы́шится и не слы́шится
   В э́ти ти́хие вечера́.

3. Что ж ты, ми́лая, смо́тришь и́скоса,
   Ни́зко го́лову наклоня́?
   Тру́дно вы́сказать и не вы́сказать
   Всё, что на се́рдце у меня́.

1. Не слышны́ в саду́ да́же шо́рохи,
   Всё здесь за́мерло до утра́.
   Е́сли б зна́ли вы, как мне до́роги
   Подмоско́вные вечера́.

4. А рассве́т уже́ всё заме́тнее...
   Так, пожа́луйста, будь добра́,
   Не забу́дь и ты э́ти ле́тние
   Подмоско́вные вечера́!

1 Они жили в Москве

а) Михаил Васильевич Ломоносов

Михаил Васильевич Ломоносов родился в начале 18-го века в маленькой деревне недалеко от города Архангельска. Его отец был рыбаком. Отец много работал, и Михаил часто помогал ему. В деревне школы не было, читать и писать он научился сам. Когда ему было 19 лет, он переехал в Москву. Там он хотел учиться дальше. Другие ученики в школе смеялись и говорили: „Смотрите, какой старик у нас в классе. В 20 лет пришёл учиться!" Но Ломоносов был очень хорошим учеником, и поэтому он мог учиться дальше в университете в Марбурге и во Фрайберге. В западной Европе он жил 5 лет. Ломоносов стал первым русским профессором в Санкт-Петербурге. Там раньше были только немецкие профессора. Ломоносов был великим физиком, химиком, астрономом, филологом и поэтом. Он написал русскую грамматику и нарисовал первую карту русской страны. Ломоносов является основателем московского университета, который сегодня называется „Московский государственный университет имени М. В. Ломоносова". Он умер в Санкт-Петербурге в середине 18-го века.

б) *Напишите короткий текст о Пушкине или о Чайковском. Вот вам факты о них.*

Александр Сергеевич Пушкин	Пётр Ильич Чайковский
* в конце 18-го века в Москве	* в середине 19-го века на Урале
† в середине 19-го века в Петербурге	† в конце 19-го века недалеко от Москвы
– няня и бабушка читали ему стихи, рассказывали сказки; он очень любил их	– его семья: очень музыкальная, мать любила музыку, играла на фортепиано, отец был директором завода
– много читал, дома у них была большая библиотека	– получал уроки музыки
– в 12 лет переехал в Петербург, учился в Царском Селе, написал первые стихи	– слушал итальянские и немецкие оперы
– написал стихи против царя	– в 10 лет учился музыке в Петербурге
– сослали его на юг	– в 26 лет переехал в Москву
– в 32 года переехал с женой в Петербург	– стал профессором музыки и известным композитором
– в 37 лет умер после дуэли	– часто жил на Западе, например, в Баден-Бадене и в Париже
– самые известные рассказы, драмы и романы: „Пиковая дама", „Борис Годунов", „Евгений Онегин"	– самые известные оперы: „Евгений Онегин", „Пиковая дама"
	– самый известный балет: „Лебединое озеро"
– сегодня в Москве: дом-музей Пушкина, памятник Пушкину, музей им. А. С. Пушкина	– сегодня в Москве: концертный зал им. П. И. Чайковского, памятник Чайковскому

2 Турист в Москве

3 Диалоги на улице

Что спрашивают туристы?

1. — …?
   — До МГУ? На метро до „Университета".
2. — …?
   — Нет, стадион „Динамо" через две.
3. — …?
   — Идите прямо по Тверской улице до памятника Пушкину. Там вы увидите кинотеатр „Россия" справа.

4. — …?
   — Нет, сейчас не выхожу.
5. — …?
   — Идите прямо по Пушкинской улице до конца. Потом поверните налево. Там вы увидите Большой театр.
6. — …?
   — Идите прямо до кинотеатра. Там остановка автобуса.

4 Как добраться?

Составьте диалоги.
Образец:
„Памятник Долгорукому?"
→ Пушкинская улица
→| кафе
⌐|
→| Тверская улица

— Извините, пожалуйста, как добраться до памятника Долгорукому?
— Идите прямо по Пушкинской улице до кафе. Поверните налево и идите дальше до Тверской улицы. Там стоит памятник Долгорукому.

1. „Магазин Мелодия?" → этот проспект →| остановка автобуса ⌐ →| улица Новый Арбат
2. „Луна-парк?" → эта улица →| киоск ⌐ →| зелёный театр ⌐ луна-парк

‹5 Экскурсия по Москве›

Правила игры: Ваша экскурсия начинается перед гостиницей „Россия". Бросайте кубик и ходите вперёд. Скажите, куда вы идёте/едете („Я иду/еду в Кремль."), или где вы находитесь („Сейчас я в Кремле."). Если вы сделаете ошибку, вы не сможете ходить дальше!

Кремль: Вы в сердце Москвы. Смотрите, вот соборы, дворцы и башни. Как красиво! Пропустите один ход.

Большой театр: Вы хотите купить билет на „Лебединое озеро". К сожалению, касса не работает. Идите дальше по Тверской улице до памятника Пушкину. Вы идёте пешком. Не бросайте кубик. Каждый ход — 2 пункта вперёд.

Концертный зал им. Чайковского: Вы слушаете 1-ый концерт Чайковского, но кто спит на концерте — 2 пункта назад.

Станция „Комсомольская": Эта станция — как дворец! На метро вы едете очень быстро — 2 пункта дальше.

Измайловский парк: Отдыхайте в парке. Луна-парк — это здорово! Пропустите один ход.

Телебашня „Останкино": Вы обедаете в ресторане „Седьмое небо" — 4 пункта дальше.

Стадион „Динамо": Здесь вы смотрите очень интересный футбольный матч. „Динамо" играет очень хорошо. На метро дальше до „Пушкинской".

Арбат: Вы покупаете сувениры на Арбате. Осторожно. Здесь всё очень дорого! 3 пункта назад.

Экскурсия на катере: Вы едете на катере по Москве-реке до МГУ. Не бросайте кубик. Каждый ход — два пункта вперёд.

МГУ: Студент приглашает вас в университет. Вы почти всё понимаете — 4 пункта дальше.

Третьяковская галерея: Вам очень нравятся иконы и картины в этом знаменитом музее. Пропустите один ход.

Гостиница „Россия": Экскурсия кончается. Кто первый?

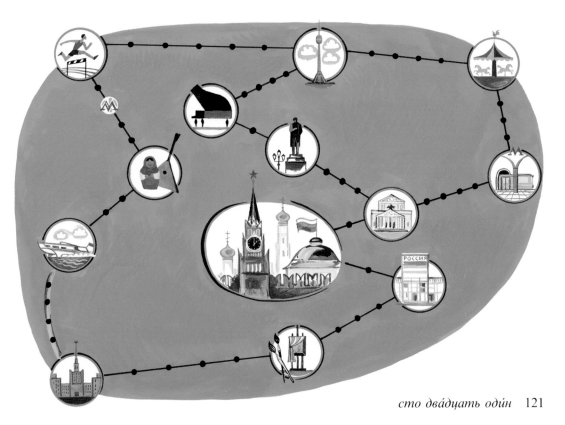

1 Из дневника москвички

Четверг

Узнала, что Евгений Кисин в субботу даёт
концерт в зале им. Чайковского! Весь
день думала только о том, как купить
5 билет. Рассказала Лизе о концерте. Лиза
знает женщину, которая работает в кассе.
После школы мы идём к той кассе, где
она работает, но, конечно, все билеты на
этот концерт она уже продала. Но она
10 сказала, что перед концертом ещё,
наверное, будут билеты.

Пятница

Какой день был сегодня! Трудно обо всём
написать! После школы хотела
15 отдохнуть, но во всей квартире был
беспорядок! Это всё Мишка сделал,
и, конечно, не убрал. Я начала убирать,
но вдруг звонок. Это Лиза:
— Давай поедем в центр!
20 — Хорошая идея!
В автобусе ужасно. Вся Москва едет
в центр! Не могли выйти на той
остановке, где хотели. В метро было не
лучше. Потом мы гуляли по Арбату.
25 Было здорово. Играла музыка, туристы
со всего мира покупали сувениры.

Вдруг две девочки из Дюссельдорфа
спросили нас, где можно поужинать. Они
были очень симпатичные и знали два,
три слова на русском языке:
„До свидания“, „Я люблю тебя“
и „Хорошо“. Наш немецкий язык был
тоже не лучше. Но было очень весело.
Потом они пригласили нас в кафе.
Весь вечер мы говорили, шутили
и забыли обо всём другом. И вдруг
я увидела, что уже 11 часов.
Дома мы были только в 12.
Обо всей драме дома не хочу писать.
На сегодня всё.

Суббота

Всю субботу убирала квартиру, и
вечером мама сказала: „Ладно, иди на
концерт.“ В 6 часов мы с Лизой едем
в центр. Уже в метро нас спрашивали:
„Есть лишний билет?“ Всю дорогу
слышали этот вопрос. И вдруг нас
спросил один молодой человек: „Хотите
на концерт? Вот вам билеты.“ Места
были прекрасные, но, к сожалению, не
рядом с тем симпатичным молодым
человеком …

2 Обо всём

Образец: Девочка думала о концерте
весь четверг.

1. Женщина в кассе продала уже *все*
   билеты на концерт.
2. *Всю* пятницу была драма.
3. Девочка не хотела писать обо *всём*
4. Когда она пришла домой, во *всей*
   квартире был беспорядок.
5. В этот день на метро ехала *вся* Москва.
6. Девочки *весь* вечер были в кафе.
7. После ужина они гуляли по *всему* городу.
8. В субботу она *весь* день убирала квартиру.
9. Когда девочки шли на концерт, *всю*
   дорогу люди спрашивали о лишнем билете.
10. Молодой человек дал им билеты
    и пожелал … хорошего.
11. В понедельник она … классу рассказала
    о концерте.

3 Вся Москва

1. Вы хотите знать *всю* Москву?
2. В этой книге информация о *всей* Москве:
3. В ней план *всего* города.
4. В ней *все* адреса и номера.
5. В ней музеи, театры, рестораны *всей* столицы!
6. Читайте! У вас будет информация обо *всём*.

4 Всё время

а) *Образец:* **Всю зиму** лежал снег.

день		весна		утро		воскресенье		лето
год	зима́		неделя		вечер		среда́	февраль

1. … они строили дачу.
2. … был сильный мороз.
3. … мы готовились к экзамену.
4. … они смотре́ли телевизор.
5. … он сидел перед компьютером.

6. … искала свой учебник.
7. … работали в огороде.
8. … отдыхал на море.
9. … делали уроки.
10. … занималась немецким языко́м.

б) Что вы делали весь вечер, всё лето, …?

5 этот — тот

Образец: в ресторане — русская кухня/итальянская
В **этом** ресторане русская кухня, а в **том** итальянская.

1. в театре идут — о́перы и балеты/драмы
2. автобус едет — в центр/на Каза́нский вокзал
3. туристы живут — недалеко от Кремля/недалеко от Большого театра
4. другу я написал — открытку/письмо
5. на улице есть — универмаг/почта
6. рядом с гости́ницей есть — бассейн/кинотеатр
7. перед собором обычно встречается — первая группа/вторая группа

!
эти — те
этим — тем

6 Памятники в Москве

а) *Образец:* Лев Толсто́й — знаменитый писа́тель — 19-ый век
В Москве есть памятник Льву Толсто́му. Толсто́й был знаменитым русским писа́телем. Он жил в 19-ом веке.

1. Дмитрий Менделеев — известный химик — 19-ый век
2. Михаил Ломоно́сов — знаменитый профессор — 18-ый век
3. Александр Пу́шкин — великий поэ́т — начало 19-ого века

4. Пётр Чайко́вский — известный композитор — 19-ый век
5. Владимир Маяко́вский — известный поэ́т — 20-ый век
6. Юрий Гага́рин — первый человек в космосе — 20-ый век

б) Какие памятники есть в вашем городе? Кому? Что вы знаете о них?

1 Царе́вич Дми́трий

1. Когда ру́сский царь Ива́н Гро́зный у́мер, жи́ли два
   его́ сы́на: Фёдор и Дми́трий. Царём стал его́ пе́рвый
   сын Фёдор. Но Фёдор был слабоу́мным, и за него́
   ца́рствовал Бори́с Годуно́в.

5 Второ́й сын — ма́ленький Дми́трий и его́ мать не
   могли́ бо́льше жить в Кремле́. Они́ перее́хали
   в ма́ленький го́род У́глич на Во́лге.

   Уже́ семь лет они́ жи́ли в У́гличе. Дми́трий был
   сме́лым и у́мным ма́льчиком, но его́ мать всегда́
10 волнова́лась, что царе́вича мо́гут уби́ть.
   И э́то случи́лось весно́й, в ма́е, когда́ Дми́трию
   бы́ло во́семь лет. Царе́вич игра́л в па́рке, вдруг
   мать услы́шала крик.
   — Что случи́лось? Где мой Дми́трий?
15 Царе́вич лежа́л в па́рке мёртвый, а ря́дом с ним —
   нож. Весь Кремль и вся Росси́я бы́стро узна́ли, что
   царе́вич у́мер.
   — Почему́ у́мер царе́вич? Его́ уби́ли? Кто? Почему́?
   В У́гличе ца́рская коми́ссия до́лго иска́ла отве́ты на
20 э́ти вопро́сы, но без результа́та. Поэ́тому коми́ссия
   реши́ла, что Дми́трий сам уби́л себя́, когда́ он
   игра́л с ножо́м. Но лю́ди говори́ли:
   — Наве́рное, Бори́с Годуно́в его́ уби́л, потому́ что
   он сам хо́чет стать царём.

25 Бори́с Годуно́в был у́мным челове́ком, и он хорошо́
   ца́рствовал за Фёдора. И когда́ Фёдор у́мер, царём
   стал Бори́с Годуно́в. Царь Бори́с был неплохи́м
   царём, но вре́мя бы́ло о́чень тру́дное, лю́ди умира́ли
   от го́лода. Одни́ ду́мали, э́то потому́, что Бори́с
30 Годуно́в уби́л царе́вича Дми́трия. Други́е говори́ли:
   — Царе́вич не у́мер. Он живёт в По́льше. Там у него́
   а́рмия. Ско́ро он бу́дет царём в Кремле́, и всё бу́дет
   лу́чше.

2. В э́то вре́мя в По́льше жил молодо́й челове́к, кото́рый
35 расска́зывал, что он царе́вич Дми́трий, сын Ива́на
   Гро́зного. — Моя́ мать волнова́лась, что меня́ мо́гут
   уби́ть. Поэ́тому ря́дом со мной всегда́ был друго́й
   ма́льчик, кото́рый был похо́ж на меня́. Его́ уби́ли, а не
   меня́, — так говори́л молодо́й челове́к и пока́зывал
40 золото́й крест. — Э́тот крест мне дала́ моя́ мать, когда́
   я ещё жил в У́гличе.

   Э́тот молодо́й челове́к не был похо́ж на Ива́на
   Гро́зного. Он был ма́ленького ро́ста, и у него́ бы́ли
   ры́жие во́лосы. Но он был похо́ж на царе́вича.

45 Например, его правая рука была очень короткая, как
у царевича Дмитрия. Он был умным и смелым
молодым человеком. Все говорили, что он вежливый,
добрый человек, и что манеры у него царские.

„Дмитрий" хотел стать царём. Он собирал армию.
50 Поляки помогали ему. Многие русские тоже
думали, что он царевич Дмитрий. Во всей стране
были люди, которые хотели помочь ему. Наконец
у смелого „царевича" была армия.
Весной, когда он был уже недалеко от Москвы,
55 вдруг умер Борис Годунов. Дмитрий пришёл
в Москву и стал царём.

Такого царя русские ещё не видели. Он гулял по
всему городу, любил западные манеры, западную
моду, хотел основать школы. Ему нравилось
60 смотреть, как живут и работают в Москве
иностранцы.
„Дмитрий" царствовал в Кремле только один год.
Конец был ужасным. В конце мая его убили.
Даже сегодня мы не знаем, был он царевичем или
65 нет.

2 Что случилось?

1. Когда умер Иван Грозный, Фёдор …
2. Когда Фёдор был царём, Борис Годунов …
3. Когда Борис Годунов царствовал, маленький Дмитрий …
4. Когда Дмитрию было восемь лет, …
5. Когда умер царевич Дмитрий, …
6. Когда Фёдор умер, …
7. Когда Борис Годунов был царём, в Польше …
8. Когда поляки узнали о „царевиче", …
9. Когда „Дмитрий" был недалеко от Москвы, …
10. Когда „Дмитрий" был царём, …

3 Что вы знаете о них?

— Иван Грозный
— Фёдор Иванович
— Дмитрий Иванович
— Борис Годунов

4 Почему?

Скажите, почему …

* жена Ивана Грозного жила в Угличе.
* Борис Годунов царствовал за сына Ивана Грозного.
* говорили, что Борис Годунов убил царевича.
* царская комиссия была в Угличе.
* „Дмитрий" в Польше показывал золотой крест.
* можно сказать, что манеры и характер „царя Дмитрия" были как у Петра I.

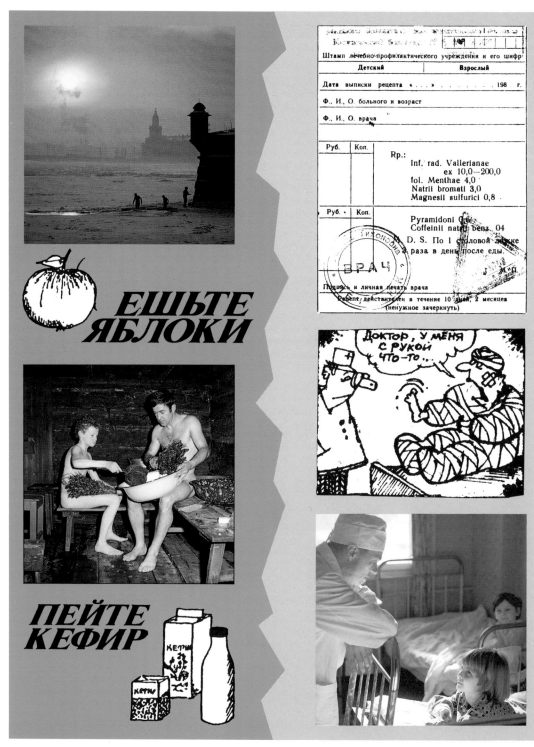

ЕШЬТЕ ЯБЛОКИ

ПЕЙТЕ КЕФИР

1 На́до лежа́ть

— Света, вставай!

Мама уже второй раз бу́дит Свету.

— Уже 7 часо́в, а ты всё ещё лежишь.
Вставай. Что с тобой?
— Я чу́вствую себя плохо.
— Что за фо́кусы? Вставай!
— Мама, я не могу́. У меня всё боли́т:
голова́, го́рло. Мне хо́лодно.
— Ого, у тебя высокая температура.
Вот что, Све́тик, лежи, не вставай.
На́до позвони́ть врачу́.

После обеда приходит врач.

— Ну, Света, как ты себя́ чу́вствуешь?
— Плохо. Я не могу́ говорить. Очень
боли́т го́рло и голова́. У меня
температура.
— Открой рот, скажи „а – а – …“.
— А – а –
— Всё я́сно. У тебя анги́на. Наверное,
ходи́ла без пальто и ша́пки? Вот что,
Света, теперь тебе на́до лежать дома.

В школу ходи́ть нельзя́. Вот реце́пт.
Эти табле́тки на́до пить три ра́за
в день. А горчи́чники у вас есть? —
спрашивает маму врач.

— Конечно, есть, — отвечает мама.
— Поставьте их вечером.
— А горчи́чники не на́до. Я их не люблю́.
— Лю́бишь или не лю́бишь, а поста́вить
на́до. И ещё на́до много пить.
— Ой, хорошо, пить хочу́. Мама, принеси
ко́лу из холодильника, пожалуйста.
— Нет, нет, холо́дную ко́лу пить нельзя́, —
говорит врач.
— А как же с тренировкой? Всю неделю
на́до лежать?
— Нет, всю неделю не на́до лежать, но
заниматься спортом нельзя́ две
недели.
— Ох, как скучно! А телевизор смотре́ть
можно?
— Да, можно, читать тоже можно, но
только не долго. На́до много спать.

2 Света чу́вствует себя́ плохо

1. Почему Свете на́до лежать дома?
2. Что на́до делать больно́й Свете, а что не на́до?
3. Что ей можно делать, чего ей нельзя́ делать?

3 Что на́до, не на́до, можно, нельзя́?

Что делать, когда

* у вас анги́на?
* у вас грипп?
* голова́ боли́т?
* го́рло боли́т?
* глаза́ боля́т?
* ру́ки боля́т?
* у вас температура?
* вам плохо?
* вам хо́лодно?
* вам жарко?

танцевать, ходи́ть в школу,
кататься на велосипеде, говорить,
волноваться, есть мороженое,
пить чай, пить табле́тки, читать,
плавать в бассейне, играть в футбол,
ставить горчи́чники, смотре́ть телевизор,
делать компре́ссы, ходи́ть на дискотеку,
надевать пальто и ша́пку …

4 Что делать?

Образец: На стадионе играет рок-группа „Авиа“.
Надо обязательно купить билет на концерт.

1. В комнате очень жарко.
2. На улице сегодня холодно.
3. Мы не знаем, какая погода будет в субботу.
4. В холодильнике нет молока.
5. Я не знаю, что сегодня идёт в кинотеатре.
6. У тёти в воскресенье день рождения.
7. У Светы ангина.
8. Вы чувствуете себя плохо.

5 Что со Светой?

Вечером Вика приходит к Свете.

Вика: Что с тобой? Почему тебя сегодня не было в школе?
Света: Я больна. У меня горло болит, и голова тоже.
Вика: А врач был?
Света: Да, она сказала, что у меня ангина. Теперь мне надо лежать, пить таблетки.
Вика: А когда тебе можно в школу?
Света: Только в следующий понедельник.
Вика: Хорошо тебе! Ты можешь смотреть телевизор, читать, не надо сидеть на уроке.
Света: А ещё врач сказала, что мне надо много спать. Как скучно!
Вика: А что тебе можно есть?
Света: Да всё, только нельзя пить холодное, а я хочу пить колу из холодильника.
И плохо, что я не могу ходить на тренировки. А что нового в школе?
Вика: Ничего, как всегда. Все спрашивали, что с тобой. Теперь я знаю. Ну, всего хорошего.
Света: Пока!

6 В школе

В школе Вика рассказывает, что она была у Светы.

Вика: Света сказала, что она больна.
Она рассказала, что у неё был врач, и что ей надо лежать и пить таблетки.
Я спросила её, когда ей можно в школу, и она сказала, что …

Продолжайте.

7 Что сказали ребята?

1. *Катя:* У меня тоже была ангина. Ну и что?
2. *Денис:* А я лежал две недели в больнице! Я чувствовал себя очень плохо.
3. *Таня:* Плохо, что Светы не было на тренировке. Было так интересно!
4. *Зина:* А хорошо, что её не было на уроке математики. Мы писали контрольную работу.
5. *Петя:* Ужас! У меня тоже болит горло. Я не могу говорить.
6. *Ваня:* Я тоже чувствую себя плохо. Ой, эпидемия!
7. *Лара:* А почему Андрея не было в школе? Наверное, он тоже болен.
8. *Вова:* Нет. У него дедушка умер.

Вечером Вика рассказывает Свете, что сказали ребята.
— Катя сказала, что у неё …

1   Ваше тело

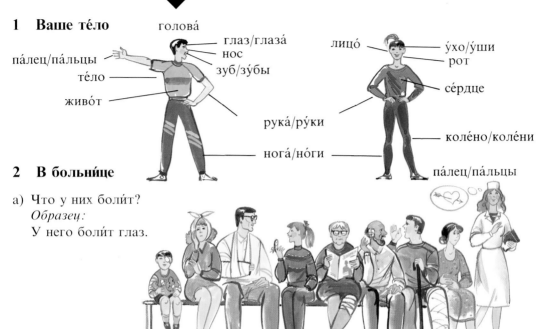

голова
глаз/глаза
нос
зуб/зубы
палец/пальцы
тело
живот
лицо
ухо/уши
рот
сердце
рука/руки
колено/колени
нога/ноги
палец/пальцы

2   В больнице

а) Что у них болит?
Образец:
У него болит глаз.

б) Что им надо, можно, нельзя делать?
в) Кто у вас в классе болен? А в семье? Что им надо, можно, нельзя делать?

3   Гимнастика

1. Поставьте ноги вместе. Руки вперёд. Руки вверх.
2. Правую руку на пальцы левой ноги. Левую руку на пальцы правой ноги.
3. Откройте рот. Скажите „а–а". Закройте рот. Закройте глаза. Откройте глаза.
4. Пальцы на живот. Живот вперёд, назад.
5. Руки на колени. Колени вверх, колени вниз. Ноги вверх. Ноги вниз.
6. Правую руку на левое ухо, левую руку на правое ухо.
7. Руки на голову. Голову назад, глаза направо, глаза налево.
8. Пальцы играют, пальцы отдыхают. Большой палец вниз. Маленький палец вверх.
9. Левую ногу вперёд. Левую ногу назад. Правую ногу вперёд. Правую ногу назад.

б) Делайте гимнастику в классе. Один ученик или одна ученица является тренером,
   а другие делают, что он или она говорит.

4   Читайте

— органи́зм, скеле́т, не́рвы, мускулату́ра, рефле́кс
— медици́на, поликли́ника, санато́рий, лаборато́рия
— до́ктор, медсестра́, пацие́нт, пацие́нтка
— симпто́м, ана́лиз, рентге́н, диа́гноз, нарко́з, опера́ция, шприц, пла́стырь, ва́та, термо́метр, пилю́ля, миксту́ра, дие́та

5   У врача́

а) *Пацие́нт:* Здра́вствуйте, до́ктор!
Врач: Здра́вствуй! Что с тобо́й?
Пацие́нт: Уже́ два дня у меня́ си́льный на́сморк и ка́шель.
Врач: Температу́ра есть?
Пацие́нт: Да, есть. Невысо́кая.
Врач: Откро́й рот, скажи́ „а – а“.
Пацие́нт: А – а.
Врач: Ну да. Го́рло немно́го кра́сное. Но э́то не так стра́шно. Реце́пт возьми́ у медсестры́. И не забыва́й надева́ть пальто́ и ша́пку – весно́й ещё хо́лодно.
Пацие́нт: На́до мне лежа́ть до́ма?
Врач: Нет, не на́до. До свида́ния!
Пацие́нт: До свида́ния!

б) *Пацие́нт:* До́брый день!
Врач: До́брый день! Ну, что у вас боли́т?
Пацие́нт: Мне пло́хо. У меня́ живо́т боли́т.
Врач: Что вы е́ли и пи́ли вчера́ и сего́дня?
Пацие́нт: Как всегда́. Ве́чером котле́ты с пюре́, яйцо́, а у́тром пил то́лько чай.
Врач: Э́то серьёзно. Сейча́с эпиде́мия. На́до сде́лать ана́лиз.

Соста́вьте диало́ги у врача́.
1-ый пацие́нт: грипп
2-ой пацие́нт: анги́на

3-ий пацие́нт: боли́т живо́т
4-ый пацие́нт: си́льный на́сморк
5-ый пацие́нт: боли́т ле́вое коле́но

6   Слова́, слова́

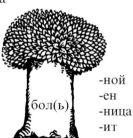

а) *Сравни́те.*

бол(ь)
-ной
-ен
-ница
-ит

б) *Каки́е слова́ э́той семьи́ вы ещё зна́ете?*
писа́ть, рас**пис**а́ние …
рас**сказ** …
новый …

‹7   Прекра́сные табле́тки›

Прослу́шайте текст. Отве́тьте на вопро́сы.

1. Где сиде́л молодо́й челове́к?
2. Почему́ он пришёл к врачу́?
3. Когда́ у него́ начина́ется рабо́та?
4. Когда́ он обы́чно хо́дит на рабо́ту?
5. Что сказа́л врач?
6. Что пото́м сде́лал молодо́й челове́к?
7. Что бы́ло у́тром?
8. Что сказа́ли ему́ на рабо́те?
9. Почему́ смея́лись над ним?

1　Вы занимаетесь спортом?

Борис Петрович берёт интервью на улице. Вот что ему отвечают:

Па́вел Андре́евич: Коне́чно, занима́юсь спо́ртом. Три ра́за в неде́лю я хожу́ на трениро́вки. Зимо́й я хожу́ на лы́жах, и, кро́ме того́, вся на́ша семья́ хо́дит в похо́ды и́ли е́здит по стране́ на велосипе́де. А сейча́с мне на́до спеши́ть. Я иду́ на трениро́вку.

Ники́та Гео́ргиевич: Спорт — э́то не по мне. Я не люблю́ ходи́ть пешко́м и́ли е́здить на велосипе́де. На рабо́ту я е́зжу на маши́не. Сейча́с? Сейча́с я иду́ к остано́вке авто́буса и е́ду на рабо́ту на авто́бусе, потому́ что сего́дня моя́ маши́на на ремо́нте. Кошма́р!

Мари́на: Я не занима́юсь спо́ртом, но в шко́лу, к подру́ге, в магази́ны я хожу́ то́лько пешко́м. Кро́ме того́, я ка́ждый ве́чер хожу́ с мое́й соба́кой по па́рку.
Е́здить на авто́бусе — э́то для меня́ у́жас.

Любо́вь Никола́евна: Я ду́маю, что занима́ться спо́ртом да́же опа́сно! Вчера́ я ходи́ла в кино́ и смотре́ла фильм об э́том. Я чу́вствую себя́ о́чень хорошо́ и без спо́рта.

Алекса́ндр Петро́вич: У нас вся семья́ занима́ется гимна́стикой. То́лько ма́ленький Алёша ещё не мо́жет занима́ться. Ему́ то́лько год. Он ещё не хо́дит. Извини́те, но мне на́до идти́ в магази́н.

2　Дополните

1. Ники́та Гео́ргиевич не лю́бит … пешко́м. На рабо́ту он … на маши́не. То́лько сего́дня он … на авто́бусе, потому́ что его́ маши́на на ремо́нте.
2. Мари́на всегда́ … пешко́м. Ка́ждый ве́чер она́ … по па́рку со свое́й соба́кой. Она́ не лю́бит … на авто́бусе.
3. Па́вел Андре́евич сейча́с … на трениро́вку. Три ра́за в неде́лю он … на трениро́вки. Кро́ме того́, он … по стране́ на велосипе́де и … в похо́ды со все́й семьёй.
4. У Алекса́ндра Петро́вича ма́ленький сын, кото́рый ещё не … . Сейча́с Алекса́ндр Петро́вич … в магази́н.
5. Любо́вь Никола́евна вчера́ … в кино́ и смотре́ла интере́сный фильм.

3　О себе!

1. Вы хо́дите на трениро́вки? Ско́лько раз в неде́лю?
2. Вы хо́дите в шко́лу пешко́м? И́ли е́здите? На чём е́здите?
3. Ско́лько раз в год вы хо́дите в похо́д? С кем?
4. Вы лю́бите ходи́ть на лы́жах? Когда́? С кем?
5. Ваш па́па и́ли ва́ша ма́ма е́здит на рабо́ту на маши́не? А в магази́ны?

‹ 4　Анекдоты ›

Одна́жды в Екатеринбу́рге две стару́шки е́хали на по́езде. В ваго́не они́ сиде́ли и разгова́ривали.
— Куда́ вы е́дете?
— Я е́ду в Москву́, к сы́ну.
— А я во Владивосто́к, к сестре́.
— Смотри́те, кака́я тепе́рь те́хника, — сказа́ла пе́рвая стару́шка. — Мы сиди́м в одно́м ваго́не и е́дем в ра́зные сто́роны!

Оди́н челове́к пи́шет о командиро́вке. „Вот кошма́р!“ — ду́мает он. — „Куда́ я е́здил, уже́ написа́л. Когда́ е́здил, то́же написа́л. То́лько забы́л, почему́ я е́здил …“

5 идти – ходить? ехать – ездить?

1. Каждое воскресенье мы … на дачу.
2. Какой автобус … до Эрмитажа?
3. Эти спортсмены … на стадион.
4. Весь день туристы … по городу с Верой Максимовной.
5. – Куда ты …? – В больницу.
6. – Ты любишь … на велосипеде? – Да, я всегда … в школу на велосипеде.
7. Ей только 5 лет. Она ещё не … в школу.
8. Вчера я … в гости. Было очень весело.
9. В августе мы … на море. Отдыхали здорово.

6 Где они были?

а) *Образец:* Где были туристы в четверг? (дом-музей Пушкина)
   В четверг туристы ходили в дом-музей Пушкина.

1. Где был Борис Петрович в командировке? (Санкт-Петербург)
2. Где были Сорокины летом? (дача)
3. Где была Вика после обеда? (Лара)
4. Где был Вова в субботу? (дискотека)
5. Где была Оксана весной? (Вова)
6. Где была Алина вчера вечером? (Большой театр)
7. Где были спортсмены вчера? (стадион „Динамо")
8. Где были Орловы в воскресенье? (новоселье)

О СЕБЕ

б) 1. – Где вы были летом? (– Мы ездили на море. …)
   2. – Где вы были на Новый год? (– Мы ходили в оперу. …)
   3. – Где вы были в среду? (– Я ходила …)

Продолжайте! Спросите друг друга.

7 Слушайте и говорите

[в:]	[к:]	[н:]
в◡волейбол	хоккей	Анна
в◡воскресенье	коккер	теннис
в◡Вене	к◡Кате	ванная
в◡ванную	к◡Коле	государственный
в◡восемь часов	к◡клубу	иностранный
		современный
		каменный

[с:]

бассейн
профессор
кассета
Россия
с◡сыном
с◡Саввой

> А жуки живут жужжа.
> Не жужжать жукам нельзя.
> Без жужжания жуки
> Заболеют от тоски.
> *С. Щукина*

8 Что им на́до бы́ло делать?

Одна́жды Ве́ра Макси́мовна лежа́ла в больни́це.

а) Что на́до бы́ло де́лать Ви́ке, Ко́сте, Бори́су Петро́вичу?
Бори́с Петро́вич: встава́ть ра́ньше, буди́ть Ко́стю и Ви́ку, гото́вить за́втрак
Ви́ка: гото́вить у́жин, брать ма́ме кни́ги из библиоте́ки
Ко́стя: ходи́ть в магази́ны, покупа́ть фру́кты для ма́мы
Все вме́сте: убира́ть кварти́ру, обе́дать в столо́вой, ходи́ть в больни́цу

б) Что им не на́до бы́ло де́лать?

волнова́ться (Ве́ра Макси́мовна чу́вствовала себя́ уже́ лу́чше); ходи́ть в больни́цу ка́ждый день; обе́дать в столо́вой в воскресе́нье (они́ обе́дали у ба́бушки); убира́ть кварти́ру ка́ждый день

9 Света чу́вствует себя́ лучше

а) Све́та чу́вствует себя́ уже́ лу́чше. Она́ говори́т с ба́бушкой в Москве́ по телефо́ну. Ба́бушка хо́чет всё знать, и Све́та расска́зывает.

Образе́ц: У меня́ была́ анги́на. У меня́ не́ было аппети́та.

б) Когда́ вы бы́ли больны́, вы чу́вствовали себя́ пло́хо? Что у вас бы́ло и чего́ не́ было? Что у вас боле́ло? Что вам на́до бы́ло де́лать? Что вам мо́жно бы́ло де́лать? А чего́ вам нельзя́ бы́ло де́лать?

> анги́на ✓
> аппети́т —
> си́льный ка́шель —
> си́льный на́сморк —
> температу́ра ✓
> кра́сное го́рло ✓
> грипп —
> го́сти ✓

10 Кра́сная ро́за

1. Све́та лежа́ла на *(свой дива́н)* и чита́ла *(интере́сная кни́га)*. 2. Вдруг она́ услы́шала *(дли́нный звоно́к)*. 3. Она́ вы́шла из *(своя́ ко́мната)* и откры́ла дверь. 4. В *(холо́дный, тёмный коридо́р)* она́ уви́дела на полу́ *(кра́сная ро́за)*. 5. Све́та засмея́лась, взяла́ *(кра́сная ро́за)* и поду́мала: „От кого́ она́?". 6. В *(своя́ ко́мната)* она́ стоя́ла у *(большо́е окно́)* и смотре́ла на у́лицу. 7. Она́ уви́дела ма́льчика, кото́рый стоя́л ря́дом с *(ма́ленький кио́ск)* у *(но́вая остано́вка авто́буса)*. 8. Э́то был ма́льчик *(большо́й рост)* со *(спорти́вная фигу́ра)*. 9. Ро́за от него́? Све́та хоте́ла откры́ть окно́ и спроси́ть его́, но вдруг пришла́ де́вушка и поцелова́ла *(тот молодо́й челове́к)*. 10. И молодо́й челове́к ушёл с *(э́та де́вушка)*. 11. Всё я́сно, *(кра́сная ро́за)* она́ не получи́ла от него́. А от кого́?

‹ 11 Шу́тки ›

— Э́то на́до де́лать так! ...

— Не волну́йтесь! Здесь мо́жно ещё стоя́ть!

1 Тридцать лет спустя

Мои родители очень меня любили, когда
я был маленький. Я часто получал
подарки, особенно когда я болел.
А я болел очень часто.

5 А моя сестра Лёля почти не болела. И
она завидовала, что я так часто болею.
И вот однажды наши родители ушли
в театр. Мы с Лёлей играли дома
в настольный бильярд. И вдруг Лёля

10 охнула и сказала:
— Минька, я проглотила бильярдный
шарик. Он был у меня во рту, а сейчас
он в животе.
А у нас для бильярда были маленькие, но

15 очень тяжёлые металлические шарики.
И я заплакал, потому что подумал, что
у неё в животе будет взрыв.
Но Лёля сказала:
— От этого взрыва не будет. Но я буду

20 долго болеть.
Лёля легла на диван и начала охать.

Потом пришли наши родители, и я им всё
рассказал. Мои родители поцеловали
Лёлю и заплакали. Мама спросила

25 Лёльку, что она чувствует в животе.
И Лёля сказала:
— Я чувствую, что шарик катается там
у меня в животе. И мне от этого плохо,
и я хочу какао и апельсин.

30 Папа сказал:
— Осторожно разденьте Лёлю. Надо
позвонить врачу.
Мама начала раздевать Лёлю, и вдруг из
фартука упал бильярдный шарик на пол.

35 Папа посчитал на бильярде шарики. Их
было пятнадцать, а шестнадцатый шарик
лежал под диваном.
Папа сказал:
— Лёля нас обманула. В её животе нет

40 шарика: они все здесь.
Мама сказала:
— Это ненормальная девочка. Я совсем
не понимаю, почему она это сделала.
Папа сказал:

45 — Расскажи, почему ты это сделала?
Лёля не знала, что ответить и заплакала.

Папа сказал:
— Она хотела пошутить. Но с нами
шутки плохи. Я хотел купить ей подарок, 50
а теперь подарка не будет. Она будет
ходить весь год в старом платье, которое
она так не любит!
И наши родители ушли из комнаты.

Тридцать лет спустя, когда я писал эти 55
рассказы, я опять подумал об этом.
По-моему, Лёля обманула маму и папу
совсем не потому, что она хотела
получить подарки … И я поехал
в Симферополь, где жила Лёля. 60
А Лёля была уже немного старая
женщина. У неё была уже своя семья:
дети и муж — доктор.
И вот в Симферополе я спросил Лёлю:
— Лёля, помнишь о бильярдном 65
шарике? Почему ты это сделала?
И Лёля, у которой уже были свои дети,
покраснела и сказала:
— Когда ты был маленький, ты был
очень красивый. И тебя все любили. 70
А я тогда была некрасивая девочка.
И вот почему я проглотила бильярдный
шарик. Я думала, что теперь меня все
будут любить как больную.
И я её поцеловал, и она заплакала от 75
счастья, потому что она поняла, что
я всегда любил её.

(По рассказу М. Зощенко)

2 Что вы узнали о них?

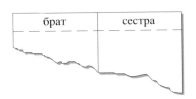

- Как зовут брата и сестру?
- Как вы думаете, сколько им лет в начале рассказа?
- Что вы узнали о здоровье брата и сестры?
- Как они выглядели, когда они были маленькие?
- Что вы узнали о них в конце рассказа?
- Где они живут в конце рассказа?

Напишите короткий текст о Миньке или Лёле.

3 Резюме

а) *Разделите текст на короткие абзацы. Дайте заглавие каждому абзацу.*
б) *Напишите резюме текста.*
  1. Когда автор был маленький …
  2. Когда дети играли в настольный бильярд, Лёля вдруг сказала, что …
  3. Брат заплакал, потому что он думал, что …
  4. Когда родители узнали обо всём, мама спросила, что …
  5. А Лёля сказала, что …
  6. Когда мама начала раздевать девочку, …
  7. Но папа и мама не поняли, почему …
  8. Папа сказал, что он хотел …
  9. Тридцать лет спустя автор спросил сестру, почему …
 10. А сестра сказала, что …

в) Лёля рассказывает обо всём. Что она говорит?

4 Как вы думаете?

1. В каком месте рассказа вам стало ясно, что Лёля не проглотила шарик?
2. „Это ненормальная девочка," – сказала её мама. Вы согласны с ней?
   „Она хотела пошутить," – сказал её папа. Вы согласны с ним?
3. Вы доктор. Скажите маме и папе, почему их дочь их обманула.

5 Это смешно?

Вы смеялись, когда вы читали текст? Как вы думаете, какие места в рассказе смешные? Почему?

6 Что мы делаем?

Образец: Я плачу, потому что сестра заболела.

	плакать	потому что сестра заболела.
Я	завидовать	брату, что он болеет.
Ты	чувствовать	себя хорошо после игры.
Лёля	понимать	почему Лёля это сделала.
Минька	помнить	о бильярдном шарике.
Мы	целовать	её, потому что она больна.
Вы	рассказывать	маме обо всём.
Родители	звонить	врачу в больницу.
	обманывать	семью.

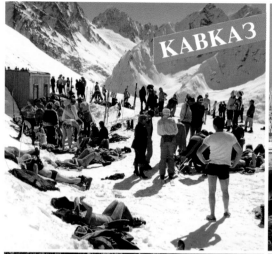

КАВКАЗ

МУРМАНСК

УРАЛ

БАХЧИСАРАЙ

ЧЁРНОЕ МОРЕ

ОЗЕРО БАЙКАЛ

1 Письмо Алине

15-ое мая

Привет, Алина!

Когда же бу́дут наконец ле́тние
кани́кулы! На улице светит солнце,
а нам надо сидеть в школе, делать
5 уроки. Ужас! Мои родители купили
путёвку в Ялту, и я теперь думаю
только о море. Мы бу́дем жить
в гостинице на берегу́ мо́ря. Знаешь,
у меня новое бики́ни, итальянское,
10 красное. Каждый день я бу́ду ходи́ть
на пляж, купа́ться в море и лежать
на солнце. Я хочу́ хорошо загоре́ть.
Думаю, что Крым мне очень
понравится. Я читала в журнале, что
15 в Ялте очень много интересного!
Мы обязательно покатаемся на
катере по морю, увидим Ла́сточкино
гнездо́, Бахчисара́й и дом-музей
Че́хова. Больше об этом писать не
20 хочу́, потому что ско́ро мы
встре́тимся! Мы пое́дем в Крым
через Москву. Бу́дем жить там два
дня у дяди Олега. 6-ого июня
я прие́ду к тебе. Позвони́ Нине
25 и Коле, может быть, они тоже
приду́т. Я очень хочу́ их увидеть.
А ты подумай, что мы бу́дем делать
в эти дни в Москве.
Когда мы прие́дем в Москву, я тебе
30 обязательно позвоню́.
На сегодня всё.

Пока!

Света

Ла́сточкино гнездо́   Ла́стівчине гніздо́
КРЫМ   КРИМ

2 Кани́кулы Светы

а) Где и как будет отдыхать Света?

1. Света … в гостинице на берегу́ мо́ря.
2. Каждый день она … на пляж.
3. Она … в Чёрном море.
4. Света весь день … на солнце.
5. В Москве она … два дня у дяди Олега.
6. Она ещё не знает, что она … в эти дни
   в Москве.

б) Куда Света пое́дет летом?

1. Света думает, что Крым ей очень ….
2. Она обязательно … на катере по морю.
3. Она обязательно…Ла́сточкино гнездо́.
4. Она … в Крым через Москву.
5. В Москве она … с Алиной.
6. Она … Алине, когда она прие́дет в
   Москву.

3 Поедем на море

Дополните. Посмотрите глаголы на странице 185.

рассказать

1. Завтра я в классе ..., что поеду на море.
2. Света нам обязательно ... о Крыме.
3. Вы нам ... о новом фильме?

показать

1. После обеда мы ... нашему гостю центр города.
2. Потом ребята ... туристу, где находится музей.
3. Я ей завтра ... старый собор.

взять

1. Света ... с собой новое бикини.
2. Родители ... с собой план города.
3. Ты ... сегодня билеты на концерт?

дать

1. Ребята, вы мне завтра ... видеофильм о Ялте?
2. Ты мне ... твой номер телефона?
3. Я тебе его, конечно, ...

встать

1. Завтра я ... в 5 часов утра.
2. А моя сестра ... только в 9 часов.
3. Друзья завтра поедут в Москву. Они ... в 4 часа утра.

встретиться

1. Света ... с Алиной в Москве.
2. Завтра мы ... у кинотеатра.
3. Я с ним ... на вокзале.

4 Один день в Москве

Расскажите, что Света сделает в первый день в Москве.

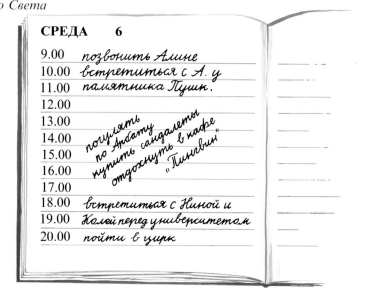

СРЕДА 6	
9.00	позвонить Алине
10.00	встретиться с А. у
11.00	памятника Пушк.
12.00	
13.00	
14.00	погулять по Арбату
15.00	купить сандалеты
16.00	отдохнуть в кафе "Пингвин"
17.00	
18.00	встретиться с Ниной и
19.00	Колей перед университетом
20.00	пойти в цирк

5 Читайте

Что есть в гостинице и на пляже?

сауна, кегельбан, массажный кабинет, игровые автоматы, мини-гольф, теннисные корты, гидровелосипеды, водные лыжи, виндгляйдеры, моторные лодки.

1 Как вы проведёте каникулы?

Ребята сидят в столовой и разговаривают. Приходит Вова.

Вова: Привет, что нового? О чём разговор? Обо мне?

Лара: Конечно. О ком же ещё?

Вова: Ну, а серьёзно?

Лара: Да вот, я только сегодня узнала, что наша команда поедет в спортивный лагерь,
5 в город Мурманск. Туда, где полярный день, где солнце светит все 24 часа.

Вова: Это, конечно, интересно. Но я думал, что ты в волейбол играешь, а не на
лыжах ходишь. Не забудь зимнее пальто и шапку!

Лара: Да что ты, Вова! Ты плохо знаешь Север! Лето там не такое холодное, как
ты думаешь. Конечно, летом вся Россия едет в отпуск на юг. А мы не как
10 все! Мы едем на Север. Каждое утро у нас будут тренировки, а в свободное
время мы осмотрим город и, конечно, известный мурманский порт.

Света: А мы поедем в Ялту. Там можно прекрасно отдохнуть.

Вова: Прекрасно отдохнуть? Ха-ха-ха! Это смешно! Там на пляже нет места ни стоять,
ни лежать.

15 **Света:** Ты всегда всё знаешь!

Вика: Ох, ребята, как я вам завидую! А мы в этом году опять проведём лето на
нашей даче.

Лара: Но у вас на даче так хорошо! Там можно купаться в озере, загорать, ходить
в лес, собирать грибы …

20 **Вова:** А Костя тоже всё лето будет на даче? Может быть, он вместе с нами
пойдёт в поход в горы? Ему нужны только рюкзак и спортивная обувь.
А палатка у нас есть.

Вика: Думаю, что эта идея Косте понравится. Я обязательно скажу ему об этом.
Смотрите! Вот Игорь идёт.

25 **Игорь:** Привет, ребята!

Света. Привет! Как дела? Что ты будешь делать летом?

Игорь: Я поеду в круиз по Волге.

Вова: Ого! Ты уже капиталистом стал!

Игорь: Какой же я капиталист? Я сам заработаю деньги на эту поездку. Буду
30 работать на заводе, а потом поеду на Волгу.

Вика: Ну, молодец ты, Игорь!

2 Планы на каникулы

Расскажите, как ребята проведут летние каникулы.

3 Путеше́ствие по Волге

Казань
В э́том го́роде вы
мо́жете осмотре́ть кремль и его
изве́стную ба́шню, собо́ры и
други́е истори́ческие
па́мятники. Обе́д бу́дет
в рестора́не „Татарста́н",
где вы познако́митесь с
национа́льной тата́рской
ку́хней.

Ни́жний Но́вгород
Здесь начнётся ва́ше
путеше́ствие. Вы
осмо́трите го́род, его
знамени́тый кремль,
погуля́ете по бе́регу
реки́ Во́лги. У́жин
бу́дет на теплохо́де.

Волгогра́д
В э́том го́роде
вы осмо́трите
изве́стный мемориа́льный
ко́мплекс на Мама́евом
курга́не. В свобо́дное вре́мя
вы мо́жете погуля́ть по
го́роду и пойти́ в теа́тр.

Самара
Здесь вы уви́дите знамени́тую
ГЭС и пое́дете в Жигули́, где
бу́дет пикни́к на берегу́ Во́лги.

Астрахань
Здесь вы уви́дите
чудеса́ приро́ды. Вы
мо́жете лови́ть ры́бу и
са́ми гото́вить ры́бную
соля́нку.
Здесь у Каспи́йского мо́ря
ко́нчится ва́ше путеше́ствие.

4 Вопросы

1. Что бу́дут де́лать тури́сты во вре́мя путеше́ствия?
2. Что мо́жно осмотре́ть там, где вы живёте? Сде́лайте рекла́мный проспе́кт.

1   Что надо взять с собой?

Скажите, что им (не) нужно.

| Вика
Костя
Вова
Света
Лара
Игорь | (не)
нужен
нужна́
нужно
нужны́ |

2   Что им (не) ну́жно будет?

Образец:
Сорокины пое́дут на озеро. Будет очень хо́лодно. Им нужны́ бу́дут тёплые вещи.

1. В похо́де Вова будет много рисовать.
2. Костя и в ке́мпинге не мо́жет жить без музыки.
3. На теплохо́де Игорю, наверно, будет плохо.
4. В ла́гере Лара будет занима́ться спортом.
5. Вика будет одна на да́че.
6. За́втра Свете надо встать в 5 часо́в.

3   Если …

Образец:
Éсли мой друг/моя подруга не придёт, я бо́льше не бу́ду говорить с ним/ней.

а)
1. Éсли ты мне дашь цветы́, … .
2. Éсли ты меня обма́нешь, … .
3. Éсли у меня бу́дут де́ньги, … .
4. Éсли ты мне дашь твой велосипед, … .
5. Éсли ты не сде́лаешь уроки, … .
6. Éсли ты мне не помо́жешь, … .

б)
1. …, я бу́ду спать до обеда.
2. …, я скажу́ маме об этом.
3. …, я бо́льше не бу́ду помога́ть тебе.
4. …, я приглашу́ тебя в кафе.
5. …, я бу́ду пла́кать.
6. …, я тебе бу́ду зави́довать.

4   О себе

1. Когда у вас в этом году́ ле́тние кани́кулы?   2. Где вы бу́дете отдыхать?   3. Где вы там бу́дете жить?   4. Что вы возьмёте с собой?   5. С кем вы проведёте кани́кулы?   6. Что вы хоти́те там осмотре́ть?   7. Как вы проведёте там время?

5 Дьяковы едут в отпуск

Свой лётний отпуск Дьяковы проведут в кёмпинге. Петя и Ваня готовятся к поёздке.

Петя: Где моя синяя рубашка?

Ваня: Откуда мне знать, где твои вещи!

Петя: Но вчера ты был в моей синей рубашке.

Ваня: Ты что, плохо видишь? Я был не в синей рубашке, а в синем свитере. И к чему тебе синяя рубашка? У нас в рюкзаке уже нет места.
А настольный бильярд возьмём?

Петя: Конечно, возьмём. И телевизор тоже. Будем делать утреннюю гимнастику по телику, а вечером детективы смотреть.

Мама открывает дверь.

Мама: Ребята, вы ещё не спите? Мы же поедем утренним автобусом!

Петя: А что, вечёрнего автобуса нет?

Мама: Есть, конечно, но мы хотим быть на месте ещё до обеда. А это что? Вы всё это хотите взять с собой в кёмпинг? Кошмар! Телевизор, кассеты, бильярд, ... всё это — лишнее. А это что? Зимнее пальто? Ребята, что с вами? Сейчас же лётние, а не зимние каникулы!

Ваня: Мама, это же наш рюкзак! Нам всё это нужно будет.

6 Поёздка в кёмпинг

а) 1. К чему Дьяковы готовятся?
2. Что ищет Петя?
3. В чём Ваня был вчера?
4. Что они хотят взять с собой в кёмпинг?
5. Каким автобусом поёдет семья?
6. Почему мама говорит: „Кошмар!"?

О СЕБЕ

б) Вы уже отдыхали в кёмпинге?
Что вы берёте с собой, когда вы едете в кёмпинг?

О СЕБЕ

7 Спросите друг друга

1. Каким ... спортом ты занимаешься?
2. Ты делаешь ... гимнастику?
3. Почему ты сегодня не в ... рубашке?
4. Ты уже был(а́) в ... дворце?
5. Когда у вас начинаются ... каникулы, а когда ...?
6. У тебя нет ... билета на рок-концерт?
7. Ты вчера смотрёла ... программу?
8. Есть у тебя ... джинсы?

вечёрний
синий
утренний
лишний
лётний
зимний

1 Остров чудес

Не знаю, как у вас, а у меня уже есть планы на каникулы. В июне я поеду в деревню. У моего дяди есть ферма недалеко от города Ярославля. На этой ферме есть коровы, большой сад и теплица, где растут помидоры и огурцы. Дядя Федя давно меня приглашает на ферму: летом в деревне много работы, и надо ему помочь. Я буду жить у дяди Феди почти три месяца: буду работать в саду и в теплице, ездить на тракторе. В свободное время я буду ходить на реку купаться и загорать. А если будет плохая погода, можно ловить рыбу или ходить в лес, собирать ягоды и грибы.

В последний день школы ребята из нашего класса начали рассказывать, как они хотят провести каникулы. Борис сказал, что поедет в круиз по Волге. А Наташа будет отдыхать месяц у бабушки в Прибалтике, а потом, наверно, поедет в Санкт-Петербург. Андрей сказал, что проведёт лето во Владивостоке.
Потом Наташа спросила меня:
— Ну а ты, Максим, где будешь отдыхать?
И я подумал: „Коровы, теплицы, трактор, дядя Федя — кому это интересно?" И сказал, что поеду отдыхать на Майорку. Ребята очень удивились и начали спрашивать меня, что такое Майорка, где она находится, и для чего она мне нужна. Я рассказал им, что Майорка — это испанский остров, там живут испанцы, и вообще на Майорке отдыхают одни богачи. Ребята слушали мой рассказ, а Наташа сказала:
— Какой ты счастливый, Максим, ты будешь купаться в тёплом море!
Только Андрей мне не поверил. Он засмеялся и сказал:
— Послушайте мои стихи.

> Я люблю отдыхать на Майорке,
> Я люблю этот остров чудес.
> Ходят люди там в шубе из норки
> На прогулки по пляжу и в лес.

Я сказал Андрею, что его стихи — совсем не умные, и что больше я не буду рассказывать.
— Ничего, — сказала Наташа, — в сентябре расскажешь.
— Правильно! — сказал Борис. — Первого сентября я расскажу о своём круизе по Волге, Наташа — о Прибалтике, Андрей — о Владивостоке. Будет очень интересно.
— А я думаю, — сказал Андрей, — что вся школа захочет послушать Максима. Даже наш директор ещё не был на Майорке. Надо будет обязательно организовать вечер: „Майорка — остров чудес".
Так и решили. Все пошли домой, а я пошёл в библиотеку — искать книги о Майорке и учебник испанского языка. Вы не знаете, какие у нас ребята, у них будет тысяча „что, как и почему".

Вот такие у меня будут каникулы: я буду работать на ферме у дяди Феди и всё время думать о Майорке. Прощай, рыбалка! Прощайте, ягоды и грибы! В свободное время я буду заниматься испанским языком. И вы знаете, что я вам скажу, ребята: говорите правду и только правду. Правда — это лучшая политика.

(По рассказу В. Алексеева)

2 Вопросы

1. Какие у Максима планы на каникулы?
2. Где хотят провести каникулы ребята из его класса? Где эти места на карте?
3. Почему Максим сказал, что поедет отдыхать на Майорку?
4. Что хотят организовать ребята в сентябре?
5. Почему Максим говорит: „Прощай, рыбалка! Прощайте, ягоды и грибы!"?

3 Как вы думаете?

1. Почему Максим проведёт каникулы у своего дяди?
2. Почему Максим сказал, что на Майорке отдыхают одни богачи?
3. Почему Андрей не поверил ему?
4. Что вы знаете о Майорке?
5. Почему Максим говорит, что правда — это лучшая политика? Вы с ним согласны?

4 Каникулы Максима

Будет отдыхать или *отдохнёт?*
Образец: Максим три месяца **будет отдыхать** на ферме.
Родители думают, что там он хорошо **отдохнёт.**

1. В хорошую погоду он весь день … .
   В конце лета он хорошо … .
2. В школе Максим часто … о Майорке.
   И только маме с папой он …, как было у дяди в деревне.
3. Андрей купит открытки и … их в школе.
   Он часто … их классу.
4. Это лето Наташа … у бабушки.
   Она ещё много раз … свои каникулы там.

отдыхать/ отдохнуть
загорать/ загореть
рассказывать/ рассказать
показывать/ показать
проводить/ провести

‹5 Волга, Волга, мать родная›

1. Из-за острова на стрежень,
   На простор речной волны
   Выплывают расписные
   Острогрудые челны.

2. На переднем Стенька Разин,
   Обнявшись, сидит с княжной,
   Свадьбу новую справляет
   Он, весёлый и хмельной.

3. Позади их слышен ропот:
   „Нас на бабу променял,
   Только ночь с ней провожжался,
   Сам наутро бабой стал."

4. Волга, Волга, мать родная,
   Волга, русская река,
   Не видала ты подарка
   От донского казака!

5. Мощным взмахом поднимает
   Он красавицу княжну
   И за борт её бросает
   В набежавшую волну.

С. МАРШАК

Да́ма сдава́ла в бага́ж
　Дива́н,
　Чемода́н,
　Саквоя́ж,
　Карти́ну,
　Корзи́ну,
　Карто́нку
И ма́ленькую собачо́нку.

Вы́дали да́ме на станции
Четы́ре зелёных квита́нции
О том, что полу́чен бага́ж:
　Дива́н,
　Чемода́н,
　Саквоя́ж,
　Карти́на,
　Корзи́на,
　Карто́нка
И ма́ленькая собачо́нка.

Ве́щи везу́т на перро́н,
Кида́ют в откры́тый ваго́н.
Гото́во. Уло́жен бага́ж:
　Дива́н,
　Чемода́н,
　Саквоя́ж,
　Карти́на,
　Корзи́на,
　Карто́нка
И ма́ленькая собачо́нка.

Но то́лько разда́лся звоно́к, —
Удра́л из ваго́на щено́к.

Хвати́лись на станции Дно:
Поте́ряно ме́сто одно́.

В испу́ге счита́ют бага́ж:
　Дива́н,
　Чемода́н,
　Саквоя́ж,
　Карти́на,
　Корзи́на,
　Карто́нка…
— Това́рищи! Где собачо́нка?

Вдруг ви́дят: стои́т у колёс
Огро́мный взъеро́шенный пёс.
Пойма́ли его́ — и в бага́ж.
Туда́, где лежа́л саквоя́ж,
　Карти́на,
　Корзи́на,
　Карто́нка,
Где пре́жде была́ собачо́нка.

Прие́хали в го́род Жито́мир.
Носи́льщик пятна́дцатый но́мер
Везёт на теле́жке бага́ж:
　Дива́н,
　Чемода́н,
　Саквоя́ж,
　Карти́ну,
　Корзи́ну,
　Карто́нку,
А сза́ди веду́т собачо́нку.

Соба́ка-то как зарычи́т,
А да́ма-то как закричи́т:

— Разбо́йники! Во́ры! Уро́ды!
Соба́ка — не той поро́ды!

Швырну́ла она́ чемода́н,
Ного́й отпихну́ла дива́н,
　Карти́ну,
　Корзи́ну,
　Карто́нку…
— Отда́йте мою́ собачо́нку!

— Позво́льте, мама́ша! На станции,
Согла́сно бага́жной квита́нции,
От вас получи́ли бага́ж:
　Дива́н,
　Чемода́н,
　Саквоя́ж,
　Карти́ну,
　Корзи́ну,
　Карто́нку
И ма́ленькую собачо́нку.

Одна́ко
За вре́мя пути́
Соба́ка
Могла́ подрасти́!

Форточка 1

1 Диало́ги в Москве́

А

а) *Ю́ля:* Приве́т! Я Ю́ля.
А как тебя́ зову́т?
И́ра: Меня́ зову́т И́ра.
Ю́ля: Ты живёшь в Москве́?
И́ра: Нет, я живу́ в Санкт-Петербу́рге.
А где ты живёшь?
Ю́ля: Я живу́ в Вашингто́не.

Продолжа́йте.
Дже́нни (Берли́н): Ла́ра (Но́вгород)
Кла́ус (Бо́стон): Ди́ма (Омск)
Ште́фан (Нью-Йо́рк): Ра́иса (Росто́в)

в) *А́лла Васи́льевна:* Здра́вствуйте!
Меня́ зову́т А́лла Васи́льевна.
Серге́й Ива́нович: А я Серге́й
Ива́нович.
А́лла Васи́льевна: А где вы живёте?
Серге́й Ива́нович: Я живу́ в О́мске.
А́лла Васи́льевна: Я живу́ в Ирку́тске.
Я инжене́р. Рабо́таю на фа́брике.

б) *Людми́ла Петро́вна:* Здра́вствуй!
Меня́ зову́т Людми́ла Петро́вна.
А как тебя́ зову́т?
Джон: Здра́вствуйте! Меня́ зову́т
Джон. Фами́лия Смит.
Людми́ла Петро́вна: А где ты живёшь?
Джон: Я живу́ в Атла́нте.

Продолжа́йте.
Ви́ктор Бори́сович: Ка́тя Бра́ун (Чика́го)
О́льга Алекса́ндровна: Дание́ла Крю́гер
(Ло́ндон)
Дми́трий Ива́нович: Я́коб Зе́гер (Пари́ж)

Продолжа́йте.
Макси́м Анто́нович (Санкт-Петербу́рг,
ра́дио, журнали́ст): Влади́мир Петро́вич
(Москва́, профе́ссор, университе́т)

Лари́са Дми́триевна (Но́вгород, ателье́,
фото́граф): Пётр Серге́евич (О́мск,
шко́ла, учи́тель)

2 Све́та

А

— Све́та уже́ зна́ет Ви́ку,

Ви́ка
Ко́стя
Во́ва
дя́дя Фе́дя
Ла́ра

— но она́ ещё не зна́ет Пе́тю.

Пе́тя
Ва́ня
Ди́ма
Та́ня
И́ра

?
в / на

3 Куда́?/Где?

1. — Никола́й Андре́евич, вы сего́дня
   е́дете …? (Москва́)
   — Нет, сего́дня я е́ду …. (Но́вгород)
2. — И́ра уже́ …? (класс)
   — Нет, она́ ещё стои́т …. (коридо́р)
3. — Дава́й пойдём ве́чером …. (теа́тр)
   — Нет, ве́чером я иду́ …. (конце́рт)

4. — Ива́н Серге́евич ещё …? (бюро́)
   — Нет, он уже́ не рабо́тает. Сего́дня
   он идёт … (конце́рт) … (стадио́н).
5. — Све́та ещё живёт …? (Москва́)
   — Нет, она́ уже́ живёт …. (Но́вгород)
6. — Ве́ра Макси́мовна, вы е́дете у́тром
   …? (кремль)
   — Нет, у́тром я е́ду …. (по́чта)

Б

4 В шко́ле

говори́ть  смотре́ть люби́ть стоя́ть лежа́ть висе́ть

а) *Андре́й:* Что ты там 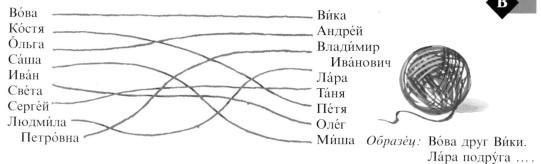 , Та́ня? На что вы , ребя́та?

Та́ня: Там афи́ша. Рок-гру́ппа „А́виа" игра́ет в Но́вгороде.

Андре́й: Ах, зна́ю! В буфе́те то́же афи́ша.

Ты гру́ппу „А́виа"?

Та́ня: .

Андре́й: А Пе́тя и Ва́ня , что они́ пло́хо игра́ют.

Та́ня: Ну и что?

б) *Наде́жда Алекса́ндровна:* Во́ва, где афи́ша?

Во́ва: Она́ ещё в кла́ссе.

Наде́жда Алекса́ндровна: Она́ ещё не в коридо́ре?

Во́ва: Нет.

Наде́жда Алекса́ндровна: И ты ещё ? Дава́й, дава́й!

5 Это друг Ви́ки

В

Во́ва   Ви́ка

Ко́стя   Андре́й

О́льга   Влади́мир

Са́ша   Ива́нович

Ива́н   Ла́ра

Све́та   Та́ня

Серге́й   Пе́тя

Людми́ла   Оле́г

Петро́вна   Ми́ша

Образе́ц: Во́ва друг Ви́ки.

Ла́ра подру́га … .

6 Во́ва рису́ет

Образе́ц: Во́ва рису́ет Алексе́я.

7 **Света пишет Алине**

Привет, Алина!
Как дела в Москве? В Новгороде всё нормально. Я уже хорошо знаю город и школу. В школе всё хорошо. Учительницу физкультуры, Веру Сергеевну, я очень люблю. Живу я в одном подъезде с Викой и Костей. Сегодня воскресенье, и мы вместе едем на озеро. На озере здорово! Ребята отдыхают, играют в волейбол, слушают музыку. Но, конечно, в Новгороде не так, как в Москве. Вика и Костя уже знают, что я очень люблю Москву. Я часто говорю о Москве. Вика говорит, что в Новгороде тоже интересно, а я говорю Вике, что Новгород – провинция! Что ты сейчас делаешь в Москве? Как дела в школе?
Привет Коле, Денису и Наташе!

Пока!
Света

8 **Что делает Света в воскресенье?**

9 **в, к, на, о, с?**

Она говорит …
Вика и Света стоят …
Ребята стоят …
Ребята отдыхают …
Ученик идёт …
Петя играет …

Я еду …
Она идёт …
Вика рассказывает …
Мы не работаем …
Они едут …
Света пишет …

в подъезде
на стадионе
с подругой
в школу
о Москве
на перемене
к другу
в Новосибирске
на доске
о Новгороде
с Иваном
на озере

10 **Света пишет подруге о Новгороде**

Света		подруга		концерт
Костя		друг		школа
Вика	рассказывает	учительница		рок-группа
Владимир	говорит	учитель	о(б)	песня
Иванович	пишет	Таня		Новгород
Учительница		Алексей		Надежда Александровна
физкультуры				учитель

1 Маги́ческий квадра́т

Счита́йте так:

→ ↓ ↗ ↘

Образе́ц:

16 плюс 3 плюс 2 плюс 13 бу́дет …

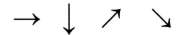

16	3	2	13
5	10	11	8
9	6	7	12
4	15	14	1

0

2 Се́мьи

А

Скажи́те, где живу́т Беля́евы, Петро́вы, Ивано́вы и Жу́ковы.
Как зову́т де́вочку и́ли ма́льчика? Как зову́т па́пу, ма́му и ба́бушку? Ско́лько ей/ему́ лет?

Беля́евы   Петро́вы   Ивано́вы   Жу́ковы

А) Я с ма́мой и па́пой живу́ в Санкт-Петербу́рге. Меня́ зову́т Ди́ма. Мне 15 лет. Ма́му зову́т Ната́лья Бори́совна, па́пу зову́т Никола́й Петро́вич. Ма́ме 36 лет, а па́пе 37 лет. *(Это …)*

Б) Меня́ зову́т Дени́с. Мне 14 лет. Ма́му зову́т Ри́мма Петро́вна. Ей 39 лет. Па́пу зову́т Пётр Миха́йлович. Ему́ 37 лет. Сестру́ зову́т Анжели́ка. Ей 3 го́да. Мы живём в Но́вгороде. *(Это …)*

В) Я живу́ с ма́мой и ба́бушкой в Новосиби́рске. Меня́ зову́т А́ня. Мне 16 лет. Ма́ме 38 лет. Её зову́т Елизаве́та Гео́ргиевна. Ба́бушку зову́т Антони́на Степа́новна. Ско́лько ей лет? Я не зна́ю. *(Это …)*

Г) Меня́ зову́т Ни́на. Мне 13 лет. Ма́му зову́т Мари́я Никола́евна. Ей 38 лет. Па́пу зову́т Па́вел Па́влович. Ему́ то́же 38 лет. Бра́та зову́т Стёпа. Ему́ 12 лет. Мы живём в Москве́. *(Это …)*

3 Ты его́/её зна́ешь?

На переме́не Ви́ка и Све́та стоя́т в коридо́ре.

Спроси́те друг дру́га.

— Вот моя́ учи́тельница литерату́ры. Ты её зна́ешь, Све́та?
— Нет, а как её зову́т?
— Наде́жда Алекса́ндровна.
— Ско́лько ей лет?
— Ей три́дцать оди́н год.

1. Учи́тель матема́тики — Влади́мир Ива́нович — 27.
2. Учи́тельница фи́зики — Людми́ла Петро́вна — 39.
3. Учи́тель му́зыки — Ива́н Петро́вич — 31.
4. Учи́тельница физкульту́ры — Ве́ра Серге́евна — 22.
5. Тре́нер из Москвы́ — Станисла́в Алекса́ндрович — 24.
6. Тре́нер из Но́вгорода — А́нна Анто́новна — 35.

4 Нет страны без столицы

Нет	без
страна́	футболи́ст
рок-конце́рт	но́мер
телефони́ст	каранда́ш
класс	столи́ца
учи́тель	биле́т
Москва́	рок-му́зыка
теа́тр	доска́
футбо́л	Кремль
телефо́н	гита́ра
гитари́ст	телефо́н

5 У меня́ нет ...

Б

Образе́ц: У меня́ есть то́лько брат.
У меня́ нет сестры́.

1. У меня́ есть то́лько сестра́. У меня́ нет ... .
2. У меня́ есть то́лько ба́бушка. У меня́ нет ... .
3. У меня́ есть то́лько друг. У меня́ нет ... .
4. У меня́ есть то́лько тётя. У меня́ нет ... .
5. У меня́ есть то́лько подру́га. У меня́ нет ... .
6. У ма́мы и па́пы есть то́лько сёстры. У меня́ нет ... .
7. У тёти есть то́лько сын. У меня́ нет ... .
8. У ма́мы и па́пы есть то́лько оди́н сын. У меня́ нет ... .

6 Нет, нет, нет

Образе́ц: О́ля не пи́шет.
У неё нет ру́чки.
1. Ни́на не рису́ет.
2. Ди́ма не идёт в теа́тр.
3. Ба́бушка не смо́трит телеви́зор.
4. Дени́с не де́лает уро́ки.
5. Ма́ша не слу́шает кассе́ту.
6. Оле́г не отдыха́ет с подру́гой.

7 К кому́ они́ иду́т?

В

Образе́ц: Ко́стя живёт недалеко́ от меня́.
Я иду́ к **нему́.**

1. Ко́ля живёт в це́нтре го́рода. Мы е́дем к ... .
2. У Ка́ти грипп. Ты идёшь к ... ?
3. Йра живёт недалеко́ от меня́. Я иду́ к ... .
4. Там стои́т Кири́лл. К ... идёт На́дя.
5. В библиоте́ке рабо́тает моя́ ма́ма. Я е́ду к ... .
6. У Во́вы есть видеофи́льмы. Ко́стя идёт к ... .

8 С кем куда́?

С кем Зи́на идёт на конце́рт, на стадио́н, в кремль, в кино́, в клуб, в библиоте́ку?

Образе́ц:
Ри́та лю́бит му́зыку.
С ней Зи́на идёт на конце́рт.

1. Бори́с — футболи́ст.
2. Я люблю́ рок-му́зыку.
3. А́ня лю́бит собо́ры Но́вгорода.
4. Ты хорошо́ зна́ешь литерату́ру.
5. У И́горя есть биле́ты в кино́.
6. А́ся хорошо́ игра́ет в ша́хматы.

9 Кто? Что? Кого́? Кому́? С кем? О ком?

Спроси́те друг дру́га.

Образе́ц:

Во́ва идёт с па́пой на футбо́л.
Кто идёт на футбо́л? — Во́ва и па́па.
Что де́лает Во́ва? — Он идёт на футбо́л.
С кем Во́ва идёт на футбо́л? — С па́пой.
Куда́ идёт Во́ва с па́пой? — На футбо́л.

1. Ма́ма смо́трит с ба́бушкой волейбо́л.
2. Ви́тя е́дет с дру́гом к де́душке в Ту́лу.
3. Ви́ка говори́т с учи́тельницей о Ко́сте.
4. Оте́ц зимо́й е́дет с семьёй на о́зеро.
5. Бо́ря сего́дня де́лает с подру́гой уро́ки.
6. Де́душка идёт с ба́бушкой к сы́ну.
7. Све́та расска́зывает подру́ге о тре́нере.
8. Пе́тя отдыха́ет с бра́том на о́зере.

10 Читайте

юбилей, коллеги, артист, артистка, альбом, режиссёр, роль, гастроли, сцена, премьера

11 Сегодня юбилей

У бабушки Лары, Виолетты Романовны, сегодня юбилей. Она уже тридцать лет работает в театре. Дома у неё друзья из театра. Коллеги бабушки говорят о работе, о театре, о погоде, а бабушка показывает режиссёру альбом и рассказывает ему о себе.

„Это я на экзамене в институте в Москве. Здесь мне 18 лет.
Это я играю роль Джульетты во Владивостоке. А роль Ромео играет артист Володин. Вы его хорошо знаете. Он сейчас директор театра в Новосибирске.
Это мы на вокзале. Едем на гастроли в Сочи. Там мы отдыхаем и работаем. Утром на море, а вечером в театре.
А это театр в Мурманске. В Мурманске всегда холодно! Зимой и летом. Здесь мне уже 28 лет.
А это мой Эдик. Это я с ним в Иркутске. Здесь мы отдыхаем на озере Байкал.
А это я на радио в Санкт-Петербурге. Вместе с артисткой Лысенко читаем рассказ Гоголя „Нос". Работать на радио очень интересно.
Это сцена из фильма „Анна Каренина". Здесь мы в парке в Москве — а все думают, это в Париже. В фильме я играю роль Мэри. Здесь я на премьере фильма. Мне уже 34 года.
А это опять Джульетта. Но это не я, а Люба, моя дочь! В семье все любят театр."

12 Вопросы

а) 1. Кто бабушка Лары? 2. Почему у неё сегодня коллеги из театра? 3. Кому бабушка рассказывает о себе? 4. Что вы знаете о семье Виолетты Романовны?
б) Вы тоже любите театр? Есть театр там, где вы живёте?

13 Из альбома

Смотрите на фото и скажите, что делает Виолетта Романовна.

1 Но́вый фотоаппара́т

Ви́ка, Ко́стя и Све́та стоя́т пе́ред кремлём. Вот идёт Во́ва.
У него́ **но́вый** фотоаппара́т.

Све́та: Приве́т, Во́ва! Како́й … фотоаппара́т! Твой?
Во́ва: Мой.
Ви́ка: Ну что, пойдём?
Ко́стя: Пойдём.
Ви́ка: Сего́дня я гид. Я хорошо́ зна́ю кремль. Вот э́то … зда́ние
— музе́й.
Све́та: … музе́й?
Ви́ка: … музе́й. Э́то о́чень … музе́й. У Но́вгорода … исто́рия.
Э́то о́чень … го́род. Собо́р спра́ва — … собо́р. Там
то́же интере́сно. Пойдём в музе́й и́ли в собо́р?
Во́ва: Ребя́та, со́лнце све́тит, а вы в музе́й! Дава́йте пойдём на
о́зеро. Там … места́!

красивый
интере́сный
но́вый
большо́й
ста́рый
Софи́йский
како́й
истори́ческий

2 У́лица Свобо́ды, дом 13

Расскажи́те о кварти́ре но́мер 4, 8, 12, 16.

⟨ 3 Но́вый дом ⟩

Про́тив шко́лы но́вый дом,
В э́том до́ме мы живём.
Мы по ле́стнице бежи́м,
И счита́ем этажи́.
Раз — эта́ж,
Два — эта́ж,
Три, четы́ре —
Мы в кварти́ре.

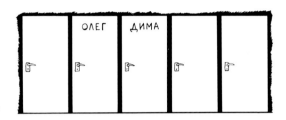
4 Кто живёт рядом с кем?

Здесь живу́т студе́нты Бори́с, Ната́ша,
Ди́ма, Татья́на и Оле́г.
Скажи́те, где живу́т Бори́с, Ната́ша
и Татья́на. Татья́на живёт не ря́дом
с Ди́мой и Оле́гом.
Ната́ша живёт не ря́дом с Оле́гом
и Бори́сом. *(Смотри́те на страни́цу 241.)*

5 Где они́ живу́т?

В

а) Они́ иду́т домо́й. *Скажи́те, что у них есть.*
   Образе́ц: У Фёдора есть гита́ра.

Фёдор   Ве́ра   Зи́на   Степа́н Анто́нович   Мари́я Серге́евна   И́горь   Тама́ра Ива́новна   Вита́лий Константи́нович

б) *Скажи́те, где они́ живу́т. Образе́ц:*
   Молодо́й челове́к с гита́рой живёт в до́ме но́мер семь, в кварти́ре но́мер 21.

д. 7, кв. 21   д. 8, кв. 14   д. 9, кв. 11   д. 19, кв. 29

д. 12, кв. 6   д. 24, кв. 15   д. 4, кв. 3   д. 37, кв. 23

6 Кио́ск

мне, меня́, её, вас, (н)их, (н)им, (н)и́ми

… зову́т Ви́ктор. Я студе́нт. Я живу́ ря́дом с институ́том. На у́лице пе́ред институ́том
стои́т кио́ск. В кио́ске уже́ давно́ рабо́тают Да́рья Фёдоровна и Григо́рий Дани́лович
Но́виковы. Но все … говоря́т: тётя Да́ша и дя́дя Гри́ша. Они́ уже́ ста́рые.
Когда́ студе́нты иду́т в институ́т, они́ … спра́шивают:

5 — У … есть журна́л „Теа́тр“?
  — А газе́та „Спорт“ сего́дня есть?
  — Тётя Да́ша, у … есть план го́рода?
Тётя Да́ша и дя́дя Гри́ша даю́т … газе́ты, журна́лы, кни́ги, ка́рты, пла́ны.
Сего́дня суббо́та. Я иду́ к кио́ску. Кио́ск рабо́тает, но где тётя Да́ша и дя́дя Гри́ша?
0 В кио́ске … нет. В нём стои́т сего́дня симпати́чная де́вушка. Я спра́шиваю …:
  — А где Но́виковы? Что с …?
Де́вушка расска́зывает … о …:
  — Они́ сего́дня до́ма. Я живу́ у … . Сего́дня я помога́ю … в кио́ске.
  — А как … зову́т? — спра́шиваю я … .
5 — Ната́ша, а …?
  — Ви́ктор.
Ве́чером я опя́ть стою́ у кио́ска. Ве́чером Ната́ша не рабо́тает, и мы вме́сте идём в кино́.

7   Вот тепе́рь краси́во!

Ма́ма и па́па на рабо́те. До́ма то́лько
Све́та, Ша́рик и попуга́й. Све́та говори́т
с попуга́ем:

— Слу́шай, Кару́до, ску́чно у нас
5 в ко́мнате? Как ты ду́маешь?

— Ску́чно, ску́чно!

— Пра́вильно, Кару́до, ску́чно. Дава́й
вме́сте ду́мать, как лу́чше. Почему́ ла́мпа
стои́т в углу́ ря́дом с кре́слом? Сле́ва
10 у стены́ стоя́т стол и стул. Ста́рая афи́ша
всё ещё виси́т над столо́м. Спра́ва у стены́
стои́т дива́н, над ним виси́т карти́на.
Она́ но́вая, краси́вая. У окна́ сле́ва
— ма́ленький шкаф.

15 Звоно́к. Э́то Ви́ка.

— Что ты де́лаешь, Све́та?

— Говорю́ с Кару́до. Мы ду́маем, что
у нас в ко́мнате ску́чно. А как ты ду́маешь,
Ви́ка?

20 — Да, ску́чно. Почему́ шкаф стои́т сле́ва
у окна́? Поста́вь дива́н к окну́, а ла́мпу
поста́вь ря́дом с дива́ном. И к чему́ тебе́
ста́рая афи́ша? Карти́на над столо́м —
э́то лу́чше.

25 — А куда́ шкаф и кре́сло?

— Поста́вь шкаф в коридо́р, а кре́сло
лу́чше в центр ко́мнаты.
Све́та и Ви́ка всё де́лают вме́сте.

— Смотри́, Кару́до, вот тепе́рь у нас
30 краси́во, — говори́т Све́та.

— К-р-р-р-аси́во! К-р-р-р-аси́во! —
отвеча́ет ей Кару́до.

Ве́чером ма́ма спра́шивает Све́ту:

— Почему́ в коридо́ре стои́т твой шкаф?
Она́ идёт в ко́мнату Све́ты и говори́т: 35

— Да, тепе́рь хорошо́. Но поста́вь шкаф
в у́гол. В коридо́ре у нас нет ме́ста.
А стол и стул лу́чше к окну́ ря́дом со
шка́фом.
И Све́та де́лает всё, что ей говори́т ма́ма.   40

— Тепе́рь у тебя́ лу́чше, — говори́т
ма́ма. И Кару́до то́же говори́т:

— Л-л-л-у́чше, л-л-л-у́чше.
Но Све́та ду́мает: „Стол ря́дом со
шка́фом — э́то пло́хо.“   45

В сре́ду Ла́ра то́же говори́т:

— Почему́ здесь стои́т шкаф? Поста́вь
его́ сле́ва от окна́, а дива́н лу́чше здесь.
Стол поста́вь у стены́ сле́ва. А ла́мпу
куда́?   50

— Ну, поста́вь её в у́гол ря́дом с дива́ном.
И кре́сло поста́вь ря́дом с ла́мпой.
Я ча́сто чита́ю в кре́сле.
Ла́ра помога́ет Све́те. Она́ говори́т
подру́ге: 55

— Ну вот. Сейча́с хорошо́. Кака́я у тебя́
краси́вая ко́мната. А где твоя́ афи́ша?

— Вот она́, в шкафу́.

И вот ста́рая афи́ша опя́ть виси́т над
столо́м, а карти́на над дива́ном …   60
И опя́ть Кару́до говори́т:

— Ску́чно, ску́чно!

8   Ко́мната Све́ты

1. С кем говори́т Све́та? Кто ей помога́ет?   2. Что у Све́ты в ко́мнате?   3. Нарису́йте
второ́й, тре́тий и четвёртый вариа́нт ко́мнаты Све́ты.

1 Рабо́та такси́ста

Олег живёт и рабо́тает в Москве́. Он такси́ст. Сего́дня ве́чером, в 8 часо́в,
он идёт на рабо́ту. *Расскажи́те, когда́ он что де́лает. Образе́ц:*
В два́цать оди́н час Олег сиди́т в такси́. Такси́ стои́т пе́ред теа́тром. Молодо́й челове́к
идёт к такси́ и говори́т с Оле́гом. Пото́м они́ е́дут к стадио́ну „Локомоти́в".

21:00
— сиде́ть в такси́ пе́ред теа́тром
— идти́ к такси́/говори́ть с Оле́гом
— е́хать к стадио́ну „Локомоти́в"

23:00
— стоя́ть у вокза́ла
— игра́ть в ша́хматы с дру́гом
— идти́ к маши́не
— е́хать к ним домо́й

2:00
— стоя́ть в це́нтре го́рода
— слу́шать му́зыку в маши́не
— у́жинать

4:00
— стоя́ть в аэропорту́
— сиде́ть в маши́не и спать
— буди́ть Олега
— е́хать в центр

5:00
— сиде́ть в маши́не у Кремля́
— счита́ть де́ньги
— писа́ть су́мму в тетра́дь
— е́хать домо́й

6:00
— буди́ть жену́ и сы́на
— гото́вить за́втрак
— за́втракать и спать

2 А ты?

Отве́тьте на вопро́сы Све́ты.

д → ж

б, в, п → бл, вл, пл

1. Я бужу́ ма́му, а ты?
2. Я ча́сто сижу́ в кре́сле и чита́ю, а ты?
3. Я прихожу́ домо́й в час, а ты?

4. Я сплю 8 часо́в в день, а ты?
5. Я гото́влю за́втрак, а ты?
6. Я люблю́ рок-му́зыку, а ты?

3 День Шарика

Собáка Свéты расскáзывает:

1. Лéтом я *(спать)* на балкóне, а зимóй в коридóре.
2. В 6 часóв я *(вставáть)* и *(будúть)* Свéту. Потóм мы с ней *(гулять)* в пáрке.
3. В 7 часóв мы с ней *(зáвтракать)*. Я *(сидéть)* рядом со стýлом Свéты.
4. В 8 часóв Свéта *(идтú)* в шкóлу. Я дóма *(игрáть)* с попугáем. Карýдо — мой друг.
5. В час Свéта *(приходúть)* домóй. Она меня спрáшивает, как у меня делá.
6. Потóм я *(готóвить)* обéд. Ой, нет, Свéта *(готóвить)* обéд, а я ей *(помогáть)*.
7. Потóм Свéта *(дéлать)* урóки, а я *(смотрéть)* телевúзор. Я óчень *(любúть)* смотрéть телевúзор. А Карýдо *(смотрéть)*, что Свéта *(писáть)*.
8. В 4 часá Свéта со мной *(гулять)* в пáрке. В 6 часóв я *(приходúть)* домóй.
9. Вéчером Свéта чáсто *(лежáть)* на дивáне, но она ещё не *(спать)*. Она мне *(расскáзывать)* о Москвé, и как ей трýдно в Нóвгороде.
10. А я óчень *(любúть)* Нóвгород. Какáя у нас здесь хорóшая квартúра! Какóй здесь красúвый парк!

4 Продýкты

◆ **В**

а) *Что лежúт/стоúт в холодúльнике?*

Образéц: В холодúльнике лежúт кусóк кýрицы.

б) *Скажúте, что Свéта берёт из холодúльника.*

Образéц: Свéта берёт стакáн молокá.

5 Большáя семья

Скóлько человéк в семьé?

Семь из них óчень любят кýрицу, а шесть — котлéты. Пять из них óчень любят есть рыбу. Четыре человéка любят и кýрицу, и котлéты. Три человéка любят и кýрицу, и рыбу. Два человéка любят и котлéты, и рыбу. Одúн человéк всё любит есть. *(Смотрúте на странúцу 242.)*

⟨ **6   Песня: Любитель — рыболов** ⟩   **Г**

С утра сидит на озере любитель рыболов, си-дит, мур-лы-чет пе-сен-ку, а пе-сен-ка без слов.

Тра-ля-ля, тра-ля, ля, ля, тра-ля, ля, ля, ля, ля, тра-ля-ля, тра-ля, ля, ля, тра-ля, ля ля …

ва-ет-ся …   Тра-ля

С утра́ сиди́т на о́зере
Люби́тель-рыболо́в,
Сиди́т, мурлы́чет пе́сенку,
А пе́сенка без слов.

Тра-ля-ля, тра-ля-ля-ля,
Тра-ля, ля-ля-ля-ля,
Тра-ля-ля, тра-ля-ля-ля,
Тра-ля-ля-ля …

А пе́сенка чуде́сная,
И ра́дость в ней, и грусть,
И зна́ет э́ту пе́сенку
Вся ры́ба наизу́сть.

Тра-ля-ля …

Тра-ля-ля, тра-ля-ля-ля-ля,
Тра-ля-ля, тра-ля-ля.
Как пе́сня начина́ется,
Вся ры́ба расплыва́ется.
Тра-ля!

⟨ **7   Шутки** ⟩

Форточка 5

О СЕБЕ

1 О себе

1. Где нахо́дится твоя́ шко́ла?
2. Когда́ у вас начина́ются уро́ки, и когда́ они конча́ются?
3. Где у вас в шко́ле нахо́дится спортза́л?
4. Ты игра́ешь в ша́хматы? Ты гото́вишься к турни́ру?
5. Ты игра́ешь в орке́стре? Вы сейча́с гото́витесь к конце́рту?
6. С кем ты встреча́ешься в свобо́дное вре́мя?
7. Где нахо́дятся теа́тр и кинотеа́тр? Они далеко́ от до́ма или нет?

2 Расскажи́те о них

Денис Зина

Наташа

Ася Алексей Рита Игорь

Олег

1. Каки́е у них хо́бби?
2. Чем они лю́бят занима́ться?
3. Чем они интересу́ются?
4. Что они уме́ют де́лать, а что не уме́ют?
5. Куда́ они хо́дят по́сле шко́лы?
6. Что они там де́лают?
7. Кто из них лю́бит занима́ться спо́ртом, а кто не лю́бит?

B

3 Записка

1. Сегодня Света на *(большая перемена)* получает *(интересная записка)*:

> *Встречаемся сегодня в 16 ч.*
> *в школьной библиотеке. Пока!*
>   *Твой …*

2. Света всё время думает, от *(какой мальчик)* записка: она от *(симпатичный Саша)* из *(десятый класс)* или от *(красивый Дима)* из *(девятый класс)*?
3. Дома она говорит маме, что после обеда она идёт в *(школьная библиотека)* и не может убирать комнату, где, как всегда, *(большой беспорядок)*.
4. В 16 часов Света идёт в *(школьная библиотека)*. Там на стене она видит *(маленькая записка)*:

> *Света!*
> *Мы встречаемся на втором этаже*
> *в новом спортзале.*
>   *Твой …*

5. Света идёт на *(второй этаж)*. Она стоит перед *(новый спортзал)* и думает: „Почему там музыка? Может, там играют ребята из *(девятый класс)*? Может, там танцуют ребята из *(десятый класс)*?
6. Но в *(новый спортзал)* ребята не играют и не танцуют. Они работают! Костя говорит: „Заходи, Света!“ — „Записки от тебя?“ — спрашивает Света. „Да, от меня. Я знаю, ты так любишь убирать! Посмотри, какой здесь беспорядок. Мы готовимся к *(школьная дискотека)*. Давай убирать вместе.“
7. „К сожалению, не могу. В четверг у нас будет контрольная работа“, — говорит Света и идёт в *(школьная библиотека)*.

4 Интересный или скучный?

а) 1. Вика читает интересную книгу, а Костя скучную.
2. Семья меняет старую квартиру на … .
3. Седьмой „А“ класс занимается немецким языком, а седьмой „Б“ … .
4. Семья Лары живёт в маленькой квартире, а семья Светы в … .
5. Вова сидит у нового компьютера, а Денис у … .
6. Вера Максимовна интересуется исторической литературой, а Вика … .
7. Петя отвечает на трудный вопрос, а Ваня на … .

б) 1. В 16 часов тренировка начинается, а в 18 часов … .
2. Бабушка в автобусе сидит, а девочка … .
3. В 7 часов утра семья завтракает, а в 7 часов вечера она … .
4. Мороженое мы едим, а компот … .
5. На уроке математики ученики считают, а на уроке русского языка они … .
6. На дискотеке Саша всё время сидит, а Борис … .

5 Читайте

шахмати́ст, ша́хматная доска́, ша́хматные фигу́ры, шах, мат, стоп, гроссме́йстер, турни́р, па́ртия, тре́нер, цейтно́т, шанс, капитули́ровать, партнёр

6 „Шах!“ … „Мат!“

Оди́н шахмати́ст расска́зывает:

Уже́ 5 лет у меня́ живёт попуга́й. Его́ зову́т Чи́пси. Он уме́ет говори́ть. Чи́пси лю́бит смотре́ть, когда́ я игра́ю в ша́хматы. Он сиди́т ря́дом со мной и говори́т: „Шах!“, „Мат!“, „Стоп!“, „Дура́к!“, „Ходи́ конём!“.

5 Сего́дня я встреча́юсь с о́чень хоро́шим шахмати́стом. Он гроссме́йстер. Мы хоти́м гото́виться к большо́му турни́ру. Чи́пси ви́дит, что пе́ред на́ми лежи́т ша́хматная доска́, и говори́т: „Поста́вьте фигу́ры! Пе́рвая па́ртия!“ Мой гость пока́зывает на „ма́ленького шахмати́ста“ и спра́шивает:

— Это кто? Твой но́вый тре́нер?

10 — Да, мы ка́ждый ве́чер занима́емся игро́й в ша́хматы.

Пе́рвая па́ртия начина́ется. Сиди́м час, два … Вре́мя идёт … Мой гость в цейтно́те, я то́же. Да, игра́ интере́сная, но тру́дная. К сожале́нию, у меня́ ша́нсы плохи́е. Я уже́ ду́маю: „Капитули́ровать и́ли нет?“ У меня́ на доске́ то́лько четы́ре фигу́ры, и я не зна́ю, как ходи́ть. И вот попуга́й говори́т: „Ходи́ конём!“ Я смотрю́ на до́ску и ду́маю:

15 „Пра́вильно говори́шь, Чи́пси. Спаси́бо!“ Я так и де́лаю и говорю́: „Шах!“ Наконе́ц игра́ конча́ется, и гроссме́йстер говори́т:

— Хоро́ший у тебя́ тре́нер.

— Да, мой Чи́пси — супертре́нер!

7 Вопро́сы

1. Каки́е слова́ зна́ет попуга́й?
2. Когда́ он их говори́т?
3. Кто прихо́дит к шахмати́сту?
4. К чему́ они́ гото́вятся?
5. Почему́ игра́ тру́дная?
6. Кому́ шахмати́ст говори́т „спаси́бо“ и почему́?
7. Что говори́т гроссме́йстер о попуга́е, когда́ игра́ конча́ется?

8 Гроссме́йстер и попуга́й

1. Гроссме́йстер расска́зывает до́ма о попуга́е:
   „У колле́ги есть интере́сный попуга́й … .“
   Продолжа́йте.
2. Чи́пси расска́зывает:
   „Я живу́ у шахмати́ста. Ка́ждый день … .“
   Продолжа́йте.

9 Всё су́пер!

Кто и что у вас су́пер?
Образе́ц: супертре́нер, суперкла́сс, суперуро́к … .

‹ 10 Суперпопуга́й ›

Говори́т попуга́й попуга́ю:
— Я тебя́, попуга́й, попуга́ю!
Отвеча́ет попуга́ю попуга́й:
— Попуга́й, попуга́й, попуга́й!

1 Сего́дня день рожде́ния

мой, твой, наш, ваш?

А

Почтальо́н: С днём рожде́ния, Генна́дий Никола́евич! Смотри́те, всё это вам: телегра́мма, пи́сьма, откры́тки.

Генна́дий Никола́евич: Спаси́бо, Анто́н Семёнович. Это письмо́ от м… бра́та из Петербу́рга, а телегра́мма — от м… сестры́ из Новосиби́рска.

Почтальо́н: Как идёт вре́мя! Ещё неда́вно сто́ю у в… кварти́ры, говорю́ с в… ма́мой, а ря́дом с ней вы с в… сестро́й и в… бра́том — ма́ленькие, симпати́чные. А э́тот симпати́чный ма́льчик — кто? В… сын?

Генна́дий Никола́евич: Да, это м… сын Андре́йка. Смотри́те, это пода́рок от м… сы́на.

Почтальо́н: Как хорошо́ он рису́ет! А ско́лько в… сы́ну лет?

Генна́дий Никола́евич: М… сы́ну сто́лько ме́сяцев, ско́лько мне лет.

Почтальо́н: А ско́лько вам лет?

Генна́дий Никола́евич: Нам с м… сы́ном вме́сте 26 лет.

Почтальо́н: Ага́, понима́ю.

А вы зна́ете, ско́лько лет па́пе, ско́лько лет сы́ну?
(Смотри́те на страни́цу 243.)

2 Ме́сяцы

Б

В ста́ром ри́мском календаре́ март — пе́рвый ме́сяц го́да.
Скажи́те, каки́е это ме́сяцы в ри́мском календаре́: II, III, V, VII, VIII, IX, X, XII.
Образе́ц: Второ́й ме́сяц — апре́ль.

3 Секре́т

В

а) *кото́рый, кото́рого, кото́рому, кото́рым, о кото́ром?*

— Ни́на, ты зна́ешь, како́й у меня́ секре́т?
— Не зна́ю. Говори́! Я слу́шаю.
— Есть оди́н интере́сный ма́льчик, с … я сего́дня иду́ в кино́.
— Да! Интере́сно! Я его́ зна́ю?
— Да, зна́ешь.
— С…ты обы́чно танцу́ешь на дискоте́ке?
— Нет.
— … ты помога́ешь де́лать уро́ки?
— Нет.
— К … хо́дит ча́сто твой брат?
— Нет.
— О … говоря́т де́вочки из 9 „А“?
— Нет.
— Ну, скажи́, кто это!
— Нет. Ты ему́ всегда́ всё расска́зываешь.
— Ага́. Я тепе́рь зна́ю, с кем мой брат сего́дня идёт в кино́.

б) *кото́рая, кото́рой, кото́рую?*

— Алёша, ты зна́ешь, како́й у меня́ секре́т?
— Не зна́ю. Говори́! Я слу́шаю.
— Я сего́дня иду́ на дискоте́ку с де́вочкой, … ты зна́ешь.
— С … мы игра́ем в волейбо́л?
— Нет.
— … хо́дит в наш класс?
— Нет.
— О … мы ча́сто говори́м?
— Нет.
— … ты пи́шешь запи́ски?
— Нет.
— У … есть две сестры́?
— Нет, у неё есть два бра́та.
— Ага́. Тепе́рь я зна́ю, кто с на́ми сего́дня ве́чером идёт на дискоте́ку.

S **4** **Оригина́льный пода́рок** **Г**

Среда́, 5-ое ма́рта.

Ма́ша стои́т пе́ред магази́ном. В его́ окне́
она́ ви́дит карти́ны, симпати́чные ча́шки,
сувени́ры. 6-ого ма́рта у её бра́та Же́ни
5 день рожде́ния, а пода́рка ещё нет. „Э́та
больша́я ча́шка — пода́рок хоро́ший, но
не о́чень оригина́льный," — ду́мает она́.
Ма́ша идёт да́льше. Вот магази́н „Ра́дио".
„Же́ня хо́чет но́вый кассе́тник, но
10 кассе́тники о́чень дороги́е." Пото́м она́
идёт к магази́ну, в окне́ кото́рого стоя́т
кни́ги. Ма́ша чита́ет: „А. С. Пу́шкин.
Ска́зки". Она́ ду́мает: „О́чень краси́вая
кни́га. Но Же́не бу́дет 18 лет, а не 3 го́да.
15 А вот оригина́льная кни́га: „Ру́сская
ку́хня". Же́ня лю́бит вку́сно есть, а вот
помога́ть ма́ме на ку́хне не лю́бит.
Гото́вить он то́же не уме́ет. Да, э́то бу́дет
оригина́льный пода́рок для него́."

20 **Пя́тница, 7-ое ма́рта.**

Же́ня до́ма оди́н. На столе́ лежи́т запи́ска:

> Мы с Ма́шей к ба́бушке.
> Твой обед - в „Ру́сской кухне".
> Прия́тного аппети́та! Ма́ма

25

Же́ня голо́дный как волк. Он смо́трит
в но́вую кни́гу и чита́ет: „Суп, ры́бный.
Соля́нка, ры́бная. Котле́ты из ры́бы."
Же́ня ду́мает: „Всё э́то о́чень вку́сно, но
30 гото́вить я не хочу́. В холоди́льнике есть
ку́рица. Она́ то́же вку́сная." Ве́чером он
слу́шает радиопрогра́мму: „Наш
музыка́льный пода́рок на 8-ое ма́рта". Он
ду́мает: „8-ое ма́рта — Же́нский день!

Хорошо́, что пода́рки для ма́мы и Ма́ши
у меня́ есть. А для Ка́ти пода́рка нет.
Како́й у́жас!" Он смо́трит на но́вую кни́гу.
„Да, э́то бу́дет хоро́ший пода́рок для неё."

Суббо́та, 8-ое ма́рта.

Ка́тя сиди́т на ку́хне и чита́ет но́вую кни́гу,
пода́рок Же́ни. Звоно́к. У телефо́на Ри́та,
кузи́на Ка́ти. „Ка́тя! У нас но́вая
кварти́ра. Приглаша́ем тебя́ на новосе́лье!
Ул. Смирно́ва 24, кв. 38, сего́дня в 18
часо́в." — „У вас но́вая кварти́ра, Ри́та?
Поздравля́ю! До ве́чера." И Ка́тя ду́мает:
„Что де́лать? Магази́ны сего́дня не
рабо́тают, а идти́ на новосе́лье без
пода́рка — нехорошо́." Она́ смо́трит на
пода́рок Же́ни. „Вот э́то оригина́льный
пода́рок для но́вой ку́хни Ри́ты."

**Воскресе́нье, 9-ое ма́рта. У Ри́ты в но́вой
кварти́ре.**

Семья́ сиди́т за столо́м и обе́дает.
„Слу́шай, Ри́точка, — говори́т её брат
Ви́ктор, — сейча́с я иду́ к Ма́ше. А пода́рка
на 8-ое ма́рта для неё у меня́ нет." Он
смо́трит на кни́гу „Ру́сская ку́хня"
и говори́т: „Ма́ша лю́бит гото́вить,
и чита́ть она́ то́же лю́бит." — „Ох, э́ти
мужчи́ны!" — говори́т Ри́та и даёт ему́
кни́гу.

Воскресе́нье, 9-ое ма́рта. Ве́чером.

Ма́ша прихо́дит домо́й и пока́зывает
бра́ту пода́рок Ви́ктора. „Смотри́! Тепе́рь
у нас две кни́ги „Ру́сская ку́хня". У тебя́
и у меня́." Она́ смо́трит на по́лку, но
её пода́рка там нет.
О чём ду́мают брат и сестра́?

5 **Расскажи́те**

1. 5-ого ма́рта Ма́ша и́щет пода́рок для ….
2. 6-ого ма́рта они́ пра́зднуют ….
3. 7-ого ма́рта Же́ня сиди́т до́ма и ….
4. 8-ого ма́рта Ка́тя получа́ет пода́рок от ….
5. 9-ого ма́рта семья́ Ри́ты обе́дает в но́вой кварти́ре. Ви́ктор спра́шивает Ри́ту ….
6. 9-ого ма́рта ве́чером Ма́ша прихо́дит домо́й и ….

6 Спаси́бо за пода́рок

Соста́вьте диало́ги! Что они говоря́т?

1. Маша даёт бра́ту пода́рок на день рожде́ния.
2. Женя даёт Кате пода́рок на 8-ое ма́рта.
3. Катя прихо́дит на новосе́лье и даёт Рите пода́рок.
4. Маша спра́шивает Женю: „Где твоя́ но́вая кни́га?“

‹7 Апре́ль, апре́ль — никому́ не верь!›

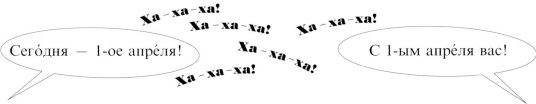

Ха-ха-ха! Ха-ха-ха! Ха-ха-ха! Ха-ха-ха! Ха-ха-ха!

Сего́дня — 1-ое апре́ля!

С 1-ым апре́ля вас!

а) Де́вочка говори́т учи́тельнице на переме́не: „Вас — к дире́ктору.“
Учи́тельница идёт в кабине́т дире́ктора, а дире́ктора сего́дня нет в шко́ле.

б) *Расскажи́те, что вы де́лаете 1-ого апре́ля.*

8 Соро́кины пра́зднуют Же́нский день

Расскажи́те. Начни́те так:
Сего́дня 8-ое ма́рта. 8 часо́в утра́. Вера Макси́мовна и Вика ещё спят …

Форточка 7

1 В шесть лет

Спросите друг друга,
— что у вас есть, а чего нет,
— что у вас бы́ло, когда вам бы́ло шесть лет, а чего не́ было.

Образец:

У тебя есть велосипед?   — Да, есть.
     — Нет, у меня нет велосипеда.

В шесть лет у тебя был велосипед?   — Да, был.
     — Нет, у меня не́ было велосипеда.

собака, кот, кошка, попугай; телевизор, телефон, компьютер, пианино; большая комната, хороший друг, хорошая подруга, интересное хобби

2 Отец и три сына

У одного́ человека есть три сына: один из них красивый, другой — весёлый, а третий — си́льный. Но все они не лю́бят работать и не помогают папе. Отец много работает и в саду́, и в огоро́де, и в доме. А мальчики только гуля́ют по ле́су, плавают в озере и ло́вят рыбу. Отец говорит им:

5 — Я уже старый, мне трудно работать, а вы только еди́те фру́кты из са́да, а работать там не хоти́те.

Идут годы. Отец уже не мо́жет работать. Фру́кты в саду́ уже не расту́т. В огоро́де нет капу́сты, нет картошки. Но ю́ноши всё ещё не хотя́т работать. Отец говорит им:
— Дети! Это мой после́дний час. А я не знаю, что будет с вами без меня.

10 Ю́ноши спрашивают его:
— Папа, как нам жить? Что нам делать без тебя?!
Он им отвечает:
— У меня есть зо́лото. Оно лежит в саду́.
— Где? Скажи, папа, где, — говорят ю́ноши, но отец им не отвечает.

15 Ю́ноши и́щут в саду́, потом в огоро́де, и́щут день, неделю, месяц, копа́ют и копа́ют, а зо́лота нет.

Идёт зима, идёт весна, они копа́ют и копа́ют, зо́лота нет. Они не знают, что делать. А летом они видят, что в саду́ и в огоро́де расту́т прекра́сные я́блоки, гру́ши, сли́вы, огурцы́, помидо́ры.

20 Ю́ноши собирают их и получают за них большие де́ньги. Теперь они знают: Хороший сад — это и есть зо́лото. Они каждый год копа́ют зе́млю, работают в саду́ и в огоро́де, живут хорошо и без зо́лота.

3 Вопросы

1. Почему отец так много работает?
2. Что лю́бят делать мальчики?
3. Отец уже старый. Фру́кты и о́вощи не расту́т в саду́ и в огоро́де. Почему?

4. Почему ю́ноши получают большие де́ньги?
5. О каком зо́лоте говорил отец?

4 Жил один человек …

Перескажи́те текст. Начни́те так:
Жил один человек. Бы́ло у него три сына. Один из них был ….

5 Где мо́жно …?

Соста́вьте вопросы.

Образе́ц: — Где мо́жно отдыхать в Новгороде?
— На озере. Там очень красиво и ти́хо.

Это ответы на вопросы:

1. В бассейне, недалеко от центра.
2. На стадионе, за парком.
3. В лесу́, конечно.

4. В спортза́ле. Тренировка начинается в 3 часа́.
5. В кинотеатре „Родина".

6 Макс и Рекс

Какой сегодня хороший день! Тепло́. Солнце светит. Хорошая сегодня будет рыбалка!

Да, погода прекра́сная, но идти дальше я не могу́.

Почему ты не мо́жешь идти? До озера недалеко. Давай пойдём туда!

Ой-ой-ой! Уже час хо́дим. Грибы́ собира́ли, по ле́су гуля́ли. Мне так жа́рко! Рюкза́к не лёгкий! Есть хочу́! Пить хочу́! Идти не хочу́!

Ну, хорошо. Поставь вещи на это место! Здесь ты мо́жешь сделать костёр и пригото́вить вкусную соля́нку из рыбы.

Хорошо, а ты иди́ и принеси́ нам большую рыбу!

Я сейчас! Раз, два — и рыба у меня!

Какой ужас! Что с тобой? Не рыба у тебя, а ты у рыбы.

Ну что ты стоишь и смо́тришь! Ты мо́жешь мне помо́чь? Видишь, рыба меня съесть хо́чет.

rinted by arrangement with Panorama Publishers, Moscow, Russia.

а) Посмотрите на карти́нки и скажите, кто это сказа́л, Рекс или Макс.

б) Сыгра́йте ро́ли Ре́кса и Ма́кса.

в) Расскажи́те, что одна́жды бы́ло на озере. Начни́те так: В одно прекра́сное воскресенье они вста́ли уже в 5 часо́в утра́. В лесу́ они собира́ли …

S   **7**   **Бобик**   **Г**

Было лето, весёлое для Бобика. Иван Михайлович жил с ним на даче, ходил по лесу,
плавал в реке. На улице было тепло. Светило солнце. Вечером они сидели у реки
и слушали, как пели птицы. Однажды Бобик увидел в лесу маленькую собаку. Она
была некрасивая и грязная. Иван Михайлович дал ей имя „Незнакомка".

5   — Ты кто: он или она? — спросил её Бобик.

— Что за вопрос! Конечно она, — ответила Незнакомка.

— Как живёшь? — весело спросил он.

— Плохо. Я очень голодная. Есть хочу.

Иван Михайлович шёл домой. Бобик бежал рядом с ним, а Незнакомка два, три метра

10   от них. Бобик бежал к ней, потом к Ивану Михайловичу, потом опять к ней. Он
показывал на Ивана Михайловича и говорил Незнакомке:

— Он — хороший, добрый.

— Я не могу бежать, — сказала она ему, — я есть хочу.

Иван Михайлович, конечно, не знал, о чём они говорили, но он видел, что Незнакомка

15   была голодной. У него в рюкзаке были бутерброды. Он дал один из них новой подруге
Бобика. Сначала она съела котлету, потом хлеб.

— Это всё? — подумала Незнакомка и посмотрела на Ивана Михайловича. Он дал
ей ещё один бутерброд. Незнакомка поняла, что это хороший человек.

— Вот они какие собаки! — думал Иван Михайлович. — Один бутерброд, и ты уже

20   её хороший друг, ещё бутерброд, и ты её лучший друг.

До города Незнакомка бежала рядом с ним. А когда она увидела первый дом, она
не захотела бежать дальше. Её глаза говорили:

— До свидания, мои новые друзья! Я не могу идти с вами в город.

Бобик и Иван Михайлович не знали, что Незнакомка раньше жила в деревне,

25   в маленьком старом доме. Семья, у которой она жила, получила новую квартиру
в городе. Но жить Незнакомка там долго не могла. Для неё там не было места.
Однажды семья была с ней в лесу, а домой семья ушла без неё. Вот она и живёт в лесу
одна.

Бобик смотрел на подругу, потом на Ивана Михайловича. Он не хотел идти в город

30   без неё.

— Пойдём к нам! Иван Михайлович очень добрый, и люди в нашем доме тоже
хорошие … .

8   Вопросы

1. Кто это — Бобик?   2. Почему лето было для Бобика весёлым?   3. Почему Иван
Михайлович дал собаке имя „Незнакомка"?   4. Почему Незнакомка не могла бежать?
5. Почему Незнакомка не хотела идти в город вместе с Иваном Михайловичем
и Бобиком?   6. Как вы думаете, что было потом с Незнакомкой? Она побежала в лес
или в город?

1 Скажите, кто кому и где это говорит

Опишите ситуации.
Образец: В ресторане Вера Максимовна говорит официантке:
„Принесите нам, пожалуйста, котлеты с картошкой.“

1. „Принесите нам, пожалуйста, котлеты с картошкой.“

2. „Покажите, что вы написали.“

3. „Дайте мне, пожалуйста, эту кассету.“

4. „Сначала думай, а потом начинай.“

5. „Расскажи, что сегодня было в школе.“

6. „Не волнуйся! Мы пошутили.“

7. „Разбуди меня в 6 часов.“

8. „Купи мне, пожалуйста, мороженое.“

9. „Занимайтесь спортом каждый день.“

10. „Открой дверь, пожалуйста.“

2 „Скажите, пожалуйста, …!“

1. Киоск „Сувениры“. Света видит красивую чашку в киоске. Она хочет купить её. Она говорит женщине в киоске: „…“.
2. Центр города. Туристы хотят идти в музей. Они не знают, где он находится. Они говорят гиду: „…“.
3. У телефона. Лара была вчера на дискотеке. Вика хочет знать, как там было, и говорит ей: „…“.
4. Урок литературы. Ребята прочитали роман о Петре Первом. Учительница говорит им: „…“.
5. В магазине. Костя хочет купить новый детектив. Девушка показывает ему американский и русский детективы и говорит: „…“.
6. В машине. Сорокины едут в Санкт-Петербург. В машине очень жарко. Вера Максимовна говорит: „…“.
7. Ресторан „Нева“. Сорокины хотят обедать. Они говорят официантке: „…“.

Форточка **8**

 3 Чего без чего не бывает

Не бывает, не бывает
Дач без огородов, рек без берего́в
Не бывает, не бывает
За́втраков без хлеба, а газе́т без с...

Знай, что не быва́ет о́тчеств без отцо́в,
А дворцо́в без о́кон, пи́сем без концо́в,
Ба́бушек без ска́зок, ко́мнат без угло́в,
Де́вушек без су́мок, мо́ря без ветро́в.

Не бывает, не бывает
Дач без огоро́дов, рек без берего́в
Не бывает, не бывает
За́втраков без хлеба, а газе́т без сл...

Знай, что не быва́ет дру́жбы без друзе́й,
Ги́дов без тури́стов, фа́брик без люде́й,
Пра́здников без пе́сен, шу́ток и госте́й,
Учителе́й без кла́ссов, кла́ссов без дете́й.

Не быва́ет, не быва́ет ...

Знай, что не быва́ет у́лиц без домо́в,
Школ без кабине́тов, стран без городо́в.
Дач без огоро́дов, рек без берего́в,
За́втраков без хлеба, а газе́т без слов.

4 А теперь вы!

Скажите, что быва́ет, а чего не быва́ет.
Образец: театр — артист   Теа́тров без арти́стов не быва́ет.
          парк — цветы   Парки без цвето́в быва́ют.

театр — артист, парк — цветы, порт — кора́бль, дискотека — песня, ресторан — место,
лес — птица, телефон — номер, магазин — касса, огород — овощи, сад — фрукты,
фестива́ль — артист, таксист — машина, комната — окно, университет — профессор,
ка́тер — капитан, апрель — дождь, фигуристка — тренер, библиотека — книга,
отец — дети, песня — сло́во, дедушка — кресло, кассетник — кассета,
учительница — сумка, почтальон — письмо, ученица — подруга, книга — рисунок

5 Сколько ...?

О СЕБЕ

а) *Сколько в вашем классе:*
   1. ученико́в?
   2. ма́льчиков и де́вочек?
   3. уро́ков в неделю?
   4. уро́ков сегодня?
   5. о́кон?
   6. столо́в?
Продолжа́йте.

б) *Сколько в вашей школе:*
   1. кабине́тов?
   2. этаже́й?
   3. спортза́лов?
   4. кла́ссов?
   5. учителе́й и учи́тельниц русского языка́?

6 По магазинам

В Петербурге Вика, Костя и Света хо́дят по магазинам на Не́вском и и́щут подарки друзья́м. В Гости́ном дворе́ Света видит часы́.

Света: Смотри́те, какие оригинальные часы́!

Вика: Где?

Света: Там, рядом с буди́льниками. Я уже давно хочу́ купи́ть новые часы́.

Вика: У касс так много люде́й. Костя, ты иди к ка́ссам.

Света: А мы куда?

Вика: Давай пойдём к витри́нам с сувени́рами!

В витри́нах лежат красивые сувениры. Девочки выбира́ют подарки друзья́м. Потом они идут к кассе, где стоит Костя, и говорят: „Костя, заплати́ за часы́ и за подарки!“

Ребята с че́ками идут за часа́ми и пода́рками. Когда наконец все эти вещи лежат в су́мках, Костя говорит де́вочкам: „Я не хочу́ идти дальше. Я пить и есть хочу́. Давайте пойдём в кафе.“

7 Ребята покупа́ют подарки

а) 1. Ребята хо́дят по … *(магазины, улицы, проспе́кты)*.
   2. Они покупа́ют подарки … *(друзья, мамы, бабушки)*.
   3. Ребята идут к … *(кассы, витри́ны)*.

б) 1. Ребята идут за … *(подарки, часы́)*.
   2. Часы́ лежат рядом с … *(буди́льники, книги)*.
   3. Костя стоит за … *(че́ки)*.

в) 1. В Гости́ном дворе́ они говорят о … *(подарки, часы́, че́ки)*.
   2. Они и́щут подарки в … *(витри́ны, магазины)*.
   3. Когда всё лежит в … *(сумки)*, они идут в кафе.

8 Продолжа́йте

Образец: Рыба живёт в моря́х, ре́ках и озёрах.

1. Рыба живёт в моря́х, … .
2. В этом магазине люди стоят за овоща́ми и … .
3. Люди работают на фа́бриках и … .
4. Лара хо́дит на трениро́вку по понеде́льникам, … .
5. Летом можно ката́ться на ло́дках и … .
6. Мы занимаемся гимнастикой по утра́м и … .
7. Магазины не работают по … .
8. Пётр Пе́рвый говорил с … .
9. Физика у нас по …, а музыка по … .
10. Зимой можно ката́ться на … .
11. Люди живут в … .
12. Костя не лю́бит ходи́ть по … .
13. В хорошую погоду люди гуля́ют по … .

9 Составьте предложения

		девочки
		мальчики
Костя		друзья
Вика	фотографирует	соборы
Света	любит	мосты́
Вова	рисует	подруги
		кошки
		собаки
		дворцы́

10 Туристы гуляют по городу

1. Гид показывает *(туристы)* город.
2. В *(книги)* есть много интересного о Петербурге.
3. Туристы идут к *(кассы)* и покупают *(билеты)* на концерт.
4. Света фотографировала *(друзья)* у *(соборы, памятники)*.
5. В *(театры)* Санкт-Петербурга идут интересные драмы.
6. Вера Максимовна много знает о *(города́, деревни)* страны́.
7. Ребята катаются на катере по *(каналы, ре́ки)* города.
8. Туристы смею́тся над *(анекдоты, шутки)* гида.

11 Открытка бабушке

В Петергофе Света пишет бабушке открытку.
Она пишет,

  — с кем она была́ в Санкт-Петербурге,
  — что они делали в Санкт-Петербурге,
  — где они бы́ли, и что они там видели.

Напишите открытку Светы.

Фото Г. Куприянова

Дорогая бабушка!
Большой привет из
Санкт-Петербурга.
Мы здесь с друзьями...

Куда

Кому

Индекс предприятия связи и

Пишите индекс предприятия связи места назначения

A

1 Чем или с чем/с кем они это делают?

Образец: Костя едет в центр шестым автобусом.
Света едет на тренировку с подругой.

1. Борис Петрович работает на даче
(*дядя Артём*).
2. Вова рисует портрет Вики
(*чёрный карандаш*).
3. Иногда мы еди́м курицу (*ру́ки*).
4. Света идёт в кино (*друзья*).
5. Вика любит писать (*красная ручка*).
6. Сорокины едут в Петербург (*Света*).
7. В ре́ках Кавказа можно ловить рыбу
(*ру́ки*).
8. На день рождения ребята идут (*подарки*).
9. В Петербурге Света фотографировала
(*новый фотоаппарат*).

2 Что может идти?

а) *Скажите, что шло вчера, утром,
на этой неделе, в июне, в субботу … .*

Образец: Вчера на улице шёл дождь.

1. На улице идёт дождь.
2. Игра в настольный теннис идёт
два часа́.
3. Время идёт быстро.
4. Автобус идёт только до вокзала.
5. В Санкт-Петербурге идёт
фестиваль „Белые ночи".
6. Часы́ идут неправильно.

б) *Скажите, что идёт сейчас, часто,
обычно, иногда … .*

Образец: Дома обычно идёт серьёзный
разгово́р о школе.

1. Дома шёл серьёзный разгово́р о
школе.
2. По радио шла интересная переда́ча
о цвета́х и характерах.
3. Шла вторая неделя месяца.
4. Письмо до Новгорода шло три дня.
5. Снег шёл и шёл.
6. Такси шло очень быстро.

3 Нра́вится или не нра́вится?

Спросите друг друга.

а) *Образец:* Этот фильм тебе нра́вится? — Да, нра́вится. Он очень весёлый.
— Нет, не нра́вится. Он скучный.

город — класс — расписание уроков — учебники — место, где ты сидишь — твоё
имя — кабинеты в школе …

б) *Образец:* Тебе понра́вились подарки на день рождения? — Да, ….
— Нет, ….

— фильмы, которые шли на этой неделе
— экскурсия в город …
— погода, которая была́ в этом месяце
— обед, который …

— подарки на день рождения
— книга, которую …
— кафе, которое находится недалеко от
школы …

4 Числа

а) *Как сказать по-русски 10, 20, 30, 40
   ... 100?*

10	пятьдеся́т
20	со́рок
30	де́сять
40	девяно́сто
50	два́дцать
60	сто
70	шестьдеся́т
80	три́дцать
90	се́мьдесят
100	во́семьдесят

Б

б) *Читайте.*

4, 14, 40, 44; 5, 15, 50, 55; 6, 16, 60, 66 ...

в) *Как дальше? Дополните.*

13, 26, 39, ...
..., 22, ..., 44, ..., 66, ...
..., ..., 51, 68, 85, ...

г) *Плюс или минус?*

13 ? 33 ? 65 ? 71 ? 40 = 0

5 Который час на часа́х?

Образец: Первые часы́ показывают 12 часо́в 30 мину́т.

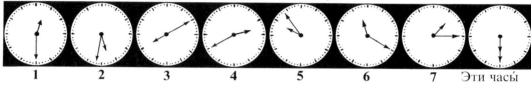

1   2   3   4   5   6   7

Э́ти часы́
не иду́т.
Они стоят.

6 Читайте телепрогра́мму

Канал ТВ НЕДЕЛЯ Россия

Канал „Россия"

6.00, 9.00, 12.00, 18.00, 21.00	Но́вости
6.20	Аэробика
6.30	Здравствуйте!
8.55	Посмотри, послушай ...
9.15	Неме́цкий язык для детей
9.45	Английский язык. 17-ый урок.
10.15	Францу́зский язык. 2-ой курс.
10.43	Экспре́сс-рекла́ма
10.50	Собака Баскерви́лей. Фильм.
12.20	Наш сад
13.00	Концерт. Хи́т-пара́д.
14.05	„SOS" 20-ого века
15.00	Мультфи́льмы
15.35	Друзья нашей кошки
16.00	Детекти́в-лэнд
16.45	„Битлз" и их дети
17.00	Спорти́вная карусе́ль
17.55	Погода
18.30	Большо́й театр. Дни и вечера́.
19.10	Не на своём месте. Фильм.
20.45	Споко́йной но́чи, малыш!
21.30	Футбол. Чемпиона́т Европы.
22.55	Лото́-миллио́н
23.00	Спорт, спорт, спорт
1.15	Шля́гер-марафо́н

Скажите,
1. когда показывают фильмы,
2. когда можно посмотреть переда́чи о природе, о погоде и о театре,
3. когда идут спортивные и музыка́льные переда́чи,
4. какие переда́чи показывают для дете́й,
5. какие переда́чи вы лю́бите смотре́ть.

7 Два детектива

Форточка **10**

1 Читайте

Скажите, какие слова вы уже знаете.

Образец: театра́льная касса — театр

театра́льная касса, вокза́льная пло́щадь, Дворцо́вый мост, центра́льный проспект, экскурсио́нное бюро, почто́вый ящик, университе́тское здание, магазин „Де́тский мир“, кни́жный магазин, тури́стский автобус, газе́тный кио́ск, авто́бусная остано́вка, городско́й парк, речно́й вокзал, кремлёвская ба́шня, апте́чный кио́ск, конце́ртный зал, крепостна́я стена, па́мятные места́, телефо́нная ста́нция, карти́нная галере́я, Ле́тний сад, порто́вый город

2 На улице

а) *Скажите, куда идти.*

Идите	до	авто́бусной остано́вки, (угол, универса́льный магазин, высокая стена)!
	по	этому проспекту, (этот мост, главная улица)!
	к	газе́тному кио́ску, (современный кинотеатр, театра́льная касса)!
	через	маленький мост, (главная улица, городско́й парк)!
	за	этот угол, (этот дом, это кафе, эта старая ба́шня)!
	на	второй этаж, (высокая ба́шня, большой мост)!
	в	экскурсио́нное бюро, (этот магазин, первый подъезд)!

б) *Скажите, где они находятся.*

Он/ она/ оно находится	у	городско́го вокзала, (кни́жный магазин, кремлёвская стена).
	недалеко от	авто́бусной остано́вки, (исторический музей, театра́льная касса).
	напротив	конце́ртного зала, (карти́нная галере́я, Большой театр).
	перед	памятником Пушкину, (гости́ница „Россия“, лу́на-па́рк).
	рядом с	Кремлёвским дворцо́м, (телеба́шня Оста́нкино, Каза́нский вокзал).
	за	универса́льным магазином, (городско́е кафе, центра́льный стадион).
	в	Изма́йловском парке, (Третьяко́вская галере́я, речно́й порт).

О СЕБЕ

‹3 Моя доро́га в школу›

Опишите вашу доро́гу в школу.

Образец:

Я выхожу́ из дома и иду нале́во до угла́. Потом я иду через улицу. Там находится остано́вка автобуса. Я еду на автобусе номер 142 три остано́вки до кинотеатра „Космос“. От кинотеатра до школы недалеко. Я иду прямо по улице Мира до газе́тного кио́ска, потом напра́во. И я в школе.

4 Читайте

а) на ю́го-за́паде Москвы́ (юг, за́пад);
  шестнадцатиэта́жные дома́
  (шестна́дцать, эта́ж);
  де́лать стенгазе́ты (стена́, газе́та);
  тео́рия, пробле́ма; кла́ссный

б) ходи́ть на пикни́к;
  продава́ть пари́жскую косме́тику;
  ро́керы, па́нки, металли́сты;
  монархи́сты, анархи́сты, либера́лы

5 Моя маленькая Москва

Привет, ребята!
Сегодня я хочу́ рассказать вам о моей маленькой Москве. Я — это ученик
моско́вской школы № 195. Моё имя — Игорь, фамилия — Семёнов. Мне 16 лет.
Я живу в микрорайо́не на ю́го-за́паде Москвы. Здесь у нас нет больши́х фабрик
5 и заводов. Центром микрорайо́на явля́ется ста́нция метро́ „Юго-за́падная" или,
как мы говорим, „Ю́жка".
Дома́ в нашем райо́не большие, шестнадцатиэта́жные. Посчитайте са́ми, сколько
семе́й в каждом доме живёт: в каждом доме 4 ко́рпуса, в каждом ко́рпусе
3 подъезда, в каждом подъезде 64 квартиры. Ну что, посчитали?
10 „Ю́жка" — очень симпатичное место. Недалеко от микрорайо́на ре́чка, а за ре́чкой
— лес. Летом мы хо́дим туда на пикни́к, а зимой мы катаемся там на лыжах. Мы — это
я и мальчики из моего класса. К сожалению, девочки из нашего класса с нами в лес
не хо́дят. Наши девочки — не наши подруги. Хоти́те знать, почему? Вот моя тео́рия:
В нашем классе 35 человек: 17 мальчиков и 18 девочек (одна ли́шняя — но это
15 шутка). В 15 лет девочки „растут" в три ра́за быстре́е, чем мы (мальчики). Когда
нам (мальчикам) 16, им (на́шим девочкам) 19, а когда нам 18, им уже 27 …
До седьмо́го класса наши девочки бы́ли са́мыми гла́вными в классе: они красиво
писали, делали все уроки, получали только пятёрки и четвёрки, помогали сла́бым
ученика́м, делали каждый месяц кла́ссные стенгазе́ты …. Но потом они на́чали
20 получать тройки и да́же двойки, а стенгазе́та „О погоде в сентябре́" висела
два года. Их но́выми друзья́ми ста́ли мальчики из девя́тых и деся́тых классов.
И сейчас на больши́х переменах они хо́дят только с ни́ми, а на́ми они не
интересуются. Конечно, они высокие и красивые, а мы для них маленькие
и некрасивые. У девочек свои пробле́мы: где можно купить красивые платья, где
25 продаю́т пари́жскую косме́тику, с кем живёт американский артист … А у нас,
мальчиков, свои разговоры: почему „Спарта́к" плохо играл со слабой командой,
и что лучше: новая русская машина или старая западная.
Но не думайте, что в нашем классе есть только две группы: мальчики и девочки.
Есть у нас ещё и ро́керы, па́нки, металли́сты, есть и монархи́сты, анархи́сты, зелёные
30 и либера́лы …
Что это я? Хотел рассказать вам о на́шем микрорайо́не, а пишу́ о пробле́мах в классе.
Но как у нас говорят: „У кого что болит, тот о том и говорит."

По В. Алексееву

6 Вопросы

а) 1. Кто нам рассказывает о Москве?   2. Где он живёт?   3. Что он рассказывает о домах, заводах, фабриках в этом микрорайоне?   4. Что вы узнали о природе в микрорайоне?   5. С кем он встречается в свободное время?   6. О каких проблемах с девочками он пишет?   7. С кем ходят девочки на больших переменах?

О СЕБЕ

б) 1. Расскажите о районе, где вы живёте.
   2. Расскажите о вашем классе: сколько у вас учеников, какие у вас проблемы.

7 Я люблю́ …. А ты?

О СЕБЕ *Спросите друг друга.*

1. Я люблю́ ходи́ть в … джинсах. А ты?   старые
2. Мне нравится ходи́ть по … магазинам. А тебе?   универса́льные
3. В нашем кинотеатре нет … мест, когда идёт интересный фильм. А в вашем?   свобо́дные
4. Летом мы встре́тились с … ребятами. А вы?   весёлые
5. У меня … волосы. А у тебя?   светлые/тёмные
6. Мы часто хо́дим в гости к … друзья́м. А вы?   симпатичные
7. Я люблю́ читать о … лю́дях. А ты?   великие
8. У меня много … друзе́й. А у тебя?   хорошие
9. Я хорошо знаю … компози́торов. А ты?   знаменитые

8 Разговор с туристами

Образец: Туристы спрашивают гида о музеях.
     — О **каких**?
     — О **которых** они читали книги.

1. Гид хо́дит по галере́е с туристами.
   — С …?
   — С … она вчера была́ в музее Пушкина.
2. Гид говорит с туристами об известных лю́дях.
   — О …?
   — О … они вчера читали в газетах.
3. Гид показывает туристам на плане города памятники.
   — …?
   — … они хотя́т сегодня посмотреть.

4. Гид гуляет с туристами по паркам.
   — По …?
   — По … раньше гуляли только цари́.
5. Перед гости́ницей стоят туристы.
   — …?
   — … хотя́т кататься на катера́х по Москве-реке.
6. Фото́граф считает туристов.
   — …?
   — … он хо́чет фотографировать.
7. Гид даёт билеты туристам.
   — …?
   — … нравится русский балет.

‹9 Разговоры на улице›

Послушайте диалоги и скажите,

1. где идёт разговор?
2. кто разговаривает?

3. куда они едут? Почему?
4. что вы ещё узнали?

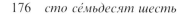

1 Нельзя́

Скажите, что кому нельзя́. Образец:

Вам нельзя́ смотреть этот фильм.

1. смотреть этот фильм

2. ехать без билета

3. идти через улицу

4. пить водку

5. стоять

6. ехать налево

2 Можно или нельзя́?

Спросите. Образец:

— Можно мне открыть окно?
— Конечно, можно. В комнате очень жарко.

1. — …

— Конечно, можно. В комнате очень жарко.

2. — …

— Конечно, можно. Ешьте на здоровье!

3. — …

— Сейчас к директору нельзя́.

4. — …

— Нет, нельзя́. Ты уже два часа играешь на компьютере, а потом ты плохо спишь.

5. — …

— Нет, нельзя́. Этот фильм не для детей.

6. — …

— Что за вопрос! Идите, идите!

3 На́до — не на́до?

Что они говорят?

Образец: Учитель говорит ленивым ученика́м: „Вам на́до больше заниматься.“

1. Учитель говорит ленивым ученика́м: „...“ (больше заниматься)
2. Тренер говорит спортсме́нам: „...“ (заниматься спортом каждый день)
3. Вера Максимовна говорит Вике: „...“ (больше спать)
4. Бабушка говорит Косте: „У нас всё есть. ...“ (идти за продуктами)
5. Профессор говорит студентам на экзамене: „...“ (волноваться)
6. Москвич говорит туристам в автобусе: „...“ (сейчас выходи́ть)
7. Молодой человек говорит девушке в ресторане: „...“ (платить)

4 У человека

У человека есть одна голова́,

один ...,

одно ...,

два ...,

две ...,

тридцать два ... .

> Одна голова́ хорошо,
> а две лучше.

5 Чем человек ...?

Б

Образец: Человек хо́дит нога́ми.

	пишет ...
	видит ...
	слышит ...
	говорит ...
Человек	берёт ...
	ест ...
	играет на пианино ...
	думает ...
	показывает ...

6 Так говорят русские

Образец: Она всё рассказывает другим, у неё длинный язык.

1. Она всё рассказывает другим, ...
2. Этот подарок недорогой, но он ...
3. Моя школа совсем недалеко, она ...
4. Таксист знает свой город ...
5. В автобусе бы́ло много люде́й, я ...
6. Это секрет. Я могу́ тебе это ...
7. Он плохо у́чится, у него только ...
8. Когда я увидела, сколько мне на́до платить, я ...

а) как свои пять пальцев.
б) у неё длинный язык.
в) от всего сердца.
г) сделала большие глаза́.
д) под носом.
е) стоял на одно́й ноге́.
ё) сказать на́ ухо.
ж) ветер в голове.

7 Объявления

1. Где ты с *(большие голубые глаза́ и длинные чёрные волосы)?* Я видел тебя в субботу в пять часо́в у *(газе́тный кио́ск)* у метро́ „Пушкинская“. Позвони́! Тел. 143-17-08.
2. Кто хо́чет и может помочь *(старые больны́е люди)?* Приходи́те в центральное бюро поликли́ники. Спроси́те у *(наши рабо́тники)* на *(первый эта́ж).*
3. Вчера я забы́ла в спортза́ле *(моя сумка)* с *(чёрные джинсы и белая майка).* В *(чёрные джинсы)* бы́ли пи́сьма и адреса́ *(мои друзья́).* Кто видел *(моя сумка)?* Позвони́те, пожалуйста. Тел. 49-60-93.

8 Это после́дний экземпля́р

Г

Костя был дома один. Он лежал на дива́не и читал книгу. Это была́ очень интере́сная книга: „Понеде́льник начина́ется в суббо́ту“. Он люби́л читать фанта́стику о том, кака́я жизнь на плане́те „ИКС“, каки́е они́, инопланетя́не.

Костя читал книгу у́тром, днём и ве́чером. Вдруг в до́ме и на у́лице ста́ло темно́ и
5 очень ти́хо. „Что это? Кто хо́дит по коридо́ру? Я же дома один! И как хо́лодно ста́ло. Сейча́с же ле́то, а в ко́мнате хо́лодно, как зимо́й.“ Костя посмотре́л на дверь, и вдруг он уви́дел ма́ленького челове́чка. „Челове́к, но не тако́й, как я. Он си́ний, нет, фиоле́товый. А ру́ки зелёные. Ско́лько их? Одна́, две, три … четы́ре руки́!! И голова́ у него́, как буди́льник! А где у него́ нос? Но́са нет. У́ши, как анте́нны.“ У окна́ ещё
10 один челове́к, но у него́ то́лько три руки́, и лицо́ не фиоле́товое, а кра́сное. „Каки́е у них дли́нные па́льцы, а но́ги коро́ткие?!“ Вдруг Костя услы́шал, как „фиоле́товый“ сказа́л „кра́сному“:

— Что там лежи́т в углу́? Мо́жет быть, это челове́к? Смотри́, како́й он некраси́вый. Что это у него́ на лице́? Глаза́ таки́е ма́ленькие. Он, наве́рно, нас пло́хо ви́дит. А как
15 он говори́т и слу́шает? И что у него́ на голове́ растёт? Смотри́, каки́е у него́ дли́нные но́ги! Как он на них хо́дит? Тьфу, како́й он ужа́сный! Здесь он один?

— Да, один. Это, наве́рно, после́дний экземпля́р. Мы три дня иска́ли, друго́го экземпля́ра на э́той плане́те нет. На ней то́лько вода́, лёд и э́тот дом. Интере́сно, как э́тот челове́к мо́жет пла́вать. Ведь у него́ таки́е ма́ленькие па́льцы.
20 Тре́тий челове́чек, у кото́рого в рука́х бы́ли я́щик и молото́к, сказа́л:

— Как положи́ть его́ в э́тот ма́ленький я́щик?

Костя хоте́л кри́кнуть, что он не хо́чет в я́щик, что он не после́дний экземпля́р … Но он не мог.

„Что это бы́ло? Сон?“ — поду́мал Костя.

9 Что Костя ви́дел во сне?

Смотри́те на рису́нок и скажи́те, что на нём пра́вильно, а что непра́вильно.

1   Что им ну́жно будет?

B

Образец: Турист хо́чет ехать на автобусе.
Ему́ ну́жен будет билет.

1. Ребя́та хотя́т пойти́ в похо́д.
2. Де́вочки иду́т купа́ться на озеро.
3. Света хо́чет писа́ть письмо́ Алине.
4. Лара идёт на дискоте́ку.
5. Борис Петрович хо́чет узна́ть, какая погода будет завтра.
6. Вика и Костя хотя́т пойти́ к Вове на день рожде́ния.
7. Дья́ковы еду́т в лес на пикни́к.

2   Éсли у тебя́ нет …

Образец: Éсли у тебя́ нет дру́га/подру́ги, тебе́ не надо его́/её целова́ть.

1. Éсли у тебя́ нет ко́мнаты,   а) тебе́ не надо на нём ката́ться.
2. Éсли у тебя́ нет соба́ки,   б) тебе́ не надо де́лать уро́ки.
3. Éсли у тебя́ нет попуга́я,   в) тебе́ не надо её убира́ть.
4. Éсли у тебя́ нет велосипе́да,   г) тебе́ не надо с ней гуля́ть.
5. Éсли у тебя́ нет уче́бников,   д) тебе́ не надо там рабо́тать.
6. Éсли у тебя́ нет да́чи,   е) тебе́ не надо волнова́ться.
7. Éсли у тебя́ нет зо́лота,   ё) тебе́ не надо с ним говори́ть.

3   „Говори́ть“ или „сказа́ть“?

| 1. говори́те — скажи́те |

Не … так бы́стро!   … э́то сло́во ещё раз! Я вас не по́нял.

| 2. говорю́ — скажу́ |

Сейча́с я тебе́ … об э́том.   Я тебе́ не пе́рвый раз … об э́том.

| 3. говори́т — ска́жет |

Когда́ я приду́ домо́й, ма́ма,   Ма́ма ча́сто мне …: „Де́лай уро́ки!“
наве́рно, …: „Как дела́ в шко́ле?“

| 4. говоря́т — ска́жут |

В во́семь часо́в по ра́дио …,   …, что за́втра бу́дет хоро́шая пого́да.
кака́я за́втра бу́дет пого́да.

| 5. говори́ли — сказа́ли |

На уро́ках мы … о расска́зе „Нос“.   Вова и Денис …, что им расска́з совсе́м
не понра́вился.

4 Завтра начнётся новая жизнь

В понедельник Вова сидит в своей комнате и у́чит английские слова́: „Ле́тние каникулы – соммер вейкейшен, ско́ро – форест .... Да, через две недели летние кани́кулы! А за́втра после́дняя контро́льная рабо́та! Будет катастро́фа! Мне ещё надо вы́учить сто слов и грамматику то́же. Я отдыха́ю – ай рэст – нет, это неправильно – ай эм рэ́стинг – почему эм? Я отдыха́л – ай воз рэ́стинг. Я отдохну́ – ай вил рэст. Какой английский язык трудный! В русском языке два сло́ва, а в английском – три! Вот теперь лёгкое слово: рюкза́к – зна́чит рюкзак, два рюкзака́ – ту рюкзэ́ки, нет – рукса́к, нет – рукзэ́кс! Пала́тка – тент, нет – тэнт. А тэнт? Нет – уан тэнт? Отку́да мне всё это знать? Боже мой, что за язык!

10 Какой беспоря́док! За́втра, наверное, получу́ дво́йку! Почему́ я не учи́л слова́ всю неде́лю? После́дний раз так пишу́ контро́льную рабо́ту! За́втра начнётся новая жизнь! Бу́ду каждый день учи́ть слова́! Бу́ду каждый день занима́ться! Сидеть у компьютера бу́ду только один час. Отдыхать на озере бу́ду только раз в месяц, а на дискотеку совсем ходи́ть не буду.“

15 В пятницу учительница английского языка́ говорит Вове: „Ты в этот раз не очень хорошо написал работу. У тебя тро́йка.“ Вова, конечно, очень рад, что он получил тро́йку, но учительнице он говорит: „Мария Георгиевна, работа была́ такой трудной!“ На переме́не Лара говорит: „Ребя́та, сегодня в нашем микрорайоне открыва́ется новая дискоте́ка. Пойдем!“ — „Что за вопро́с!“, — говорит Вова. — „Конечно, пойдем!“

5 Вопросы

1. Как вы думаете, почему Вова плохо знает английские слова́?
2. Что он говорит об английском языке́?
3. Почему он думает, что за́втра начнётся новая жизнь?
4. Что он не будет делать, а что он хо́чет делать?
5. Какие слова́ в русском языке́ для вас самые трудные?
6. Как вы думаете, русская грамматика лёгкая или трудная?

6 В гостя́х у русских

Спроси́те друг дру́га. Один из вас спрашивает „Где? С кем? О ком? ...“ Другой отвеча́ет.
Образе́ц: — С кем ты хо́чешь познако́миться?
     — Я хочу́ познакомиться с молодыми москвича́ми.

| Я хочу́ | познако́миться (с) осмотре́ть встре́титься (с) уви́деть жить (в) узна́ть больше (о) ходи́ть в го́сти (к) | современные гостиницы наши новгоро́дские друзья большие ре́ки и озёра молодые москвичи́ красивые дворцы́ русские города́ и деревни русские праздники популярные рок-группы |

Викторина

Это правильно? Éсли это неправильно, скажите, как надо правильно это сказать.

География

1. Новгород находится на берегу́ реки́ Ильмень.
2. Сочи лежит на берегу́ Белого мо́ря.
3. Мурманск находится на севере страны́.
4. Волга – самая длинная река́ Европы.
5. Когда в Москве люди идут на работу, во Владивостоке люди ещё спят.
6. Европа и А́зия встречаются на Урале.

Известные люди страны́

1. Николай Васильевич Гоголь написал роман „Евгений Онегин“.
2. Самый известный русский поэт – Александр Сергеевич Пушкин.
3. Ломоносов основал петербургский университет.
4. Пётр Чайковский и Александр Пушкин часто встречались в Петербурге.
5. Чайковский написал музыкальную сказку „Петя и Волк“.
6. Валентина Терешкова была́ первой женщиной в космосе.

Наши новгоро́дские друзья

1. Маму Вики и Кости зовут Вера Максимовна, а папу Пётр Борисович.
2. У Вики и Кости живёт попугай Карудо.
3. Света раньше жила́ в Норильске.
4. У неё есть собака Шарик.
5. Лара – спортсме́нка. Она три раза в неделю хо́дит на тренировки. Она катается на коньках.
6. Семья Вовы построила новую дачу. Она находится недалеко от озера.

История

1. Первой столицей страны́ был Санкт-Петербург.
2. Ю́рий Долгорукий основал Москву.
3. Пётр I был первым русским царём.
4. Когда умер Борис Годунов, царём стал Фёдор, сын Ивана Грозного.
5. Александр Меншиков был первым бургоми́стром столицы.
6. Петропавловская крепость – самая большая крепость в мире.

Интересные факты о стране́

1. Русские празднуют Рождество в декабре́.
2. На Рождество они едя́т куличи́.
3. Восьмо́го марта дети не хо́дят в школу, и их родители не хо́дят на работу.
4. В русских магазинах сначала идут в кассу за чеком, а потом получают вещи по чеку.
5. Раньше девочки ходи́ли в школу в синем платье, а мальчики в коричневом костюме.
6. Русские ученики́ не сча́стливы, е́сли они получают пятёрки и четвёрки.

Так говорят русские

1. В тесноте, да не в обиде.
2. Без труда не вытащишь и моржа из пруда.
3. Хорошо то, что хорошо начинается.
4. Всему своё время.
5. Сначала думай, потом начинай!
6. Одна нога́ хорошо, а две лучше.

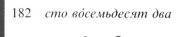

Grammar Overview

Declension of Nouns

	Masculine		Neuter		Feminine	
	hard	soft	hard	soft	hard	soft
Sg. Nom.	завод	писател|ь	отчеств|о	мор|е	групп|а	недел|я
Gen.	завод-а	писател-я	отчеств-а	мор-я	групп-ы	недел-и
Dat.	завод-у	писател-ю	отчеств-у	мор-ю	групп-е	недел-е
Acc.	*	*	отчеств-о	мор-е	групп-у	недел-ю
Instr.	завод-ом	писател-ем	отчеств-ом	мор-ем	групп-ой	недел-ей
Prep.	завод-е	писател-е	отчеств-е	мор-е	групп-е	недел-е
Pl. Nom.	завод-ы	писател-и	отчеств-а	мор-я	групп-ы	недел-и
Gen.	завод-ов	писател-ей	отчеств	мор-ей	групп	недел|ь
Dat.	завод-ам	писател-ям	отчеств-ам	мор-ям	групп-ам	недел-ям
Acc.	*	*	отчеств-а	мор-я	*	*
Instr.	завод-ами	писател-ями	отчеств-ами	мор-ями	групп-ами	недел-ями
Prep.	завод-ах	писател-ях	отчеств-ах	мор-ях	групп-ах	недел-ях

Declension of Adjectives

Hard			Soft		
Sg. m.	Sg. n.	Sg. f.	Sg. m.	Sg. n.	Sg. f.
нов|ый	нов|ое	нов|ая	син|ий	син|ее	син|яя
	нов-ого	нов-ой		син-его	син-ей
	нов-ому	нов-ой		син-ему	син-ей
*	нов-ое	нов-ую	*	син-ее	син-юю
	нов-ым	нов-ой		син-им	син-ей
	нов-ом	нов-ой		син-ем	син-ей

Pl. m., n., f.	Pl. m., n., f.
нов-ые	син-ие
нов-ых	син-их
нов-ым	син-им
*	*
нов-ыми	син-ими
нов-ых	син-их

Note: 1. After г, к, х and ж, ш, щ, ч you must write -и instead of -ы.
2. Adjectives that are stressed on the ending always have the nom. sg. ending -ой.
3. After ж, ш, щ, ч, ц you can write -о only when it is stressed. Otherwise you must use -е.

* animate: Accusative = Genitive/ inanimate: Accusative = Nominative

Personal Pronouns

Nom.	я	ты	он	оно	она	мы	вы	они
Gen.	меня	тебя	его	его	её	нас	вас	их
Dat.	мне	тебе	ему	ему	ей	нам	вам	им
Acc.	меня	тебя	его	его	её	нас	вас	их
Instr.	мной	тобой	им	им	ей	нами	вами	ими
Prep.	(обо) мне	(о) тебе	(о) нём	(о) нём	(о) ней	(о) нас	(о) вас	(о) них

Note: After prepositions there is an inserted н before third person pronouns (у него, к ней).

Possessive Pronouns

	Sg. m.	Sg. n.	Sg. f.	Pl.
Nom.	мой = твой	моё = твоё	моя = твоя	мои = твои
Gen.	моего		моей	моих
Dat.	моему		моей	моим
Acc.	*	моё	мою	*
Instr.	моим		моей	моими
Prep.	(о)моём		(о)моей	(о)моих

	Sg. m.	Sg. n.	Sg. f.	Pl.
Nom.	наш = ваш	наше = ваше	наша = ваша	наши = ваши
Gen.	нашего		нашей	наших
Dat.	нашему		нашей	нашим
Acc.	*	наше	нашу	*
Instr.	нашим		нашей	нашими
Prep.	(о)нашем		(о)нашей	(о)наших

Interrogative (Question) Pronouns

Nom.	кто	что
Gen.	кого	чего
Dat.	кому	чему
Acc.	кого	что
Instr.	кем	чем
Prep.	(о) ком	(о) чём

*animate: Accusative = Genitive/ inanimate: Accusative = Nominative

Conjugation of Selected Perfective Aspect Verbs

Infinitive and conjugation of future	Imperative	Past	Imperfective	Meaning
взять, возьму́, возьмёшь, возьму́т	возьми́	взял, -á, -о	брать	take
встать, вста́ну, вста́нешь, вста́нут	встань	встал	встава́ть	stand up
встре́титься, встре́чусь, встре́тишься, встре́тятся	*not used*	встре́тился	встреча́ться	meet
дать, дам, дашь, даст, дади́м, дади́те, даду́т	дай	дал, -á, -о	дава́ть	give
забы́ть, забу́ду, забу́дешь, забу́дут	забу́дь	забы́л	забыва́ть	forget
загоре́ть, загорю́, загори́шь, загоря́т	загори́	загоре́л	загора́ть	sunbathe
закры́ть, закро́ю, закро́ешь, закро́ют	закро́й	закры́л	закрыва́ть	close
купи́ть, куплю́, ку́пишь, ку́пят	купи́	купи́л	покупа́ть	buy
назва́ться, назову́сь, назовёшься	*not used*	назва́лся, -ла́сь, -а́лось	называ́ться	be called
нача́ться, начну́сь, начнёшься, начну́тся	*not used*	начался́, -а́сь	начина́ться	begin
обману́ть, обману́, обма́нешь, обма́нут	обмани́	обману́л	обма́нывать	deceive
осмотре́ть, осмотрю́, осмо́тришь, осмо́трят	осмотри́	осмотре́л	осма́тривать	examine
отве́тить, отве́чу, отве́тишь, отве́тят	отве́ть	отве́тил	отвеча́ть	answer
отдохну́ть, отдохну́, отдохнёшь, отдохну́т	отдохни́	отдохну́л	отдыха́ть	rest
откры́ть, откро́ю, откро́ешь, откро́ют	откро́й	откры́л	открыва́ть	open
переда́ть, переда́м, переда́шь, переда́ст, передади́м, передади́те, передаду́т	переда́й	пе́редал, -дала́, пе́редало	передава́ть	pass
показа́ть, покажу́, пока́жешь, пока́жут	покажи́	показа́л	пока́зывать	show
получи́ть, получу́, полу́чишь, полу́чат	получи́	получи́л	получа́ть	receive
помо́чь, помогу́, помо́жешь, помо́гут	помоги́	помо́г, помогла́	помога́ть	help
пригласи́ть, приглашу́, пригласи́шь, приглася́т	пригласи́	пригласи́л	приглаша́ть	invite
провести́, проведу́, проведёшь, проведу́т	проведи́	провёл, -á	проводи́ть	lead
прода́ть, прода́м, прода́шь, прода́ст, продади́м, продади́те, продаду́т	прода́й	про́дал, -á, прода́ло	продава́ть	sell
разру́шить, разру́шу, разру́шишь, разру́шат	*not used*	разру́шил	разруша́ть	destroy
рассказа́ть, расскажу́, расска́жешь, расска́жут	расскажи́	рассказа́л	расска́зывать	tell, narrate
реши́ть, решу́, реши́шь, реша́т	реши́	реши́л	реша́ть	decide
сказа́ть, скажу́, ска́жешь, ска́жут	скажи́	сказа́л	говори́ть	say
случи́ться, случи́тся, случа́тся *(1. and 2. Pers. not used)*	*not used*	случи́лся	случа́ться	happen occur
собра́ть, соберу́, соберёшь, соберу́т	собери́	собра́л, -ла́, -а́ло	собира́ть	collect
спроси́ть, спрошу́, спро́сишь, спро́сят	спроси́	спроси́л	спра́шивать	ask
уби́ть, убью́, убьёшь, убью́т	убе́й	уби́л	убива́ть	kill
убра́ть, уберу́, уберёшь, уберу́т	убери́	убра́л, -ла́, -а́ло	убира́ть	pick up, clean
удиви́ться, удивлю́сь, удиви́шься, удивя́тся	*not used*	удиви́лся	удивля́ться	wonder at
узна́ть, узна́ю, узна́ешь, узна́ют	узна́й	узна́л	узнава́ть	recognize
умере́ть, умру́, умрёшь, умру́т	умри́	у́мер, -ла́, у́мерло	умира́ть	die
упа́сть, упаду́, упадёшь, упаду́т	упади́	упа́л	па́дать	fall

Words Used for Instructions in the Textbook

абза́ц — paragraph
Говори́те. — Say it! Speak up!
Допо́лните. — Fill in. Complete.
загла́вие — title
Инсцени́руйте дра́му … — Act out the skit...
Ищи́те загла́вие для ка́ждого абза́ца. — Look for a title for each paragraph.
Как сказа́ть по-ру́сски …? — How do you say in Russian...?
Напиши́те … — Write...
Напиши́те коро́ткий текст о … — Write a short text about...
Напиши́те ма́ленькую ска́зку. — Write a short fairy tale.
Напиши́те резюме́ те́кста. — Write a summary of the text.

Начни́те так: … — Begin this way:
Начни́те, наприме́р, так: … — Begin, for example, this way:
непра́вильно — incorrect
образе́ц — example, model
О себе́ — About yourself
Опиши́те … — Describe...
Отве́тьте. — Answer!
Отве́тьте на вопро́сы. — Answer the questions!
Переведи́те … — Translate...
Перескажи́те … — Retell...
Перескажи́те ска́зку. — Retell the fairy tale.
Перескажи́те текст. — Retell the text.
По расска́зу … (кого) — According to the story (of/by)...
по-ру́сски — in Russian
Послу́шайте диало́г. — Listen to the dialogue.
Посмотри́те на текст и скажи́те … — Look at the text and tell...

пра́вильно — correct
Пра́вильно и́ли непра́вильно? — Correct or incorrect? Right or wrong?
Приду́майте ситуа́ции … — Think of some situations...
Продолжа́йте. — Continue.
Прослу́шайте текст. — Listen to the text.
Е́сли э́то непра́вильно, скажи́те, как на́до пра́вильно э́то сказа́ть. — If that is incorrect, say how to make it correct.
Раздели́те текст на коро́ткие абза́цы. — Divide the text into short paragraphs.
Расскажи́те о … — Tell about...
Расскажи́те о них в кла́ссе. — Tell about them in class.
Реши́те, э́то пра́вильно и́ли нет. — Decide if that is correct or not.

Скажи́те, почему́ … — Say why...
Слу́шайте. — Listen!
Слу́шайте и говори́те. — Listen and say (repeat).
Смотри́те на страни́цу … — Look at page...
Соста́вьте диало́ги. — Compose dialogues.
Спроси́те друг дру́га. — Ask one another.
Сравни́те. — Compare.
Счита́йте так … — Count this way...
Сыгра́йте ро́ли … — Play the roles...
Так говоря́т: … Так пи́шут: … — (Russians) say it this way:... write it this way:
Чита́йте. — Read!

Grammar Overview

—   Words in boxes "You already recognize/Это вы уже понимаете" are assumed to have already been learned in the later lessons.

—   Words marked with an ° are for recognition only.

<>   Vocabulary items in sections or exercises in brackets are optional. They are printed in the vocabulary in plain (not **bold**) text.

Pers.	= person	*f.*	= feminine
Sg.	= singular	*m.*	= masculine
Pl.	= plural	*n.*	= neuter
inf.	= infinitive	*indecl.*	= indeclinable, i.e., the word does not change form in any case
pf.	= perfective aspect		
impf.	= imperfective aspect	*coll.*	= colloquial speech
def.	= definite	*not used*	= these forms not used
indef.	= indefinite	*refl.*	= reflexive
Nom.	= nominative case	*Pers. Pron.*	= personal pronoun
Gen.	= genitive case	*Poss. Pron.*	= possessive pronoun
Dat.	= dative case	*Rel. Pron.*	= relative pronoun
Acc.	= accusative case	*Dimin.*	= diminutive, term of endearment
Instr.	= instrumental case	*lit.*	= literary form
Prep.	= prepositional case	*Abb.*	= abbreviation

Вводный курс

◢1▶ ШАГ

1	**Привéт!**	Hello! / Hi! / Greetings.	
	Я Вíка.	I'm Vika.	
	я	I	
	а	but, and (*contrasting items*)	Это Вíка, а это Свéта.
	Это Кóстя.	This / that is Kostya.	
	это	this / that is; these are	
	и	and	
2	**Кто это?**	Who is this / that?	
	кто	who	

	You should recognize	
3	**пáпа**	papa, dad

2 ☐ **ШАГ** ☐

1	**Как тебя зовут?**	What is your name? (How do they call you?)
	как	how
а)	**дядя**	uncle
	Как фамилия?	What is your family (last) name?
	фамилия	family (last) name
	Меня зовут ...	My name is.. (They call me...)
б)	**Там Лара.**	There is Lara.
	там	here, over there
	Как дела?	How are things?
	нормально	okay, not bad, normal
	ну	well
	Пока!	See you soon! Until next time!

Фамилия — Сорокина.

Меня зовут Костя.

You should recognize

4	**диалог**	dialogue

---

3 ☐ **ШАГ** ☐

1	**вокзал**	railroad terminal, station
	кремль	fortress, Kremlin
	озеро	lake
	почта	post office
	река	river
	собор	cathedral
	школа	school
	гид	guide, tour guide
	Что это?	What is this / that?
	что	what
	да	yes
	нет	no
	Это не театр,	That is not a theater,
	а музей.	but a museum.
	не	not
	а	but, rather
2	**город**	city

Папа — гид.

You should recognize

1	**библиотека**	library	**парк**	park
	институт	institute	**стадион**	stadium
	кинотеатр	movie theater	**театр**	theater
	клуб	club, clubhouse	**центр**	center, downtown
	музей	museum	**турист**	tourist

Cities			
1	**Но́вгород**	Novgorod *(city south of St. Petersburg)*	
			Росто́в	Rostov *(city on the lower Don)*
3	**Москва́**	Moscow *(capital of Russia)*	

Cities

1 **Но́вгород** — Novgorod *(city south of St. Petersburg)*

3 **Москва́** — Moscow *(capital of Russia)*

Санкт-Петербу́рг — St. Petersburg *(former capital of Russia)*

Омск — Omsk *(city in Siberia)*

Новосиби́рск — Novosibirsk *(largest city in Siberia)*

Ирку́тск — Irkutsk *(city in southern Siberia)*

Росто́в — Rostov *(city on the lower Don)*

Влади́мир — Vladimir *(city east of Moscow)*

Су́здаль — Suzdal *(ancient city east of Moscow)*

Ки́ев — Kiev *(capital of Ukraine)*

Минск — Minsk *(capital of Belarus)*

Rivers

3 **Во́лга** — Volga *(longest river in European part of Russia)*

Дон — Don *(river in European part of Russia)*

Обь *(f.)* — Ob *(river in western Siberia)*

Енисе́й — Yenisey *(river in Siberia)*

Ле́на — Lena *(river in Siberia)*

Аму́р — Amur *(river in far east of Russia)*

Днепр — Dnieper *(river that flows through Russia and Ukraine)*

4 ШАГ

1	**Вот они́.**	Here they are.	
	вот	here is/are	
	они́	they *(3rd Pers. Pl.)*	
	он	he, it *(3rd Pers. Sg.)*	
	идёт	(he, she, it) is going (on foot)	
	в *(with Acc. case)*	to, into	Он идёт в теа́тр.
	она́	she, it *(3rd Pers. Sg.)*	
	куда́	where, where to	Куда́ она́ идёт?
	иду́т	(they) are going	Они́ иду́т в шко́лу.
3	**авто́бус в центр**	bus to the center	
	авто́бус	bus	
	е́дет	(he, she, it) is going	Авто́бус е́дет в го́род.
	на *(with Acc. case)*	to, onto	на по́чту; на стадио́н; на вокза́л; на о́зеро
	е́дут	(they) are going (by vehicle)	Они́ е́дут в Москву́.
5	**и́ли**	or	

You should recognize

3	спортсмéн	athlete
4	мáма	mama, mom
6	кинó *(indecl.)*	cinema, movies

7	ребя́та	kids, guys *(also as form of address)*	Ребя́та иду́т в кинó.
а)	ты	you *(2nd Pers. Sg).*	
	идёшь	you are going, walking	Ты идёшь в музéй?
	иду́	I am going, walking	Я иду́ в библиотéку.
	вы	you *(2nd Pers. Pl. and polite)*	
	идёте	you are going, walking *(2nd Pers. Pl. and polite)*	Куда́ вы идёте?
	мы	we	
	идём	we are going *(1st Pers. Pl.)*	Мы идём в шкóлу.
	домóй	home (with motion)	Они́ иду́т домóй.
б)	спаси́бо	thank you	
	хорошó	well, good, fine	
	éдете	you are riding, driving *(2nd Pers. Pl. and polite)*	Куда́ вы éдете?
	éдем	we are riding, driving	Мы éдем в Омск.
	éдешь	you are riding *(2nd Pers. Sg.)*	Куда́ ты éдешь?
	тóже	also, too	
	éду	I am riding *(1st Pers. Sg.)*	Я éду в Москву́.
	здóрово *(coll.)*	great, super, wonderful	
	Поéдем!	Let's get going! We're going!	
	вмéсте	together	Поéдем вмéсте!
8	идти́	go by foot, walk	
	я иду́		
	ты идёшь		
	они́ иду́т		
	Пойдём!	Let's get going. (on foot) We're going! (on foot)	
9	éхать	go by vehicle, ride, drive	
	я éду		
	ты éдешь		
	они́ éдут		
	но	but	

Tongue Twister

12	Шла Сáша по шоссé и сосáла су́шку.	Sasha was walking along the highway and sucking on a dry pretzel.

5 ШАГ

1 **Где они́?**	Where are they?	
где	where	
Во́ва в клу́бе.	Vova is at the club.	
в *(with Prep. case)*	in, at, inside	в шко́ле; в институ́те
на *(with Prep. case)*	in, at, on	на по́чте; на стадио́не
игра́ть	play	
я игра́ю		
ты игра́ешь		
они́ игра́ют		
рабо́тать	work	
я рабо́таю		
ты рабо́таешь		
они́ рабо́тают		
Она́ гид.	She is the (tour) guide.	
чита́ть	read	
я чита́ю		
ты чита́ешь		
они́ чита́ют		
де́лать	do, make	
я де́лаю		
ты де́лаешь		
они́ де́лают		
отдыха́ть	relax, rest, vacation	
я отдыха́ю		
ты отдыха́ешь		
они́ отдыха́ют		
слу́шать	listen (to)	
я слу́шаю		
ты слу́шаешь		
они́ слу́шают		
до́ма	at home	Они́ до́ма.
де́лать уро́ки	do homework, lessons	
4 **Что за вопро́с!**	What a question!	
вопро́с	question	
Ха-ха-ха!	Ha-ha-ha!	
Вы не зна́ете, где Ко́стя?	Do you know where Kostya is?	
знать	know	
я зна́ю		
ты зна́ешь		
они́ зна́ют		
Эй!	Hey!	
Стари́к *(coll.)*	Old man!	
Дава́й …! Дава́йте …! *(with inf.)*	Let's … ! Let us ….! Do we want to…!	Дава́йте рабо́тать!
игра́ть в бадминто́н	play badminton	
игра́ть в волейбо́л	play volleyball	
5 **Робинзо́н Кру́зо**	Robinson Crusoe *(novel by D. Defoe)*	
6 **оно́**	it *(Pers. pron. 3rd Pers. Sg. neuter)*	Где о́зеро? — Вот оно́.

Tongue Twister

Ка́рл укра́л у Кла́ры кора́ллы,	Carl stole Clara's coral;
Кла́ра укра́ла у Ка́рла кларне́т.	Clara stole Carl's clarinet.

6 ШАГ

1	**оте́ц**	father	
	мать *(f.)*	mother	
	сын	son	
	дочь *(f.)*	daughter	
	ещё	still, yet	Ко́стя ещё не рабо́тает.
	учени́ца	schoolgirl	
	учени́к	schoolboy	
	жить	live	Ви́ка живёт в Но́вгороде.
	я живу́		
	ты живёшь		
	они́ живу́т		
	в одно́м подъе́зде	in the same wing *(of a building complex)*	
	подъе́зд	wing, entrance *(of a building complex)*	
2	**Кто они́?**	Who are they?	
3	**и́мя** *(n.)*	name, first name	
	о́тчество	patronymic *(from father's name)*	
4	**расска́зывать**	tell, narrate	
	я расска́зываю		
	ты расска́зываешь		
	они́ расска́зывают		
6	**игра́ть в ка́рты**	play cards	
8	**ру́сский алфави́т**	Russian alphabet	

Tongue Twister

6	Ти́ше, мы́ши,	Quiet, mice,
	кот на кры́ше,	the cat is on the roof,
	а котя́та ещё вы́ше.	but the kittens are even higher.

Уро́к 1

A **Игра́ет рок-гру́ппа „А́виа"**

А́виа	Avia (Russian rock group)	
1a) **у́тром**	in the morning	
стоя́ть	stand	Ви́ка и Све́та стоя́т в подъе́зде.
я стою́		
ты стои́шь		
они́ стоя́т		
говори́ть	speak, talk, say	
я говорю́		
ты говори́шь		
они́ говоря́т		
о (*with Prep. case*)	about	Они́ говоря́т о Москве́.
друг	friend (*m.*)	
подру́га	friend (*f.*)	
то́лько	only, just	В Но́вгороде я зна́ю то́лько кремль.
пло́хо	poorly	Он пло́хо зна́ет Но́вгород.
б) **когда́**	when	Когда́ они́ игра́ют?
смотре́ть	look, look at, watch	Они́ смо́трят телеви́зор.
я смотрю́		
ты смо́тришь		
они́ смо́трят		
афи́ша	poster	Они́ смо́трят на афи́шу.
люби́ть	love, like to	Я люблю́ ма́му. Она́ лю́бит рок-му́зыку.
я люблю́		
ты лю́бишь		
они́ лю́бят		
коне́чно [-шн-]	of course, naturally	
пе́сня	song	
До свида́ния!	Good-bye.	
сего́дня [-во́-]	today	
ве́чером	in the evening	
в) **все**	everyone, all	
°**До но́вых встреч!**	Till we meet again!	
	Until our next meeting!	

	Это вы уже́ понима́ете (You should already understand)			
	рок-гру́ппа	rock group	б) **коридо́р**	corridor, hallway
1	**конце́рт**	concert	**гру́ппа**	group
a)	**интере́сно**	interesting	**рок-му́зыка**	rock music
	прови́нция	province	4 **телеви́зор**	television

4	**Алло́?**	Hello! *(on the telephone)*
	о́чень	very

Б В кла́ссе

1	**неде́ля**	week	
a)	**понеде́льник**	Monday	
	в *(with Acc. case)*	on	в понеде́льник
	вто́рник	Tuesday	во вто́рник
	среда́	Wednesday	в сре́ду
	четве́рг	Thursday	в четве́рг
	пя́тница	Friday	в пя́тницу
	суббо́та	Saturday	в суббо́ту
	воскресе́нье	Sunday	в воскресе́нье
3	**расписа́ние**	schedule	
	ру́сский язы́к	Russian (language)	
	неме́цкий язы́к	German (language)	
	физкульту́ра	physical education	
	англи́йский язы́к	English (language)	

	Это вы уже́ понима́ете (You should already understand)				
	класс	class, school grade		**биоло́гия**	biology
3	**фи́зика**	physics		**хи́мия**	chemistry
	матема́тика	mathematics		**геогра́фия**	geography
	литерату́ра	literature	4	**стул**	chair, stool
	исто́рия	history			

4	**доска́** *(Acc.* до́ску*)*	chalkboard	
	кассе́тник	cassette recorder	
	стол *(Prep.* на столе́*)*	table, desk	Что лежи́т на столе́?
	уче́бник	textbook	
	ру́чка	pen	
	каранда́ш	pencil	
	тетра́дь *(f.)*	notebook	
	су́мка	handbag, bag	
	дневни́к	diary, assignment book	
	сле́ва	on the left	
	спра́ва	on the right	
a)	**лежа́ть**	lie	Уче́бники лежа́т на столе́.
	я лежу́		
	ты лежи́шь		
	они́ лежа́т		
	висе́ть *(1. and 2. Pers.*	hang	Афи́ша виси́т в коридо́ре.
	not used)		
	он, она́, оно́ виси́т		
	они́ вися́т		

5	мой, моя́, моё; мой	my	мой оте́ц; моя́ мать; моё бюро́; мои́ подру́ги
	твой, твоя́, твоё; твои́	your	твой кассе́тник; твоя́ ру́чка; твоё расписа́ние; твои́ уче́бники
	учи́тельница учи́тель	schoolteacher *(f.)* schoolteacher *(m.)*	

◆ В Мой класс

6	запи́ска	note, brief letter	
	уро́к	lesson, class session	на уро́ке му́зыки
	Серге́й Проко́фьев	Sergei Prokofiev *(Russ. composer: 1891–1953)*	
	„Пе́тя и Волк"	*Peter and the Wolf (opera by S. Prokofiev)*	
	волк	wolf	
	пи́шет	he/she writes *(3rd Pers. Sg.)*	Он пи́шет на доске́.

	я пишу́
	   ты пи́шешь
	   они́ пи́шут		

	пока́зывать	show	Она́ пока́зывает подру́ге уче́бник.

	я пока́зываю
	   ты пока́зываешь
	   они́ пока́зывают		

8	к *(with Dat.)*	toward, up to	Она́ идёт к доске́.
11	уже́	already	
	с *(with Instr.)*	with (together with)	Во́ва говори́т с Ви́кой и Дени́сом.
	и	also, too	На конце́рте и Во́ва.
13	переме́на	break, recess in school	на переме́не
15	игра́ть в футбо́л	play soccer	На переме́не ребя́та игра́ют в футбо́л.

Э́то вы уже́ понима́ете (You should already understand)				
8	телефо́н	telephone	15 **футбо́л**	soccer
	дире́ктор	director		

◆ Г На уро́ке литерату́ры

1	„Нос"	"The Nose" *(short story by N. Gogol)*	
	нос	nose	
	звоно́к	a ring, the bell	звоно́к на переме́ну
	кабине́т	office, room	кабине́т фи́зики; кабине́т дире́ктора
	Никола́й Васи́льевич Го́голь	Nikolai Vasilievich Gogol *(Russ. writer: 1809–1852)*	

расска́з	short story, narrative	
Ох!	Oh! Ah!	
опя́ть	again, once more	
берёт	he/she takes	Он берёт каранда́ш.
я беру́		
ты берёшь		
они́ беру́т		
рису́ет	he/she draws	Во́ва рису́ет нос Ви́ки.
я рису́ю		
ты рису́ешь		
они́ рису́ют		
Ага́!	Aha!	
неплохо	not bad, okay	

Э́то вы уже́ понима́ете (You should already understand)

1	**те́ма**	theme, topic
	портре́т	portrait, picture

2	**пра́вильно**	right, correct
	непра́вильно	false, incorrect
6	**ску́чно** [-шн-]	boring

Урок 2

О Дава́йте счита́ть

счита́ть [щ-]	count

ско́лько	how many, how much	
бу́дет	is, will be, equals *(in math)*	Ско́лько бу́дет 2 + 3?
да́льше	further, next	Как да́льше?

Э́то вы уже́ понима́ете

плюс	plus
ми́нус	minus

А О Све́те и Ви́ке

1	**друзья́** *(Nom. Pl. of* друг)	friends	
	из *(with Gen. case)*	from, out of	из Но́вгорода; из Москвы́
	давно́	a long time, for a long time	Она́ давно́ живёт в Но́вгороде.

фигури́ст	figure skater	
как и я	as do I, me too	
год/го́да/лет	year(s)	Ему́ то́лько год. Ей 2 (3, 4) го́да. Ему́ 5 лет.
Ему́ 13 лет.	He is thirteen years old.	
де́вочка	(little) girl	
здесь	here	
Её зову́т Али́на.	Her name is Alina.	
фигури́стка	female figure skater	
сестра́ (*Pl.* сёстры)	sister	
ча́сто	often	Он мне ча́сто пи́шет.
2 Ско́лько ... лет?	How old is...?	Ско́лько ему́ лет?
(with Dat. case of		Ско́лько ей лет?
personal pronoun)		Ско́лько тебе́ лет?
Как ... зову́т?	What is ....name?	Как её зову́т?
(with Acc. case of		Как его́ зову́т?
personal pronoun)		Как тебя́ зову́т?
4 Михаи́л Горбачёв	Mikhail Gorbachev (Russ. politician)	
А́лла Пугачёва	Alla Pugacheva (Russ. rock singer)	
Валенти́на Терешко́ва	Valentina Tereshkova (Russ. cosmonaut, first woman in space, 1963)	
Дми́трий Менделе́ев	Dmitry Mendeleev (Russ. chemist, author of periodic table of elements)	
5 в одно́м кла́ссе	in the same class/grade	
брат	brother	Ко́стя — брат Ви́ки.
дава́ть	give	Ла́ра даёт Ви́ке уче́бник.
я даю́		
ты даёшь		
они́ даю́т		
помога́ть	help, give assistance	Ви́ка ча́сто помога́ет Ла́ре.
6a) У меня́ есть ...	I have	У меня́ есть сестра́.
(with Nom. case)		
У меня́ нет ...	I don't have	У меня́ нет бра́та.
(with Gen. case)		
7 Что у тебя́ есть?	What do you have/own?	

Э́то вы уже́ понима́ете

| 1 фо́то *(indecl.)* | photo | 5 кассе́та | cassette |
| тре́нер | trainer/coach | биле́т | (entrance) ticket (bus, train) ticket |

◆ **Б** | **Росси́я**

Росси́я	Russia	
се́вер	north	на се́вере
восто́к	east	на восто́ке
за́пад	west	на за́паде
юг	south	на ю́ге

1	страна́	country	
	хо́лодно	cold	
	зимо́й	in winter	В Нори́льске зимо́й о́чень хо́лодно.
	со́лнце све́тит	the sun is shining	
	со́лнце [-óн-]	sun	Сего́дня со́лнце не све́тит.
	столи́ца	capital city	
	недалеко́	not far away, nearby	
	от *(with Gen. case)*	from, away from	Мы живём недалеко́ от Москвы́.
	мо́ре	sea	Она́ е́дет на мо́ре.
			Он отдыха́ет на мо́ре. Мы живём недалеко́ от мо́ря.
	порт	port	
	течёт	flows *(3rd Pers. Sg.)*	Река́ течёт на юг.
	ба́бушка	grandma, grandmother	
3	тётя	aunt	
	де́душка	grandpa, grandfather	
4	семья́	family	Я зна́ю семью́ Ви́ки.

Э́то вы уже́ понима́ете

1	температу́ра	temperature		4	капита́н	captain
	кана́л	canal			био́лог	biologist
	куро́рт	health (curing) resort		6	журна́л	journal, magazine
	бу́хта	bay (bight)			гита́ра	figure
3	но́мер	number			фигу́ра	guitar
	кузи́на	female cousin				

Геогра́фия

1	Нори́льск	Norilsk *(city in northwest Siberia)*			Кавка́з	Caucasus *(mountains between the Black Sea, the Sea of Azov, and Caspian Sea)*
	Москва́-река́	Moscow/Moskva *(river that flows through Moscow)*			Со́чи	Sochi *(resort city on the Black Sea)*
	Нева́	Neva *(river that flows through St. Petersburg to the Gulf of Finland)*			бу́хта Ба́бушка	Babushka Bay *(tiny bay on Lake Baikal)*
	Во́лхов	Volkhov *(river that flows through the city of Novgorod)*			Байка́л	Baikal *(largest lake in southeast, deepest freshwater lake in the world)*
	Йльмень	Ilmen *(lake near Novgorod)*				
	Владивосто́к	Vladivostok *(city in the far east on the Sea of Japan)*		2	Му́рманск	Murmansk *(port city on the Barents Sea)*
	Волгогра́д	Volgograd *(city on the Volga River)*			Оренбу́рг	Orenburg *(city on the Ural River in southwestern part of Ural Mountains)*

Магада́н	Magadan (*port city in far east*)	Ура́л	Ural (*river that flows from southern Urals to Caspian Sea*)
Екатеринбу́рг	Ekaterinburg (*city in middle of Urals*)	Ура́л	Ural (*mountain region running north to south in eastern European Russia; boundary between Europe and Asia*)
Ту́ла	Tula (*old Russian city south of Moscow*)		

В | В шко́ле дискоте́ка

1	У кого́ [-во́-] ... (есть)?	Who has ....(owns)?	
	у *(with Gen.)* (есть)	has (owns)	У Ла́ры есть гита́ра.
	у него́ [-во́-] есть ...	he has (owns)	У него́ есть фотоаппара́т.
	у неё есть ...	she has (owns)	У неё есть видеофи́льм.
	у Во́вы нет ...	Vova doesn't have	У Во́вы нет гита́ры.
	(with Gen. case)		
2	Кого́ [-во́-] нет?	Who is not here (absent)?	
	нет *(with Gen. case)*	is not here, is absent, is not present	Све́ты нет.
			Кассе́тника нет.
	её/его́ нет	she/he is not here	
3	всегда́	always	
4	ду́мать	think	О ком ты ду́маешь?
8	спра́шивать	ask (a question)	О ком Ни́на спра́шивает Ива́на?
⟨11б⟩	пого́да	weather	

Э́то вы уже́ понима́ете

	дискоте́ка	disco	8	хи́мик	chemist
1	фотоаппара́т	camera for photos	⟨11⟩	радиопрогра́мма	radio program
	видеофи́льм	video film	⟨а⟩	результа́т	result
2	грипп	flu, grippe		гандбо́л	handball
	экза́мен	exam		спортлото́	sport lottery

Геогра́фия

| 10 | Ла́дога | Ladoga (*lake northeast of St. Petersburg*) | Крым | Crimea (*peninsula between Sea of Azov and Black Sea*) |
| | Калу́га | Kaluga (*city south of Moscow*) | Ри́га | Riga (*capital city of Latvia*) |

Скорогово́рка (Tongue Twister)

| 10 | Эй, вы, львы, не вы ли вы́ли у Невы́? | Hey, you lions, weren't you the ones howling at the Neva? |

Надя пишет письмо

письмо	letter	
1 Вике интересно ...	That interests Vika...	
	Vika would like to know...	
спасибо за *(with Acc.)*	thank you for	Спасибо за письмо.
летом	in summer	
потому что	because	Его сегодня нет, потому что
		у него грипп.
прогноз погоды	weather forecast	
погода	weather	
ветер	wind	
Ужас!	Horrible! Terrible!	
почему	why	Почему её нет?
работа	work	Она на работе.
мальчик	boy	

Это вы уже понимаете		
1 тундра	tundra *(treeless plains)*	
тайга	taiga *(Siberian forests)*	

4 отвечать	to answer	Вика отвечает Наде на письмо.
		Ты отвечаешь учительнице
		на вопрос.
6 далеко	far, far away from	Это далеко от школы.

⟨7⟩ **Song: Oh My Dearest**

She: Oh my dearest,
Take me with you!
There in a far away place
I will be a wife to you.

He: Oh my dearest,
I would take you with me,
But in that far away place
I already have a wife!

She:...
I will be a sister to you.

He:...
I already have a sister!

She:...
I will be a stranger to you.

He:...
I don't need a stranger!

She: Oh my dearest,
The devil take you.
There in a far away place
I have another.

Урок 3

Новгород — старый город

старый	old	старый город; старая ручка;
		старое фото; старые книги
какой	what kind of, which	Какая сегодня погода?
		Какое это озеро?
улица	street	Какая это улица?

у́лица Соле́цкая	Soletskaya Street	
Посмотри́(те)!	Look! Look at that!	Посмотри́те на до́ску!
ма́ленький	small, tiny	ма́ленький го́род; ма́ленькая де́вочка; ма́ленькое о́зеро
за *(with Instr. case)*	behind	за собо́ром; за библиоте́кой
Дети́нец	Detinets *(name of the Novgorod kremlin-fortress)*	
новгоро́дский	Novgorodian	
интере́сный	interesting	
ме́сто *(Pl.* места́*)*	place, seat	Э́то о́чень интере́сное ме́сто.
стена́ *(Acc.* стену́*: Pl.* сте́ны*)*	wall	На стене́ виси́т ка́рта.
Софи́йский собо́р	St. Sophia's Cathedral	
большо́й	large, big	больша́я семья́
зда́ние	building	большо́е зда́ние
истори́ческий	historical	
карти́на	painting, picture	
неинтере́сно	uninteresting	Э́то неинтере́сно.
краси́вый	pretty, beautiful, handsome	краси́вая шко́ла; краси́вое ме́сто
Скажи́(те)!	Tell me!	
магази́н	store, shop	Он в магази́не.
но́вый	new	но́вые рестора́ны; но́вая су́мка; но́вое зда́ние

Э́то вы уже́ понима́ете

1 икóна	icon	

---

2 дом	home, house	
ру́сский	Russian	ру́сская пе́сня
4 молодо́й	young	молода́я учи́тельница
а) гуля́ть	take a walk, stroll	Мы ча́сто гуля́ем в па́рке.
симпати́чный	nice, attractive	Она́ симпати́чная.
наве́рно(е)	probably, likely	Э́то, наве́рно(е), твоя́ сестра́?
Ой!	Oh! Ouch! *(to express fright or pain)*	
де́ти *(Pl.)*	children	ма́ленькие де́ти
б) всё	all, everything	Э́то всё.
5 одна́, одно́ *(f. and n. of* оди́н*)*	one, a, single	одна́ де́вочка; одно́ ме́сто
две *(f. of* два*)*	two	две подру́ги
и …, и …	both....and...	Недалеко́ от шко́лы есть и рестора́н, и кафе́.

Э́то вы уже́ понима́ете

4а) студе́нт	student	5 бассе́йн	swimming pool *(rel. to* basin)

6	**дере́вня**	the country	Она́ живёт в дере́вне.
7	**соба́ка**	dog	две соба́ки
	попуга́й	parrot	
	кот (-á, -ý, …)	cat	два кота́; коту́ три го́да

Б Кварти́ра

	кварти́ра	apartment	
1	**Заходи́(те)!**	Come in! Come on over.	
	пожа́луйста	please	Скажи́те, пожа́луйста, где здесь кабине́т дире́ктора.
	гости́ная	living room	
	под (*with Instr.*)	under	под столо́м; под кни́гой
	ко́мната	room	
	спа́льня	bedroom	
	окно́ (*Pl.* о́кна)	window	
	пря́мо	straight ahead	Пойдём пря́мо!
	ва́нная	bathroom	
	ря́дом с (*with Instr.*)	next to, alongside of	Он стои́т ря́дом со мной.
	ку́хня	kitchen	Они́ рабо́тают на ку́хне.
	пе́ред (*with Instr.*)	before, in front of	пе́ред до́мом; пе́ред шко́лой
	кре́сло	armchair	Каки́е краси́вые кре́сла!
3	**шка́ф** (в, на *with Prep.* -ý)	closet	Су́мка лежи́т в шкафу́.
	дива́н	couch, sofa	
	К чему́ ей всё э́то?	What do you need all this for?	
	кни́га	book	
	по́лка	bookshelf	
	над (*with Instr.*)	over, above	над дива́ном; над по́лкой
	мечта́	dream, daydream	
6	**беспоря́док**	disorder, a mess	
	пол (в, на *with Prep.* -ý)	floor	*Куда́?* на́ пол На полу́ лежи́т кни́га.
	нехорошо́	not good, not okay	
	Положи́(те)!	Lay it down.	Положи́ всё на ме́сто!
	Поста́вь(те)!	Stand it up!	Поста́вьте телеви́зор на́ пол!
	у́гол (в, на *with Prep.* -углу́)	corner	Кре́сло стои́т в углу́.

Э́то вы уже́ понима́ете

1	**балко́н**	balcony	5	**ла́мпа**	lamp
	туале́т	toilet, bathroom			

В О нас, о вас, о них

1a)	**о себе́** (*refl.*)	about oneself / about me/ about you / about us
	у́лица Свобо́ды	Street of Freedom

б)	сейча́с	right now, this instant	
	Э́то ничего́.	That's all right! That doesn't matter.	
3	образе́ц	example, sample	
	Расскажи́(те)!	Tell me!	Расскажи́(те) о себе́!
4	°Осторо́жно!	Careful! Watch out!	

Э́то вы уже́ понима́ете

4	эта́ж (-а́, -у́, . . .)	floor, story, (*rel. to* etagère)

6	Здра́вствуй(те)!	Hello!	
	[-а́ст-]		
7	дверь (*f.*)	door	дверь ко́мнаты
⟨10⟩	по (*with Acc.*)	for (with numbers)	
	роди́тель	father (*archaic*), parent	
	Догада́лись?	Have you guessed?	

Г ◆ **Меня́ю кварти́ру**

	меня́ть (*with Acc.*)	change, exchange	Я меня́ю ру́чку на каранда́ш.
1	объявле́ние	notice, announcement	
	понима́ть	understand, comprehend	Он всё понима́ет. Ты э́то понима́ешь?
	челове́к	person	
	молодо́й челове́к	young man	
	мно́го	much, a lot, many	Учи́тель мно́го чита́ет.
	газе́та	newspaper	
	тепе́рь	now	
	°В тесноте́, да не ♪ в оби́де.	In tight quarters, but not offended.	

Э́то вы уже́ понима́ете

1	да́ча	dacha, summer house, cottage	Ле́том они́ живу́т на да́че.
	ко́ккер-спаниель [-иэ́-]	cocker spaniel	
	маши́на	automobile, machine	Они́ е́дут на маши́не.

Уро́к 4

О ◆ **У́тром, ве́чером и днём**

	днём	during the day, afternoon	
1	Кото́рый час?	What time is it? What's the hour?	
a)	час (-а́, -о́в)	time, hour, o'clock	Сейча́с час. Сейча́с два (три, четы́ре) часа́. Сейча́с пять (шесть …) часо́в.

⟨2⟩	Вече́рний звон	evening sound (of bells)
	ду́ма *(archaic)*	memory
	наводи́ть	bring, lead
	о ю́ных днях	about days of youth
	в краю́ родно́м	in the homeland
	люби́л	loved
	о́тчий дом *(archaic)*	house of my father
	с ним наве́к простя́сь	in parting from it/him forever
	слу́шал	heard
	в после́дний раз	for the last time

A   Оди́н день в семье́

	день	day	оди́н день
1	**так**	so, thus	Это так интере́сно!
	тру́дно	difficult, hard	Это всегда́ о́чень тру́дно.
	у́тро	morning	Шесть часо́в утра́.
	спать	sleep	Ви́ка ещё спит.
	я сплю		Мы мно́го спим.
	ты спишь		
	они́ спят		
	встава́ть	arise, get up, stand up	Во́ва ещё не встаёт.
	я встаю́		Когда́ вы встаёте?
	ты встаёшь		
	они́ встаю́т		
	гото́вить	prepare, cook	
	я гото́влю		
	ты гото́вишь		
	они́ гото́вят		
	за́втрак	breakfast	Па́па гото́вит за́втрак.
	пото́м	then, later, afterwards	
	буди́ть	wake	Ма́ма бу́дит сы́на.
	я бужу́		Я бужу́ тебя́.
	ты бу́дишь		
	они́ бу́дят		
	в *(with Acc.)*	at (...o'clock)	В шесть часо́в мы встаём.
	за́втракать	eat breakfast, have breakfast	Мы за́втракаем вме́сте.
	по *(with Dat.)*	through, about	Он гуля́ет по па́рку.
	обе́дать	have midday meal, dine	В двена́дцать часо́в они́ обе́дают.
	по́сле *(with Gen.)*	after	по́сле за́втрака; по́сле шко́лы
	обе́д	lunch, midday meal	По́сле обе́да у них экску́рсия по го́роду.
	ве́чер	evening	В семь часо́в ве́чера она́ идёт в теа́тр.
	приходи́ть	come, arrive	В во́семь часо́в мы прихо́дим в шко́лу.
	я прихожу́		
	ты прихо́дишь		
	они́ прихо́дят		

ýжин	supper, evening meal	Онá готóвит ýжин.
сидéть	sit	Где они́ сидя́т?
я сижý		
ты сиди́шь		
они́ сидя́т		
за столóм	at the table	Все сидя́т за столóм.
ýжинать	have supper, have the evening meal	Сегóдня вéчером мы ýжинаем в ресторáне.
убирáть	clean up, straighten up, pick up	Пóсле ýжина папа убирáет кýхню.
3 **наконéц**	finally, at last	Пóсле ýжина мы наконéц отдыхáем.
5 **писáть**	write	Ты пи́шешь письмó?
я пишý		Вы пи́шете запи́ску?
ты пи́шешь		
они́ пи́шут		

Это вы ужé понимáете

1	**экскýрсия**	excursion, trip	6	**фильм**	film
	ресторáн	restaurant			

Б Прия́тного аппети́та!

Прия́тного [-во] аппети́та!	Bon appetit! Enjoy your meal!	
1 **столóвая**	cafeteria, dining room	
котлéта	cutlet, hamburger	
компóт	compote (juice with fruit)	
почти́	almost	почти́ все ученики́
есть	eat	Что ребя́та едя́т на обéд? Мы еди́м котлéты.
я ем		
ты ешь		
он, онá, онó ест		
мы еди́м		
вы еди́те		
они́ едя́т		
бутербрóд [-тэр-]	sandwich	
соси́ска	hot dog	
пить	drink	Мы пьём компóт. Что вы пьёте?
я пью		
ты пьёшь		
они́ пьют		
молокó	milk	Дéти пьют молокó.
чай	tea	
завóд	plant, factory	Он рабóтает на завóде.
рис	rice	Мáма готóвит рис.
морóженое	ice cream	Дéти лю́бят морóженое.
ры́ба	fish	
картóшка (*without Pl.*)	potato(es)	Я люблю́ картóшку.

ку́рица	chicken	
вода́ (*Acc.* во́ду)	water	Они пьют во́ду.
вку́сно	tasty, delicious	Всё о́чень вку́сно.
вку́сный	a tasty, a delicious	вку́сный суп; вку́сные сосйски
2 что	that (*as conj.*)	Как хорошо́, что ты здесь.

Это вы уже́ понима́ете

1 аппети́т	appetite	пюре́ [-рэ] (*indecl.*)	puree
интервью́ [-эр-] (*n.; indecl.*)	interview	сала́т	lettuce, salad
		ко́фе (*m. indecl.*)	coffee
суп	soup	лимона́д	soft drink (not lemonade)

В ◆ **За столо́м**

1 голо́дный	hungry	По́сле волейбо́ла Ла́ра всегда́ голо́дная.
хоте́ть	want, wish to	Что вы хоти́те есть и пить?
я хочу́		
ты хо́чешь		
он, она́, оно́ хо́чет		
мы хоти́м		
вы хоти́те		
они́ хотя́т		
кусо́к (чего́)	piece (of the whole), item	
хлеб	bread	кусо́к хле́ба
таре́лка	plate	таре́лка су́па
стака́н	glass	стака́н ча́ю
буты́лка	bottle	буты́лка молока́
ча́шка	cup	Па́па пьёт ча́шку ко́фе.
3 хоро́ший	good	хоро́шее молоко́
7 ску́чный [-шн-]	boring	ску́чная кни́га
плохо́й	poor, bad	плоха́я пого́да
краси́во	pretty, lovely, beautiful	Здесь о́чень краси́во.

Это вы уже́ понима́ете

4 килогра́мм	kilogram	7	програ́мма	program
литр	liter			

Г ◆ **Рыба́лка на льду́**

°рыба́лка (*coll.*)	fishing	Ребя́та иду́т на рыба́лку.
лёд (*Prep.* на льду́)	ice	
1 мы с Ви́кой	Vika and I	
лови́ть	catch	Па́па ло́вит ры́бу.
я ловлю́		
ты ло́вишь		
они́ ло́вят		

ходи́ть на лы́жах	ski (cross-country)	Мы с Ви́кой хо́дим на лы́жах.
я хожу́	go skiing	
ты хо́дишь		
они́ хо́дят		
я́щик	box, carton	
°**часи́к** (*Dimin. of* час)	little hour (quick hour)	
у нас бу́дет …	we will have	У нас бу́дет больша́я ры́ба.
холоди́льник	refrigerator	
°**ры́бная соля́нка**	fish soup	
°**рыболо́в**	fisherman	

Э́то вы уже́ понима́ете

1 | тéрмос [тэ́-] | Thermos

Уро́к 5

0 | **Свобо́дное вре́мя**

свобо́дное вре́мя	free time	в свобо́дное вре́мя
свобо́дный	free	свобо́дная страна́
вре́мя (*n.*)	time	
°**анке́та**	questionnaire, form	
обы́чно	usually	Обы́чно он встаёт в 6 часо́в.
ходи́ть	go on foot; visit	В суббо́ту она́ обы́чно хо́дит
я хожу́		на дискоте́ку.
ты хо́дишь		
они́ хо́дят		
трениро́вка	training, practice	на трениро́вке; Мы хо́дим
		на трениро́вки.
всё вре́мя	all the time, the whole time	
страни́ца	page	на страни́це 26

Э́то вы уже́ понима́ете

компью́тер	computer	**результа́т**	result
кафе́	café		

Results for the questionnaire on page 64.

Points:

1. а) 0	б) 2	в) 4	г) 6	0–3	You lead a very comfortable life. A little more activity couldn't hurt.
2. а) 2	б) 4	в) 0	г) 6	4–8	The good life is most important for you. Careful, too much is unhealthy.
3. а) 6	б) 0	в) 4	г) 2	9–16	You are active, but can't restrain yourself. Try spending more time in company.
4. а) 2	б) 6	в) 0	г) 4	17–24	You are very active in your free time. Aren't you on the go a little too much?

A | Спорт, спорт, спорт

1	**готóвиться** (к чемý) я готóвлюсь ты готóвишься они готóвятся	prepare oneself (for)	Он мнóго готóвится к экзáмену.
	игрá (*Pl.* ѝгры)	game	
	комáнда	team	
	встречáться (с кем)	meet (with)	Комáнда из Нóвгорода встречáется с комáндой из Москвы́.
	начинáться (*1. and 2. Pers. not used*)	begin, start	Тренирóвка начинáется в 16 часóв.
	кончáться (*1. and 2. Pers. not used*)	come to an end, end, conclude	Игрá кончáется в 18 часóв.
	находѝться я нахожýсь ты нахóдишься они нахóдятся	is found, located	Магазѝн нахóдится в цéнтре гóрода. Мы сейчáс нахóдимся в кремлé.
	ýлица Комарóва	Komarov Street (*Russ. cosmonaut*)	
	тудá	there, to there	Тудá идёт автóбус.

Это вы ужé понимáете

	спорт	sport
1	**спортзáл**	sports pavilion, gymnasium

4	°**Хорошó то, что хорошó кончáется.**	All's well that ends well.	
5	**мочь** я могý ты мóжешь он, онá, онó мóжет мы мóжем вы мóжете они мóгут	can, able to	Мы мóжем вмéсте дéлать урóки.
	фотографѝровать я фотографѝрую ты фотографѝруешь они фотографѝруют	photograph, take pictures	Свéта фотографѝрует Вóву.
	до (*with Gen.*)	up to, before, until (*time and space*)	до обéда; от Москвы́ до Владивостóка
	танцевáть я танцýю ты танцýешь они танцýют	dance	Мы танцýем на дискотéке.
	рисовáть я рисýю ты рисýешь они рисýют	draw, sketch	Онá хорошó рисýет.
6	**умéть**	can, know how (*the ability to*)	Он хорошó умéет танцевáть.

Б Чем мы занимаемся

занима́ться (чем) я занима́юсь ты занима́ешься они занима́ются	be occupied, engaged in; play a sport involved in, doing	Они занима́ются спо́ртом.

2 **интересова́ться** (чем)
я интересу́юсь
ты интересу́ешься
они интересу́ются
	interested in,
	    take an interest in
		Ви́ка интересу́ется
		    литерату́рой.
		Мы интересу́емся спо́ртом.

Пу́шкин	Pushkin (*Russ. poet:* *1799–1837*)	
Турге́нев	Turgenev (*Russ. novelist:* *1818–1883*)	
Пастерна́к	Pasternak (*Russ. novelist:* *1890–1960*)	
3 **наприме́р**	for example	

Это вы уже́ понима́ете

1			2		
хокке́й	hockey		2 **диске́та**	disk	
гимна́стика	gymnastics		3 **хо́бби** (*n. indecl.*)	hobby	
баскетбо́л	basketball (the game)		9 **турни́р**	tournament	
аэро́бика	aerobics		**моне́та**	money (coin)	
дзюдо́ (*indecl.*)	judo		**ма́рка**	stamp, German mark	
те́ннис	tennis				
гандбо́л	handball (the game)				

---

4 **перепи́сываться** (с кем)	correspond with,
	    be pen pals with
		Кто хо́чет со мной
		    перепи́сываться?

пла́вать	swim	Мы пла́ваем в о́зере.
лежа́ть на со́лнце	lie in the sun, sunbathe	

**ката́ться на
    велосипе́де**
	ride a bike	Он лю́бит ката́ться на
		    велосипе́де.

велосипе́д	bicycle	

**оди́н, одна́, одно́;
    одни́** ·
	alone	Она́ де́лает уро́ки одна́.
		    Ребя́та живу́т на да́че одни́.

де́вушка	(young) girl	
лёгкая [-хк-] **атле́тика**	track and field	
лёгкий [-хк-]	light	лёгкий за́втрак; лёгкая рабо́та

**насто́льный
    те́ннис**
	table tennis	Бори́с лю́бит игра́ть в
		    насто́льный те́ннис.

насто́льный	table	
совреме́нный	contemporary, modern, present-day	совреме́нная литерату́ра

**ката́ться на
    конька́х**
	ice-skate	Зимо́й Алёша ката́ется на
		    конька́х.

ша́хматы (*Pl.*)	chess, game of chess	Та́ня лю́бит игра́ть в ша́хматы.

иска́ть
    я ищу́
    ты и́щешь
    они и́щут
	look, search for	Я ищу́ ру́чку.

°пиани́стка	pianist	
пиани́но *(indecl.)*	piano	Ви́ка игра́ет на пиани́но.
рука́ *(Acc.* ру́ку; *Pl.* ру́ки)	hand, arm	
собира́ть	gather, collect	Учи́тель собира́ет дневники́. Я собира́ю ма́рки.
откры́тка	postcard	Вы собира́ете откры́тки?

◆ В В кинотеа́тре

1а) америка́нский	American	америка́нские спортсме́ны
Пётр Пе́рвый	Peter I *(the Great; Russ. Tsar: 1672–1725)*	
ро́дина	motherland, native land	на ро́дине
б) °вестибю́ль	vestibule	
ка́ждый	each, every	Они́ встреча́ются ка́ждую суббо́ту.
ряд *(Prep.* в ряду́)	line, row	Мы сиди́м в пе́рвом ряду́.
3 неме́цкий	German	Это неме́цкое и́мя.
6 класси́ческий	classical	класси́ческая му́зыка
8а) тру́дный	difficult, hard	тру́дный уро́к
игра́ть на пиани́но	play the piano	
музыка́льный	musical, music	музыка́льная шко́ла
°Без труда́ не вы́тащишь и ры́бку из пруда́.	No pain, no gain. *(lit.* Without effort you can't even pull a little fish from a pond.)	
совсе́м; совсе́м не	completely, not at all	Он совсе́м не лю́бит класси́ческую му́зыку.
б) к сожале́нию	unfortunately	Я, к сожале́нию, не уме́ю танцева́ть.
в) шко́льный	school	шко́льная кома́нда
°морж (-а́, -у́, . . .)	walrus *(also name for Polar Bears —people who swim in ice-cold water)*	

Это вы уже́ понима́ете

1а) **а́втор**	author, writer		7	**ка́сса**	cashier, box office
ко́смос	cosmos		8 б)	**видеосало́н**	video room, video salon
1б) **кинза́л**	cinema, movie hall				

◆ Д Моё хо́бби

1 °золоты́е ру́ки	golden hands (the golden touch)	
золото́й	gold, golden	
шить	sew	Она́ хорошо́ шьёт.
я шью		
ты шьёшь		
они́ шьют		
ю́бка	skirt	Ма́ма шьёт мне ю́бку.
°Это не по мне.	That's not for me.	

болéть *(1. and 2. Pers.*	hurts, pains	У меня ужáсно боля́т рýки.
not used)		
он, онá, онó боли́т		
они́ боля́т		
компью́терный	computer	компью́терные и́гры
игрáть на компью́тере	play a computer game	
ви́деть	see, view	Он плóхо ви́дит.
я ви́жу		
ты ви́дишь		
они́ ви́дят		
детекти́в	crime story, mystery	
неинтерéсный	uninteresting	неинтерéсная кни́га
°же	*(emphatic particle for word it follows)*	Почемý же ты не лю́бишь егó?
день рождéния	birthday	У негó сегóдня день рождéния.
подáрок (-рка; -рки)	gift	
3 шути́ть	joke	Онá лю́бит шути́ть.
я шучý		
ты шý тишь		
они́ шý тят		

Это вы ужé понимáете

| 1 | балéт | ballet | | фигýра | figure |
| | ци́фра | cipher, number | 4 | календáрь (-я́, -ю́, …) | calendar |

Урок 6

О Прáздники

прáздник [-зн-]	holiday, celebration	Мы готóвимся к прáзднику.
Нóвый год	New Year's	
С Нóвым гóдом!	Happy New Year!	
Рождествó	Christmas (*lit.* Birth [of Christ])	
С Рождествóм!	Merry Christmas!	
Пáсха	Easter	
С Пáсхой!	Happy Easter!	
новосéлье	moving in to new home, housewarming party	
С новосéльем!	Best wishes on your move to new place!	
март	March	
С днём Восьмóго мáрта!	Best wishes for March 8! *(International Women's Day)*	
С днём рождéния!	Happy Birthday!	

А Готóвимся к прáзднику

1	**наш, нáша, нáше; нáши**	our	наш учи́тель; нáша учи́тельница; нáше мéсто; нáши друзья́
	для *(with Gen.)*	for	подáрок для мáмы
	мóжет	maybe, perhaps	Мóжет, подáрок в сýмке?
	ваш, вáша, вáше; вáши	your *(Pl. or polite)*	ваш друг; вáша подрýга; вáше фóто; вáши друзья́
	вéщи *(Pl.)*	things, luggage	Нáши вéщи стоя́т на вокзáле.
	Ах!	Ah! *(expresses surprise, shock)*	
	дорогóй	dear, expensive	Дорогóй друг!; У неё óчень дорогóй велосипéд.
3	**вéсело**	happy, gay, merry	У нас всегдá óчень вéсело.
	цветóк *(Pl.* цветы́*)*	flower	
4	**гость**	guest	У нас сегóдня гóсти.
	егó *(Poss. Pron.; indecl.)*	his/its	Это егó тётя. Это егó сын. Это егó дéти.
	её *(Poss. Pron.; indecl.)*	her/its	Это её отéц. Это её мать. Это её гóсти.
	их *(Poss. Pron.; indecl.)*	their	Это их дочь. Это их сын. Это их дéти.
6	°**чей, чья, чьё; чьи**	whose	Чей это карандáш? Чья это рýчка? Чьё это мéсто? Чьи это вéщи?
a)	**конфéта**	candy, bonbon	
⟨7⟩	**чиж**	siskin, finch (a bird)	
	чи́жик *(Dimin. of* чиж*)*	little siskin	
	ничьй	no one's	

Это вы ужé понимáете

6а)	**шоколáд**	chocolate

Б Кáждый год

1	**открывáть**	open	Она открывáет окнó.

Мéсяцы

1	**январь** (-я́, …)	January	**июль**	July
	феврáль (-я́, …)	February	**áвгуст**	August
	март	March	**сентя́брь** (-я́, …)	September
	апрéль	April	**октя́брь** (-я́, …)	October
	май	May	**ноя́брь** (-я́, …)	November
	ию́нь	June	**декáбрь** (-я́, …)	December

а)	**ме́сяц**	month	Янва́рь пе́рвый ме́сяц го́да.
б)	**зима́** *(Acc. зи́му)*	winter	Я не люблю́ зи́му.
	весна́	spring	Весну́ я о́чень люблю́.
	ле́то	summer	Я люблю́ ле́то.
	о́сень *(f.)*	fall, autumn	О́сень начина́ется в сентябре́.
2	**Како́е сего́дня число́?**	What is today's date?	
⟨3 б⟩	мно́го сне́гу	much snow	
	на дворе́	outdoors; in the courtyard	
	ча́стый	often, frequent	
	до́ждик *(Dimin. of* дождь*)*	rain	
	Самуи́л Марша́к	Samuil Marshak *(Russ. writer: 1887–1964)*	
4 а)	**како́го числа́**	on what date, when *(asking for the date something occurred)*	Како́го числа́ у Во́вы день рожде́ния?
5	**ру́сский**	Russian	Ру́сские лю́бят игра́ть в ша́хматы.
	пра́здновать [-зн-] я пра́здную ты пра́зднуешь они́ пра́зднуют	celebrate	Они́ пра́зднуют его́ день рожде́ния в семье́.
	ёлка	fir tree, Christmas tree	Под ёлкой лежа́т пода́рки.
	Дед-Моро́з **Снегу́рочка**	Father Frost *(Russ. Santa Claus)* Snow Maiden *(fairy-tale heroine, she accompanies Father Frost)*	
	поздравля́ть (кого́ с чем)	congratulate, send best wishes	Я поздравля́ю тебя́ с днём рожде́ния.
	жела́ть (кому́ чего́)	wish	Я жела́ю тебе́ прия́тного аппети́та.
	здоро́вье	health	Как ва́ше здоро́вье?
	сча́стье [ща́-]	happiness, fortune, fortunately	К сча́стью, он до́ма.
	всего́ [-ево́] **хоро́шего** [-ево]	all the best	Мы жела́ем вам всего́ хоро́шего.
	получа́ть	receive, get	На Но́вый год они́ получа́ют пода́рки.
	лю́ди *(Pl. of* челове́к*)*	people	
	не́которые *(Pl.)*	some, several	не́которые лю́ди
	це́рковь *(f.)*	church	В дере́вне есть ста́рая це́рковь.
	же́нский	female, feminine, woman's	Же́нский день; же́нский туале́т; же́нская рабо́та
	же́нщина	woman	
	мужчи́на	man	молодо́й мужчи́на
	весно́й	in the spring	Весно́й лю́ди ча́сто гуля́ют по па́рку.
	яйцо́ *(Pl.* я́йца*)*	egg	
	°**кули́ч** (-а́, …)	kulich *(high cylinder-shaped Easter cake)*	

В | **День рожде́ния Во́вы**

1	**свой, своя́, своё;** **свои́** (*refl. Poss. Pron.*)	one's own	Во́ва пра́зднует свой день рожде́ния. Ви́ка игра́ет на свое́й гита́ре.
⟨4⟩	**де́ло** (*Pl.* дела́)	affair, matter	Как дела́?
	вороча́ть	turn, move	
	всяк (*archaic*)	each (one)	
	кузне́ц	blacksmith	
	земля́	land, earth	
5	**э́тот, э́та, э́то; э́ти**	this one	э́тот класс; э́та ка́рта; э́то окно́; э́ти друзья́
	весёлый	happy, light-hearted	весёлый учи́тель; весёлая пе́сня
7	**ска́зка**	fairy tale	
	Ба́ба-Яга́	Baba-Yaga (*Russ. fairy-tale witch*)	
8	**пригласи́ть**	invite	Я хочу́ пригласи́ть его́ в теа́тр.
	пригласи́ть в го́сти	invite as a guest (*to one's home*)	Я хочу́ пригласи́ть вас в го́сти.
	с удово́льствием	with pleasure	
9	**кото́рый**	who, which, that (*Rel. Pron.*)	ма́льчик, кото́рый там стои́т; кни́га, кото́рая лежи́т на столе́
⟨11⟩	**Марк Шага́л**	Marc Chagall (*Russ.-Fr. painter: 1887–1985*)	
	целова́ть	kiss	Он целу́ет подру́гу.
	ковёр	carpet, rug	

Это вы уже́ понима́ете

| ⟨4⟩ | **самова́р** | samovar (*a vessel to boil water for tea*) |
| ⟨11⟩ | **торт** | cake, torte |

Г | **Новосе́лье**

1	**приглаша́ть**	invite	Я приглаша́ю тебя́ на конце́рт.
	середи́на	middle	в середи́не ко́мнаты
	°**винегре́т**	vinaigrette (*salad made of finely sliced vegetables, or fish and eggs and sharp sauce*)	
	°**огуре́ц** (*Pl.* огурцы́)	cucumber	
	до́брый	good, kind	До́брое у́тро! До́брый день! До́брый ве́чер! до́брый челове́к
	жена́	wife	
	муж	husband	
	тут	here	Тут лежи́т ва́ша су́мка.
	друго́й	another; the other	друга́я кни́га; други́е пода́рки
	Вы́пьем за . . . (кого́/что)!	Let's drink to...!	Вы́пьем за дру́га!
	На здоро́вье!	To your health! Cheers!	

да́же	even
ко́шка	cat
Большо́е вам спаси́бо.	Thank you very much!
°молото́к	hammer
°гвоздь	nail
°Бах! Бух! Бац!	Boom! Crash! Bang!
темнота́	darkness
темно́	dark
Мя́у!	meow
°за́навес	curtain

У него́ в кварти́ре темно́.

Э́то вы уже́ понима́ете

1   дра́ма   drama
    сце́на   scene

Д ‹Всего́ хоро́шего!›

1 The Song of Gena the Crocodile

Let the pedestrians clumsily
walk through puddles,
And the water — flow over the
asphalt like a river.
And to the passersby it's unclear
Why on such an ugly day
I am so happy.

"I'm playing my accordion
In front of the passersby's eyes.
Unfortunately a birthday
Comes just once each year."

Suddenly a wizard will come by
flying in a blue helicopter
and he'll show a movie for free.
He'll wish me Happy Birthday
and will probably give me
500 Eskimo Pies as a gift.

"I'm playing on my accordion..."

---

2 Good Night!

I wish you good night
and pleasant dreams.
I want you to see
a billy goat and donkey.

From billy goat to midnight
From donkey to noon.
I wish you good night
and pleasant dreams.

---

3 What am I?

Toward the sky — a hole
Toward the floor — a hole.

In the middle — a fire
All around — water.
    (A samovar)

Урок 7

◆A Как они жи́ли

1	**быть** быть был, была́, бы́ло; бы́ли	to be	Я был(а́) в Москве́. Она́ была́ хоро́шей учи́тельницей. Он был хоро́шим ма́льчиком.
	лу́чше	better	Она́ мо́жет рабо́тать лу́чше.
	ра́ньше	earlier	Ра́ньше всё бы́ло лу́чше.
	у нас не́ было ... *(with Gen.)*	we did not have (possess)	У нас не́ было компью́тера.
	внук	grandson	Ба́бушка игра́ла с вну́ком.
2б)	**У них был** (была́, бы́ло, бы́ли) ...	they had (possessed)	

Это вы уже́ понима́ете

2б)	**самова́р**	samovar

4	**мог, могла́, могло́; могли́** *(Past of* мочь*)*	*Past of* to be able to, can	Он не мог спать.
	лес *(в with Prep.* -у́*)*	forest, woods	
	°**гриб**	mushroom	Они́ собира́ли в лесу́ грибы́.
	ката́ться на ло́дке	ride a boat, go boating	Мы ча́сто ката́лись на ло́дке.
	ло́дка	boat	
	без *(with Gen.)*	without	У неё кварти́ра без балко́на.
	ел, е́ла, е́ло; е́ли *(Past of* есть*)*	*Past of* to eat	Ка́ждый день мы е́ли ры́бу.
	целова́ть я целу́ю ты целу́ешь они́ целу́ют	kiss	Он целу́ет ей ру́ку.
6	**вчера́**	yesterday	Вчера́ была́ хоро́шая пого́да.
	снег	snow	Зимо́й у нас ча́сто лежи́т снег.

◆Б Пого́да и приро́да

	приро́да	nature	Он о́чень лю́бит приро́ду.
1	**на у́лице**	outside, on the street	Де́ти игра́ют на у́лице.
	снег идёт (шёл)	it is snowing	
	шёл, шла, шло; шли *(Past of* идти́*)*	*Past of* to go	
	моро́з	frost	В моро́з де́душка сиди́т до́ма.
	тепло́	warm	В ко́мнате бы́ло тепло́.
	дождь идёт (шёл)	it is raining	
	дождь	rain	
	си́льный	strong, powerful	У неё си́льные ру́ки.
	сла́бый	weak	сла́бый ве́тер; сла́бый челове́к
	тёплый	warm	тёплый день; тёплая ко́мната

прекра́сный	lovely, wonderful, magnificent, super	У неё прекра́сная карти́на. Он прекра́сный фигури́ст.
пти́ца	bird	
петь	sing	В лесу́ пою́т пти́цы. Мы поём ру́сскую пе́сню.
я пою́		
ты поёшь		
они пою́т		

3

жа́рко	hot	Ле́том бы́ло жа́рко.
мо́жно	one can, it's possible, one may	Мо́жно здесь ката́ться на конька́х?
о́сенью	in autumn, in the fall	О́сенью мо́жно собира́ть грибы́.
вре́мя го́да	season of the year	Како́е вре́мя го́да ты лю́бишь?

4

я́блоко (Pl. я́блоки)	apple	Я́блоки о́чень вку́сные.
°гру́ша	pear, pear tree	У нас в саду́ есть гру́ша.
°сли́ва	plum, plum tree	Ви́ка о́чень лю́бит сли́вы.
°я́года	berry	Здесь мо́жно собира́ть я́годы.
°помидо́р	tomato	Я люблю́ помидо́ры.
°лук (no Pl.)	onion	Я гото́вила грибы́ с лу́ком.
°капу́ста	cabbage	Мы ча́сто еди́м капу́сту.
°дуб	oak	
°во́рон	raven	
у (with Gen.)	at, near, by	Да́ча нахо́дится у ле́са.
ти́хо	quiet	Мы ти́хо поём.
до́мик (Dimin. of дом)	house, little house	
сад (в with Prep. у́)	garden	У нас в саду́ есть краси́вые цветы́.
огоро́д	vegetable garden	Вчера́ ребя́та рабо́тали в огоро́де.
расти́	grow, grow up	Огурцы́ здесь расту́т пло́хо.
я расту́		
ты растёшь		
они расту́т		
рос, -ла́, -ло́; -ли́		
фру́кты (Pl.)	fruit(s)	У нас все лю́бят фру́кты.
о́вощи (Pl.)	vegetable(s)	Каки́е о́вощи расту́т в ва́шем огоро́де?

‹6›

кали́нка (Dimin. of кали́на)	snowball tree	
мали́нка (Dimin. of мали́на)	raspberry, raspberry bush	
сосна́	pine (tree)	
зелёный	green	зелёная сосна́
ай лю́ли	something like la, la, la	

◆ B Они постро́или дом

стро́ить	build	Всё ле́то Соро́кины стро́или да́чу. Наконе́ц они по-стро́или её.
я стро́ю		
ты стро́ишь		
они стро́ят/		
постро́ить		

1	**иногда́**	sometime	Учи́тель иногда́ помога́ет ему́.
	тот	that one	Кто хорошо́ рабо́тает, тот и хорошо́ ест.
	костёр (-ра́, -ру́, ...)	campfire	
	де́лать/**сде́лать**	do, make	В а́вгусте они́ сде́лали фунда́мент до́мика.
	приходи́ть/**прийти́** пришёл, пришла́, -шло́; -шли́	come, arrive	На новосе́лье к ним пришли́ го́сти. Пришла́ весна́.
	гото́вить/ **пригото́вить**	prepare, cook	На пра́здник де́душка пригото́вил вку́сный сала́т.
	пра́здничный [-зн-]	festive, holiday	пра́здничный ве́чер
	помога́ть/**помо́чь** помо́г, -огла́, -огло́; -огли́	help, assist	Спаси́бо вам, что вы помогли́.
	собира́ть/**собра́ть** -а́л, -ала́, -а́ло; -а́ли	gather, collect	Они́ собра́ли свои́ ве́щи.
	говори́ть/**сказа́ть**	speak, talk, say	Что ты сказа́ла?
	до́лго	a long time	Ребя́та до́лго ката́лись на ло́дке.

Это вы уже́ понима́ете		
1 **фунда́мент**	foundation, basis	

3	писа́ть/**написа́ть**	write	Наконе́ц Во́ва написа́л свое́й кузи́не письмо́.
	чита́ть/**прочита́ть**	read/read throughly	Ты уже́ прочита́ла расска́з?
	получа́ть/**получи́ть**	receive, get	От кого́ ты получи́ла письмо́?
	дава́ть/**дать** дал, дала́, да́ло; да́ли	give	Вы мне уже́ да́ли запи́ску?
	смотре́ть/**посмотре́ть**	look, watch	Вчера́ мы посмотре́ли но́вый видеофи́льм.
	встава́ть/**встать**	stand up, get up, arise	Вчера́ он встал то́лько в час.
	фотографи́ровать/ **сфотографи́ровать**	photograph	Мо́жно вас сфотографи́ровать?
	рисова́ть/**нарисова́ть**	draw, sketch	Ты наконе́ц нарисова́л сад?
4	°**свинья́** (*Pl.* сви́ньи)	pig	
	вдруг	suddenly	Вдруг он пришёл домо́й.
	ви́деть/**уви́деть**	see, catch sight of	Вдруг мы уви́дели пря́мо у да́чи большу́ю свинью́.
	°**жёлудь**	acorn	
	есть/**съесть**	eat	Кто не съел свою́ котле́ту?
	спра́шивать/**спроси́ть**	ask (a question)	Го́сти спроси́ли, где нахо́дится на́ша кварти́ра.
	бу́дущий	future	У нас уже́ есть расписа́ние на бу́дущий год.
	Ну и что?	So what?	
	отвеча́ть/**отве́тить**	answer, reply	Он не мог отве́тить на её вопро́с.
	Эх!	Oh! (*expresses regret, pity, reproach, grieving*)	

7	открыва́ть/**откры́ть**	open	Ви́ка откры́ла дя́де дверь.
8	**двор** (-á, -ý, …)	yard	Маши́на стои́т во дворе́.
8	**во дворе́**	in the yard, outdoors	
⟨9⟩	домово́й	house ghost	

Г Жи́ли-бы́ли

	жил-был, жила́-была́; жи́ли-бы́ли	once upon a time *(for fairy tales)*	Жила́-была́ ба́бушка, а у неё краси́вая ко́шка.
1	°подсне́жник	snowdrop	Подсне́жники расту́т в ма́рте.
	°па́дчерица	stepdaughter	
	°да (*often lit.*)	and	Она́ е́ла, пи́ла да спа́ла.
	одна́жды	once, one day	Одна́жды ве́чером он пришёл к нам.
	Иди́(те)!	Go!	
	Принеси́(те)!	Bring!	
	уходи́ть	leave	Мать ухо́дит, когда́ мы ещё спим.
	я ухожу́ ты ухо́дишь они́ ухо́дят/ **уйти́** ушёл, ушла́, -шло́; -шли́		Когда́ ушли́ го́сти?
	°Их бы́ло двена́дцать.	There were twelve.	
	°мо́жно мне …?	may I, can I	
	буке́т	flower bouquet	
	расска́зывать/ **рассказа́ть**	tell (a story), narrate	Па́па рассказа́л де́вочке ска́зку.
	ма́ло	a little	Та́ня до́ма ма́ло чита́ет.
	до́чка (*Dimin. of* дочь)	daughter	ма́ленькая до́чка
	Что мно́го говори́ть!	Why so much talking!	
	ста́ло	it became	Ста́ло темно́.
	°Она́ замёрзла.	She froze.	
2	Перескажи́(те)!	Retell.	
⟨3⟩	звать звал, -ла́,-а́ло; -а́ли	call, name	
	Кра́сная Ша́почка	Little Red Riding Hood	
	глаз (*Pl.* глаза́)	eye	Каки́е у тебя́ больши́е глаза́!
	рот (рта, рту, …)	mouth	Како́й у тебя́ большо́й рот!
⟨4⟩	посло́вица	saying, proverb	
	ла́сточка	swallow	
	па́дать	to fall	
	вы́клевать (*pf.*)	pick out, peck out	
	вся́кий	each	
	ли́бо … ли́бо	either...or	

Урок 8

 Санкт-Петербург

1	**па́мятник** (кому)	memorial, statue

Вот па́мятник Петру́ Пе́рвому.

нача́ло — beginning (*temporal and spatial*)
в нача́ле ме́сяца;
в нача́ле у́лицы

век (*Pl.* века́) — century, ages
в нача́ле двадца́того ве́ка;
в девятна́дцатом ве́ке

осно́вывать/ основа́ть — found, create
Пётр Пе́рвый основа́л Санкт-Петербу́рг.

кре́пость (*f.*) — fortress — ста́рая кре́пость

о́стров (*Pl.* острова́) — island — ма́ленькие острова́

дворе́ц (-рца́, -рцу́, …) — palace — В э́том дворце́ сейча́с музе́й.

цари́ца — czarina

изве́стный [-сн-] — well-known, famous — изве́стная пиани́стка

кора́бль (-я́, -ю́, …) — ship — Мы пла́вали на корабле́.

проспе́кт — prospect; long, wide street

гла́вный — main, major
гла́вный вокза́л; гла́вная у́лица; гла́вное зда́ние

Влади́мир Ильи́ч Ле́нин — Vladimir Ilich Lenin (*Soviet political leader 1870–1924*)

Ленингра́д — Leningrad (*name for Saint Petersburg from 1924 to 1991*)

называ́ться/назва́ться (*1. and 2. Pers. not used*) назва́лся, -ала́сь, -а́ло́сь, -а́ли́сь — named, called
Ра́ньше э́тот проспе́кт называ́лся проспе́кт Ле́нина.

неизве́стный [-сн-] — unknown, not famous
Э́то совсе́м неизве́стная рок-гру́ппа.

мост (*Prep.* на мосту́) *Pl.* -ы́) — bridge
Они́ встре́тились на мосту́.

Это вы уже́ понима́ете

1	**царь** (-я́, -ю́, …)	czar	**си́мвол**	symbol
	Евро́па	Europe	**фестива́ль**	festival

Изве́стные места́ в Санкт-Петербу́рге

1	**па́мятник Петру́ Пе́рвому**	Statue to Peter I	**Эрмита́ж**	Hermitage
	Петропа́вловская кре́пость	Peter and Paul Fortress	**Адмиралте́йство**	Admiralty
			Не́вский проспе́кт	Nevski Prospect
	Зи́мний дворе́ц	Winter Palace	**Смо́льный институ́т**	Smolny Institute
			Петерго́ф	Peterhof

Все в Петербург!

1 а) °командиро́вка	business trip	Журналист едет в коман- диро́вку в Москву́.
показывать/**показа́ть**	show, demonstrate	Гид показа́л нам все музе́и го́рода.
обяза́тельно	absolutely, positively	Обяза́тельно напиши́ мне!
гуля́ть/**погуля́ть**	take a walk, stroll about	Тури́сты погуля́ли по па́рку.
ла́дно	Okay, Agreed	— Я хочу́ смотре́ть телеви́зор. — Ла́дно, смотри́.
покупа́ть/купи́ть	buy, purchase	В э́том магази́не я покупа́ю о́вощи и фру́кты.
б) **буди́льник**	alarm clock	Поста́вь буди́льник на семь!
буди́ть/**разбуди́ть**	wake (someone) up	Вчера́ ма́ма меня́ разбуди́ла в шесть часо́в утра́.
волнова́ться я волну́юсь ты волну́ешься они́ волну́ются/ **взволнова́ться**	worry, get upset	Не волну́йтесь! Всё бу́дет хорошо́.
целовать/**поцелова́ть**	kiss	На вокза́ле он поцелова́л её.
3 счита́ть/ **посчита́ть** [-щи-]	count	Посчита́йте дни, ме́сяцы и неде́ли!
4 слу́шать/**послу́шать**	listen to	В магази́не Ко́стя послу́шал но́вую кассе́ту.
начина́ть/**нача́ть** на́чал начала́ на́чало на́чали	begin, start	Почему́ ты ещё не на́чал рабо́тать?
ката́ться/**поката́ться**	take a ride	Ребя́та хоте́ли поката́ться на ло́дке.

Это вы уже понимаете

1 а) **иде́я**	idea
5 **скейт-бо́рд**	skateboard

Б **Экскурсия по городу**

1 **реша́ть/реши́ть**	decide, resolve, solve	Ребя́та реши́ли погуля́ть по Не́вскому проспе́кту.
ка́тер (*Pl.* -а́)	motorboat, excursion boat, cutter	Он ка́ждый день ката́лся на ка́тере.
бе́рег (на *with Prep.* -у́; *Pl.* -а́)	bank, shore, coast	Мы живём на берегу́ о́зера Байка́л.
скаме́йка	bench	Там свобо́дная скаме́йка.
се́верный	northern	се́верная Вене́ция
знамени́тый	famous, renowned	знамени́тый архите́ктор
вели́кий	great	вели́кая цари́ца

напро́тив *(with Gen.)*	across from, opposite	Кинотеатр нахо́дится напро́тив библиоте́ки.
высо́кий	high, tall	высо́кий челове́к; высо́кое зда́ние
стреля́ть/стрельну́ть (в кого́/во что)	shoot (at)	Кто стреля́ет?
°**пу́шка**	cannon	
°**крепостно́й**	fortress	
ни́зкий	low, base	ни́зкий до́мик; ни́зкая стена́
думать/**поду́мать**	think, think over	Я поду́мала и реши́ла не де́лать э́того.
брать	take	Вова берёт каранда́ш и рису́ет портре́т. Бери́те я́блоки, де́вочки!
я беру́		
ты берёшь		Све́та взяла́ свой фотоаппара́т. Возьми́ э́ту кассе́ту!
они беру́т		
брал, -ла́,		
бра́ло; бра́ли/		
взять		
взял, взяла́, взя́ло;		
взя́ли		
Возьми́(те)!		

4	**забыва́ть/забы́ть**	forget	Я забы́ла взять тёплые ве́щи.
	де́вушка	*here:* salesgirl	
	ЭСТ	EST *(Electroshock Therapy; name of rock group)*	
	(Электросу́дорожная терапи́я)		
	плати́ть	pay	— Мо́жно заплати́ть у вас?
	я плачу́		— Нет, заплати́те в ка́ссу.
	ты пла́тишь		
	они пла́тят/		
	заплати́ть		

Это вы уже понима́ете

4	**матрёшка**	matryoshka *(wooden nesting dolls)*	**сувени́р**	souvenir
			план	plan (city map)

5	**выбира́ть/вы́брать**	choose, select	Вы уже́ вы́брали?
	официа́нтка	waitress	
	петербу́ргский	Petersburg, Petersburger	петербу́ргские мосты́
	°**блин** (-а́, -у́, …)	pancakes, bliny	Блины́ о́чень вку́сные.

◆ В   Погуля́йте по Петербургу

2	**Извини́(те)!**	Excuse me! Pardon me!	Извини́те, пожа́луйста, где здесь магази́н „Ры́ба"?
	Алекса́ндр Серге́евич Пу́шкин	Alexander Sergeevich Pushkin *(Russ. poet: 1799–1837)*	
3	**сам, -а́, -о́; са́ми**	self	Она́ сама́ пришла́. Вы са́ми э́то сде́лали?
	рису́нок (-нка, -нку, …)	drawing	
	тёмный	dark	тёмная ко́мната

◆ Г ◆ Рассказы о Петре́

1			
иностра́нец (-нца, -нцу, …)	foreigner		Иностра́нцы помогали строить Петербург.
ка́менный	stone, rocky		ка́менная стена
англи́йский	English		англи́йский язык
голла́ндский	Dutch		голла́ндские помидоры
италья́нский	Italian		италья́нское кафе
°**строи́тель**	builder, construction worker		Кто строи́тель этого дворца́?
Алекса́ндр Ме́ншиков	Alexander Menshikov (*close advisor to Peter I: 1672–1729*)		
смея́ться я смею́сь ты смеёшься они смею́тся/ **засмея́ться**	laugh		Почему ты смеёшься?
бы́стро	fast, quickly		Работа идёт бы́стро.
Арха́нгельск	Archangelsk (*port city on White Sea*)		
удивля́ться/удиви́ться (кому/чему)	be surprised at, wonder at		Я удивля́юсь твоему вопросу.
°**по́вар** (*Pl.* -а́)	cook		Он знамени́тый по́вар.
слы́шать я слы́шу ты слы́шишь они слы́шат/ **услы́шать**	hear		Я не услы́шала, что он ответил.
жизнь (*f.*)	life		Наша жизнь интересная.

2	**Что вы узна́ли но́вого?**	What new thing have you learned?	
	узнава́ть я узнаю́ ты узнаёшь они узнаю́т/ **узна́ть**	learn, find out	Что ты узна́л обо мне?

Это вы уже понима́ете

1	**специали́ст**	specialist		**во́дка**	vodka
	бургоми́стр	burgomaster (mayor)	2	**факт**	fact
	матро́с	sailor (*rel. to* maritime)			

3	**иностра́нный**	foreign	иностра́нный язык
4	°**викторина**	quiz game	

Урок 9

О В чём мы хо́дим в шко́лу?

1	шко́льная фо́рма	school uniform	Ученики́ ходи́ли в шко́льной фо́рме.
	кори́чневый	brown	кори́чневая юбка
	пла́тье	dress	Она́ хо́дит в кори́чневом пла́тье.
	чёрный	black	чёрный кот; Чёрное мо́ре
	°фа́ртук	apron	Де́вочки ходи́ли в шко́лу в чёрном фа́ртуке.
	бе́лый	white	бе́лый снег; Бе́лое мо́ре
	си́ний	(dark) blue	си́няя юбка; си́нее пла́тье
	костю́м	suit, costume	
	кра́сный	red	кра́сные цветы́; Кра́сная Ша́почка
	зелёный	green, not ripe	зелёный лес; зелёное я́блоко
	брю́ки *(Pl.;*	pants, slacks	Она́ лю́бит ходи́ть в брю́ках.
	Prep. в брю́ках)		
	се́рый	gray	се́рые зда́ния; се́рый волк
	сви́тер	sweater	Сего́дня он в зелёном сви́тере.
	голубо́й	blue, light blue	голубы́е джи́нсы;
	руба́шка	shirt	Он не лю́бит кра́сную руба́шку.
	жёлтый	yellow	жёлтый каранда́ш; Жёлтое мо́ре
	ма́йка	T-shirt	Она́ получи́ла в пода́рок чёрную ма́йку.
2	францу́зский	French	францу́зский язы́к

Это вы уже́ понима́ете

1	блу́зка	blouse	джи́нсы *(Pl.;*	jeans
			Prep. в джи́нсах)	

А Како́й цвет вы лю́бите?

	цвет *(Pl.* цвета́)	color	Она́ лю́бит пла́тье кра́сного цве́та.
2	Кра́сная Ша́почка	Little Red Riding Hood	
3	Это ей/ему́ идёт.	That looks good on her/him.	
	оде́жда	clothes	Она́ купи́ла тёплую оде́жду.
5	нра́виться (кому)	like, be pleasing to	Эта карти́на ей нра́вится. Там мне понра́вилось.
	я нра́влюсь		
	ты нра́вишься		
	они́ нра́вятся/		
	понра́виться		

Б ▸ Какой у них хара́ктер?

1	**счастли́вый** [щасли́-]	happy, fortunate	счастли́вая жизнь
	вы́глядеть *(impf.)*	look, appear	Она́ прекра́сно вы́глядит.
	я вы́гляжу		
	ты вы́глядишь		
	они́ вы́глядят		
	спорти́вный	sport, sporty	спорти́вная оде́жда
	глаз *(Pl.* глаза́*)*	eye	У него́ голубы́е глаза́.
	во́лос	hair	У неё чёрные во́лосы.
	све́тлый	light	све́тлая руба́шка
	у́мный	clever, smart	у́мный челове́к; у́мные глаза́
	так сказа́ть	so to say	
	голова́ *(Acc.* го́лову;*)*	head	У меня́ боли́т голова́.
	Pl. го́ловы*)*		
	скро́мный	modest	скро́мные лю́ди
3	**стро́йный**	slim	стро́йная фигу́ра
	коро́ткий	short	коро́ткие во́лосы; коро́ткое пла́тье
	ры́жий	red (haired)	У него́ ры́жие во́лосы.
	немно́го	a little, somewhat	
	лени́вый	lazy	Кака́я ты лени́вая!
	по-мо́ему	in my opinion	Са́ша, по-мо́ему, у́мный, но немно́го лени́вый.
	мечта́ть *(impf.)*	daydream, dream	Ла́ра мечта́ет о ко́мнате с балко́ном.
	(о ком/о чём)		
	тако́й	such a	Али́на давно́ мечта́ет о тако́м ма́льчике.
	сре́дний	middle	сре́дняя шко́ла; сре́днее окно́
	рост	size	Влади́мир сре́днего ро́ста.
	°**по́лный**	full, full-bodied	И́горь немно́го по́лный.
	ка́рий	(chestnut) brown *(of eyes, horses)*	У Ви́ки ка́рие глаза́.
	дли́нный	long	У Све́ты дли́нные во́лосы.
	серьёзный	serious	серьёзная же́нщина; серьёзное де́ло
	разгова́ривать *(impf.)*	converse, chat	Мы сиде́ли в кафе́ и разгова́ривали.
	°**ве́жливый**	polite, courteous	ве́жливый мужчи́на; ве́жливые де́ти
5 в)	**разгово́р**	conversation	разгово́р по телефо́ну

Это вы уже́ понима́ете	
хара́ктер	character

В ▸ Брю́ки мне велики́

	вели́к, -а́, -о́; -и́	too big, large	Э́то пла́тье де́вочке велико́.
	(кому́, для кого́)		
1 а)	**осо́бенно**	especially	Э́тот парк осо́бенно краси́в.

2	надева́ть/наде́ть	put on	Она наде́ла тёплый костю́м.
	пиджа́к	jacket	Он наде́л си́ний пиджа́к.
	°как раз	fits just right	Сви́тер тебе́ как раз.
	°мал, -á, -ó; -ы́	too small	Ма́йка ему́ мала́.
	пальто́ *(indecl.)*	coat	Па́па сего́дня в тёплом пальто́.
4	шить/сшить	sew	Ма́ма сши́ла до́чке ю́бку.
5	анекдо́т	joke	Он лю́бит расска́зывать анек-до́ты.
	похо́жий (на кого́/что)	resembles, looks like	Моя́ сестра́ о́чень похо́жа на ма́му.
	°старе́ть *(impf.)*	grow old	ста́рый: старе́ть
	па́почка	daddy	
7а)	согла́сен, -сна, -сно; -сны	agree with	Я согла́сна с тобо́й.
	пра́в, -á, -о; -ы	right, correct	Вы совсе́м пра́вы.

Г Друзья

1	бо́льше	more	Бо́льше я не могу́.
	дружи́ть *(impf.)*	make friends	С кем ты дру́жишь?
	я дружу́		
	ты дру́жишь		
	они́ дру́жат		
	сме́лый	brave, bold, daring	сме́лая де́вушка; сме́лые лю́ди
	одни́м сло́вом	in a word	
	сло́во (Pl. -á)	word	
	гру́стный [-сн-]	sad	Ей бы́ло о́чень гру́стно.
	крик	shout, scream	Вдруг мы услы́шали крик.
	понима́ть/поня́ть	understand, comprehend	Это да́же де́ти по́няли.
	по́нял, поняла́, по́няло; по́няли		
	шу́тка	practical joke	Для меня́ это не шу́тка.
	°льди́на	block of ice	Ребя́та ката́лись на льди́не.
	всё да́льше	farther and farther	
	крича́ть	scream, shout	Не кричи́те!
	я кричу́		
	ты кричи́шь		
	они́ крича́т/		
	кри́кнуть		
	опа́сный	dangerous	Осторо́жно! Это о́чень опа́сно.
	бежа́ть	run	Когда́ ма́льчик услы́шал крик, он побежа́л к ма́ме.
	я бегу́		
	ты бежи́шь		
	они́ бегу́т/		
	побежа́ть		
	°замёрз	is frozen	
	па́лец (-льца, -льцу, ...)	finger, toe	сре́дний па́лец; большо́й па́лец; ма́ленький па́лец
	класть	lay, place	Она́ положи́ла свои́ ве́щи в су́мку.
	я кладу́		
	ты кладёшь		
	они́ кладу́т		
	клал/		
	положи́ть		

коне́ц (-нца́, -нцу́, …)	end	от нача́ла до конца́
пра́вый	right	пра́вая рука́; пра́вое окно́
пла́кать	cry	Почему́ ты пла́чешь?
я пла́чу		
ты пла́чешь		
они́ пла́чут/		
запла́кать		
всё равно́	all the same	Я тебя́ всё равно́ не понима́ю.
бу́ду	(I) will	
Бетхо́вен	Ludwig von Beethoven *(German composer: 1770–1827)*	
глухо́й	deaf	Бетхо́вен был глухи́м.
потому́	therefore, for that reason	Почему́? — Потому́.
4 осторо́жный	careful, cautious	Она́ о́чень осторо́жный челове́к.

Это вы уже понима́ете

1	компози́тор	composer	бинт (-а́, -у́, …)	bandage *(rel. to bind)*
	карате́ *(n., indecl.)*	karate	2 текст	text

Д ‹Цвет и хара́ктер›

любо́вь *(f.)*	love	Эта де́вушка его́ пе́рвая любо́вь.
свобо́да	freedom	
теплота́	warmth	
ора́нжевый	orange (colored)	
ро́зовый	rose	
оптими́ст	optimist	
фиоле́товый	violet (colored)	
не́бо *(Pl.* небеса́*)*	sky, heaven	голубо́е не́бо

Урок 10

О Москва́ — вчера́ …

Ю́рий Долгору́кий	Yuri Dolgoruki *(Russ. prince, founded Moscow in 1147)*	
разруша́ть/ разру́шить	destroy	В 13-ом ве́ке тата́ры разру́шили Москву́.
Ива́н Гро́зный	Ivan the Terrible *(Russ. Czar: 1530–1584)*	
при *(with Prep.)*	during, in the time of	при Петре́ Пе́рвом

становѝться (кем/чем)	become	В 15-ом веке Москва стѝла
я становлю́сь		столѝцей странѝ.
ты становишься		
они становятся/		
стать		
се́рдце [-рц-]	heart	У меня болѝт се́рдце.
Наполео́н	Napoleon *(French Emperor: 1769–1821)*	
октя́брьский	October	Октя́брьская револю́ция

Это вы уже понимаете

| тата́ры *(Pl.)* | Tatars | **револю́ция** | revolution |
| а́рмия | army | | |

A ... и сегодня

1	са́мый	very, the most, best *(used to form superlative)*	Москва — са́мый большой город странѝ.
	ба́шня	tower	са́мая высокая ба́шня
	пло́щадь *(f.)*	square (street square)	Красная пло́щадь
	центра́льный	central, main	центра́льная улица
	храм	cathedral	знаменитый храм
	госуда́рственный	state	госуда́рственная библиотека
	универса́льный	universal, department (store)	универса́льный магазин
	гости́ница	hotel	современная гости́ница
	москви́ч (-а́, -у́, ...)	Muscovite	
	лу́на-па́рк	amusement park	
	популя́рный	popular	популя́рные спортсмены
	мир	earth, world; peace	
	ста́нция	station	ста́нция метро́
3	телеба́шня	television tower	московская телеба́шня

Это вы уже понимаете

| 1 | галере́я | gallery | 3 | **э́хо** | echo |
| | метро́ | metro, subway | | **радиоста́нция** | radio station |

5	морско́й	sea, ocean	морска́я рыба
	явля́ться/яви́ться (кем/чем)	is, represents	Москва явля́ется столѝцей странѝ.
	основа́тель	founder	Кто основа́тель этого музея?

Интересные места в Москве

1	**Кра́сная пло́щадь**	Red Square	3	**Каза́нский вокза́л**	Kazan Station
	храм Васи́лия Блаже́нного	St. Basil's Cathedral		**Моско́вский госуда́рственный университет (МГУ)**	Moscow State University
	ГУМ (Госуда́рственный универса́льный магази́н)	GUM (*Abbr. for State Department Store in Moscow*)		**Большо́й теа́тр**	Bolshoi Theater
	Изма́йловский парк	Izmailov Park		**телеба́шня „Оста́нкино“**	Television tower Ostankino
	Третьяко́вская галере́я	Tretyakov Art Gallery		**Тверска́я у́лица**	Tverskaya Street
			5	**Спа́сская ба́шня**	Spassky Tower

Moscow Evenings

1 In the garden not even rustlings can be
   heard
All has died down till morning;
If only you would know, how dear to me
Are these evenings on the outskirts
   of Moscow!

2 The river moves and then doesn't move.
Everything is silver from the moon.
A song is heard and then not heard,
On these quiet evenings.

3 What are you looking askance for
   my dear,
Hanging your head so low?
It's difficult to speak up and not
   to speak up
Of all that is in my heart.

4 The dawn can be seen more and more
And so I ask you to be kind.
Do not forget these summer
Evenings outside of Moscow.

Б | **Лю́ди и у́лицы в Москве́**

1 a)	**рожда́ться/ роди́ться** роди́лся роди́ла́сь	be born	Она́ родила́сь в Новгоро́де.
	рыба́к (-а́, -ý, …)	fisherman	Он стал рыбако́м.
	учи́ться (чему́) я учу́сь ты у́чишься они́ у́чатся/ **научи́ться**	study, be a student at	Он учи́лся в университе́те. В шко́ле Аня у́чится му́зыке.
	перее́хать	move, transfer	Они́ перее́хали в Новгоро́д.
	в 20 лет	at the age of 20	
	поэ́тому	therefore, consequently	
	за́падный	west, western	за́падная Евро́па
	и́мени (*Abbr.* им.; *Gen. of* имя)	named after, in the name of (*often not translated*)	музе́й и́мени А. С. Пу́шкина
	умира́ть/умере́ть у́мер, умерла́, у́мерло; у́мерли	die	Ломоно́сов у́мер в Санкт-Петербу́рге.

б) **ня́ня** — nanny
стихи́ *(Pl.)* — verse, poem — стихи́ о приро́де
про́тив *(with Gen.)* — against, opposite — стихи́ про́тив царя́
ссыла́ть/сосла́ть — exile, deport — Пу́шкина сосла́ли на юг страны́.
концéртный — concert — концéртная му́зыка

2 **Как добра́ться до ...?** — How does one get to...? — Как добра́ться до университе́та?
   (with Gen.) (coll.)
остано́вка — (bus, trolley) stop — остано́вка авто́буса
сле́дующий — next, nearest — сле́дующая остано́вка

че́рез одну́ — stop after next —
   (остано́вку) — (after one more stop)
че́рез *(with Acc.)* — across, over — че́рез у́лицу; че́рез ре́ку
Поверни́(те)! — Turn! —
нале́во — to the left — Пото́м поверни́те нале́во!
закрыва́ться/ — close (up) — Две́ри закрыва́ются.
   закры́ться
выходи́ть — exit, get off — Вы сейча́с выхо́дите?
   я выхожу́
   ты выхо́дишь
   они выхо́дят/
   вы́йти
напра́во — to the right — Поверни́те напра́во!

Знамени́тые лю́ди и что они сде́лали

1 **Михаи́л Васи́лье-** — Mikhail Vasilievich — „**Пи́ковая да́ма**" — "Pique Dame" ("Queen of
   вич Ломоно́сов — Lomonosov *(Russ.* — — Spades"); *(story by Pushkin;*
   — *scholar:* — — *opera by Tchaikovsky)*
   — *1711–1765)* — „**Бори́с Годуно́в**" — "Boris Godunov" *(play*
   — — — *by Pushkin; opera by*
Пётр Ильи́ч — Pyotr Ilich — — *Mussorgsky)*
   Чайко́вский — Tchaikovsky
   — *(Russ. composer:* — „**Евге́ний Оне́гин**" — "Eugene Onegin" *(novel in*
   — *1840–1893)* — — *verse by Pushkin;*
   — — — *opera by Tchaikovsky)*
Ца́рское Село́ — Tsarskoe Selo *(village*
   — *not far from* — „**Лебеди́ное о́зеро**" — "Swan Lake" *(ballet by*
   — *St. Petersburg)* — — *Tchaikovsky)*

Места́ в Москве́

3 **стадио́н „Дина́мо"** — Dinamo Stadium — 4 **Но́вый Арба́т** — New Arbat *(street*
   Пу́шкинская у́лица — Pushkin Street — — *in Moscow)*

⟨5⟩ пра́вило — rule — Он зна́ет пра́вила игры́.
   броса́ть/бро́сить — throw, toss
   ку́бик — die (dice) — Она́ бро́сила ку́бик.
   вперёд — forward — Иди́те вперёд!
   е́сли — if, when

оши́бка	mistake, error	Она сделала две оши́бки.
мочь/смочь	can, able to	
пропуска́ть/ пропусти́ть	pass, let pass	
ход (*Prep.* на ходу́)	move, step; move or turn *(in a game)*	Пропусти́те оди́н ход!
пешко́м	on foot	Пойдём пешко́м!
наза́д	back, backwards	Три пу́нкта наза́д!
не́бо (*Pl.* небеса́)	sky, heaven	на седьмо́м не́бе
футбо́льный матч	soccer match	

Это вы уже понимаете

1 a)	**астроно́м**	astronomer		**фортепиа́но** [-тэ-] *(indecl.)*	piano (-forte)
	фило́лог	philologist (linguist)		**о́пера**	opera
	по́эт	poet		**зал**	hall
	грамма́тика	grammar	4	**кио́ск**	kiosk
1 б)	**дуэ́ль** (*f.*)	duel	⟨5⟩	**пункт**	point
	рома́н	romance, novel			

◆**B** Москва́ и москвичи́

1	**москви́чка**	Muscovite (*female*)	
	Евге́ний Ки́син	Evgeny Kisin (*Russ. pianist, born 1972*)	
	весь, вся, всё; все	all, every	вся шко́ла; все лю́ди
	тот, та, то; те	that one	тот дом; те москвичи́
	продава́ть	buy	Где у вас продаю́т моро́женое?
	я продаю́		
	ты продаёшь		
	они́ продаю́т/		
	прода́ть		
	про́дал, продала́, про́дало; про́дали		
	отдыха́ть/**отдохну́ть**	relax, rest up, vacation	По́сле шко́лы она́ хоте́ла отдохну́ть.
	убира́ть/**убра́ть**	pick up, clean up	Она́ убрала́ кни́ги со стола́.
	убра́л, убрала́, убра́ло; убра́ли		
	ужа́сный	terrible, horrible	Э́то бы́ло ужа́сно.
	Арба́т	Arbat (*pedestrian zone in Moscow*)	
	c (*with Gen.*)	from, out of	тури́сты со всего́ ми́ра
	ужинать/**поу́жинать**	have supper (*evening meal*)	
	ли́шний	extra, superfluous	ли́шний биле́т; ли́шняя ча́шка; ли́шнее сло́во
	доро́га	way, road	Я зна́ю доро́гу в центр.
2	жела́ть/**пожела́ть** (кому́ чего́)	wish	В день рожде́ния они́ пожела́ли ей всего́ хоро́шего.

6 а)	**Лев Никола́евич Толсто́й**	Lev Nikolaevich Tolstoi *(Russ. writer: 1828– 1910)*	
	писа́тель	writer	Како́го писа́теля ты зна́ешь?
	Влади́мир Влади́мирович Маяко́вский	Vladimir Vladimirovich Mayakovsky *(Russ. Soviet poet: 1893–1930)*	
	Ю́рий Алексе́евич Гага́рин	Yuri Alekseevich Gagarin *(Soviet cosmonaut: 1934–1968)*	

Э́то вы уже́ понима́ете

3	**информа́ция**	information	**а́дрес** *(Pl. -á)*	address

Г ⬥ | **Ру́сские цари́** |

1	**царе́вич**	czarevitch (son of the czar)	
	слабоу́мный	weak minded, dim-witted	слабоу́мный сын
	за *(with Acc.)*	for, in place of	
	ца́рствовать *(impf.)*	reign as czar	За него́ ца́рствовал Бори́с Годуно́в.
	я ца́рствую		
	ты ца́рствуешь		
	они́ ца́рствуют		
	Бори́с Годуно́в	Boris Godunov *(Russ. czar appr. 1551–1605)*	
	У́глич	Uglich *(port city on the Volga)*	
	убива́ть/уби́ть	kill, murder	Уби́ли царе́вича.
	случа́ться/ случи́ться *(1. and 2. Pers. not used)*	happen, occur, take place	Что случи́лось?
	мёртвый	dead	мёртвый язы́к
	нож (-á, -ý, …)	knife	золото́й нож
	ца́рский	czarist	ца́рская Росси́я
	отве́т	answer	вопро́с и отве́т
	себя́	self *(refl.)*	
	°**го́лод**	hunger, starvation	голо́дный: го́лод
	По́льша	Poland	в По́льше
	ско́ро	soon	Ско́ро бу́дет лу́чше.
	крест (-á, -ý, …)	cross	золото́й крест
	поля́к	Pole	
	мно́гие *(Pl.)*	many	мно́гие де́ти; мно́гие лю́ди

Э́то вы уже́ понима́ете

1	**коми́ссия**	commission	**мо́да**	mode, fashion
	мане́ры	manners, behavior		

Урок 11

Бу́дьте здоро́вы!

Будь(те) здоро́в/-а(ы)!	Stay healthy! Stay well! *(when someone sneezes);* God Bless you! *(when saying good-bye)* Take care of yourself.	
здоро́вый	healthy	здоро́вая же́нщина

Света больна́

больно́й; бо́лен, -льна́	sick, ill	Он бо́лен. У него́ грипп.
1 на́до	must, have to, it is necessary	Ему́ на́до бо́льше занима́ться.
раз	once, one, two, ..., time(s)	два ра́за в день
всё (ещё)	always, still	Света всё ещё спит.
чу́вствовать [-уств-] себя́ я чу́вствую ты чу́вствуешь они́ чу́вствуют	feel	Она́ чу́вствует себя́ хорошо́.
°Что за фо́кусы?	What kind of nonsense is that? What's that supposed to mean?	
го́рло	throat	У меня́ боли́т го́рло.
Ого́!	Oho! *(expresses surprise, amazement)*	
звони́ть (кому́) я звоню́ ты звони́шь они́ звоня́т/ **позвони́ть**	phone, call on the phone	Почему́ ты не позвони́л вчера́?
врач (-а́, -у́, ...)	doctor, physician	На́до позвони́ть врачу́.
рот (рта, рту, ...)	mouth	Откро́йте рот! во рту
я́сно	clear, distinct	Всё я́сно.
ша́пка	hat	Наде́нь ша́пку!
нельзя́ *(with inf. of impf. verbs)*	forbidden	Тебе́ нельзя́ смотре́ть телеви́зор.
°горчи́чник [-ишн-]	mustard plaster	
ста́вить я ста́влю ты ста́вишь они́ ста́вят/ **поста́вить**	put, place, stand up	На́до поста́вить горчи́чники.
5 Хорошо́ тебе́!	You have it good!	
7 больни́ца	hospital	Его́ положи́ли в больни́цу.
контро́льный	control, test	контро́льная рабо́та

Это вы уже́ понима́ете

1 анги́на	angina, sore throat		ко́ла	cola
реце́пт	prescription	3	компре́сс	compress
табле́тка	tablet	7	эпиде́мия	epidemic

Б Как ваше здоровье?

1	**те́ло**	body	здоро́вое те́ло
	лицо́ *(Pl.* ли́ца*)*	face	же́нщина с гру́стным лицо́м
	у́хо *(Pl.* у́ши*)*	ear	У него́ больши́е у́ши.
	живо́т (-а́, -у́, …)	abdomen, belly, stomach	У меня́ боли́т живо́т.
	нога́ *(Acc.* но́гу; *Pl.* но́ги)*	leg, foot	дли́нные но́ги
	зуб *(Pl.* зу́бы*)*	tooth	бе́лые зу́бы
	коле́но *(Pl.* коле́ни*)*	knee	Положи́те ру́ки на коле́ни!
3 a)	**вперёд**	forward, ahead	Посмотри́те вперёд!
	вверх	up, upwards	Иди́те вверх!
	ле́вый	left	ле́вое у́хо
	закрыва́ть/закры́ть	close	Закро́йте глаза́!
	наза́д	to the rear, backwards	Иди́те наза́д!
	вниз	down, downwards	Посмотри́те вниз!
	большо́й па́лец	thumb, big toe	
5	**на́сморк**	a cold	У меня́ си́льный на́сморк.
	ка́шель (-шля, -шлю, …)	cough	У неё ужа́сный ка́шель.
	стра́шно	terrible, awful	Э́то бы́ло стра́шно.
	медсестра́	nurse	Она́ хо́чет стать медсестро́й.

Это вы уже понимаете

5	**пацие́нт** [-э́нт]	patient
	до́ктор *(Pl.* -а́*)*	doctor
	ана́лиз	analysis

В Куда они идут?

1	**кро́ме того́**	besides that	
	°**похо́д**	hike, trip	Мы ча́сто хо́дим в похо́ды.
	е́здить *(multidirectional)*	ride, drive	Вы е́здите в шко́лу на авто́бусе?
	я е́зжу [-жжу]		
	ты е́здишь		
	они́ е́здят		
	спеши́ть	hurry, rush	
	я спешу́		
	ты спеши́шь		
	они́ спеша́т/		
	поспеши́ть		
	пешко́м	on foot	Домо́й мы шли пешко́м.
	ремо́нт	repair	Магази́н на ремо́нте.
	°**Кошма́р!**	(What a) nightmare!	
⟨4⟩	**стару́шка** *(Dimin. of* стару́ха*)*	old woman	две стару́шки
	по́езд *(Pl.* -а́*)*	train	Э́тот по́езд идёт в Москву́.
	ра́зный	different	Они́ совсе́м ра́зные лю́ди.
	сторона́ *(Acc.* сто́рону; *Pl.* сто́роны)*	side	Иди́те на другу́ю сто́рону!

Это вы уже понимаете

| ⟨4⟩ вагóн | wagon, train car | 10 рóза | rose |
| тéхника | technology, engineering | | |

---

7 **Скороговорка**

А жукú живут жужжá.	Beetles live and buzz.
Не жужжáть жукáм нельзя.	Beetles can't help but buzz.
Без жужжáния жукú	Without buzzing the beetles
Заболéют от тоскú.	Would get sick from boredom.

Г **Лёля и Минька**

1 °спустя	later, after a time	год спустя
родúтели *(Pl.)*	parents	мои родúтели
болéть	be sick, fall ill	Он заболéл гриппом. Он часто
я болéю		болéет ангúной.
ты болéешь		
они болéют/		
заболéть		
°завúдовать (кому/чему)	envy	Сестра завúдует своему брату.
я завúдую		Чему ты завúдуешь?
ты завúдуешь		
они завúдуют/		
позавúдовать		
°óхать/óхнуть	ooh, oohing	Почему ты óхаешь?
°проглáтывать/	swallow	Что ты проглотúла?
проглотúть		
шáрик	tiny ball, sphere	билья́рдный шáрик
тяжёлый	heavy	тяжёлая атлéтика
металлúческий	metal, metallic	металлúческий шáрик
взрыв	explosion, detonation	
ложúться	lie down,	Когда ты обычно ложúшься
я ложýсь	go to bed	спать? Она леглá на диван.
ты ложúшься		
они ложáтся/		
лечь		
лёг, леглá, -лó; ли		
раздевáть/раздéть	undress	Мама раздéла дочку.
пáдать/упáсть	fall	Шáрик упáл нá пол.
упáл		
обмáнывать/обманýть	deceive	Почему она обманýла нас?
шутúть/**пошутúть**	joke	
°С нами шутки плóхи.	We have no time for jokes.	
Симферóполь	Simferopol *(city in the Crimea)*	
пóмнить *(impf.)* (когó/что)	remember	Я хорошó пóмню этот день.
я пóмню		
ты пóмнишь		
они пóмнят		
°краснéть/покраснéть	blush, turn red	Я часто краснéю.

тогда́	then, at that time	Тогда́ они жили вместе.
Михаи́л Миха́йлович Зо́щенко	Mikhail Zoshchenko *(Soviet writer: 1895–1958)*	
5 смешно́й	funny, humorous	смешно́й расска́з

Это вы уже понимаете

1 бильа́рд	billiards		апельси́н	orange
кака́о *(indecl.)*	cocoa	3	резюме́ *(indecl.)*	resume

Урок 12

 Приезжа́йте в гости!

приезжа́ть [-жж-]/ прие́хать	come, arrive	Ка́ждый год он приезжа́ет к нам в гости.

 Скоро кани́кулы

кани́кулы *(Pl.)*	school vacation	шко́льные кани́кулы
1 ле́тний	summer	ле́тнее время
пу́тёвка	paid vacation, voucher	
Я́лта	Yalta *(port city, resort town in the Crimea)*	Они купи́ли путёвку в Я́лту.
пляж	beach	морско́й пляж
купа́ться	bathe, go swimming	Мы идём купа́ться.
загора́ть/ загоре́ть я загорю́ ты загори́шь они загоря́т	sun bathe, sun tan	Он быстро загора́ет. Они сильно загоре́ли.
„Ла́сточкино гнездо́"	Swallows' Nest *(famous sight in Yalta)*	
Бахчисара́й	Bakhchisarai *(old Tatar city in the Crimea)*	
Че́хов, Анто́н Па́влович	Anton Pavlovich Chekhov *(Russ. story writer and playwright: 1860–1904)*	
встреча́ться/ встре́титься я встре́чусь ты встре́тишься они встре́тятся	meet each other, encounter	Мы встре́тимся в 6 часо́в у па́мятника Пу́шкину.
е́хать/**пое́хать** я пое́ду ты пое́дешь они пое́дут; Поезжа́й(те)!	drive, set off by vehicle	Ле́том мы пое́дем в Крым.
3 за́втра	tomorrow	За́втра будет хоро́шая погода.
(с) собо́й *(refl.)*	(with) oneself	Она возьмёт с собо́й бики́ни.

4 идти/**пойти́** я пойду́ ты пойдёшь они пойду́т; пошёл, -шла́, -шло́; -шли́	go, set off on foot	

Это вы уже понимаете

1 **бики́ни** *(n. indecl.)*	bikini	4 **сандале́ты** *(Pl.)*	sandals
		цирк	circus

Б Где можно отдыхать?

1 **проводи́ть** я провожу́ ты прово́дишь они прово́дят/	spend (time)	Мы каждый год проводи́ли кани́кулы на море.
провести́ я проведу́ ты проведёшь они проведу́т провёл, -ла́, -ло́; -ли́		Где вы проведёте кани́кулы?
°**поля́рный**	polar	поля́рный день
о́тпуск	vacation	Он сейчас в о́тпуске.
осма́тривать/ осмотре́ть я осмотрю́ ты осмо́тришь они осмо́трят	look around, examine	В Я́лте Света осмо́трит дом-музей Че́хова.
ни … ни	neither...nor	На пля́же нет ме́ста ни стоять, ни лежать.
гора́ (*Acc.* го́ру; *Pl.* го́ры)	mountain	Мы пойдём в поход в го́ры.
ну́жен, нужна́, ну́жно; нужны́	need	Нам ну́жны́ билеты.
о́бувь *(f.)* *(no Pl.)*	shoes, footwear	ле́тняя о́бувь
пала́тка	tent	Они жили в пала́тке.
°**круи́з**	cruise	круи́з по Волге
зараба́тывать/ зарабо́тать	earn (money)	Сколько вы зараба́тываете?
де́ньги *(Pl.)*	money	Я сама́ зарабо́тала де́ньги на эту путёвку.
пое́здка	trip	коро́ткая пое́здка
°**молоде́ц** (-дца́, -дцу́, …)	great guy	Какие вы молодцы́!
3 **путеше́ствие**	trip, journey	путеше́ствие по стране
°**теплохо́д**	ship	Все туристы на теплохо́де.
знако́миться (с кем/с чем) я знако́млюсь ты знако́мишься они знако́мятся/ **познако́миться**	make acquaintance	В этом ресторане вы познако́митесь с русской кухней.

национа́льный	national	национа́льный теа́тр
°тата́рский	Tatar	тата́рская ку́хня
°мемориа́льный ко́мплекс	memorial complex	
°чу́до *(Pl.* чудеса́)	miracle, wonder	
конча́ться/ ко́нчиться *(1. and 2. Pers. not used)* он, она́, оно́ ко́нчится они́ ко́нчатся	come to an end, end	Наш о́тпуск ско́ро ко́нчится.

Э́то вы уже́ понима́ете

1	ла́герь *(Pl.* -я́)	camp	3	пикни́к	picnic
	рюкза́к (-а́, -у́, …)	rucksack, backpack	4	рекла́мный проспе́кт	advertising flyer
	капитали́ст	capitalist			

Места́ на Во́лге

3	ГЭС *(Abbr. for* гидроэлектроста́нция)	hydroelectric station	**Сама́ра**	Samara *(city on the Volga)*
	Ни́жний Но́вгород	Nizhny Novgorod *(city on the Volga)*	**Жигули́**	Zhiguli *(mountain ridge on the Volga)*
	Каза́нь	Kazan *(capital of the Tatar Autonomous Republic)*	**Мама́ев курга́н**	Mamaev Hill *(memorial to the victims of World War II)*
			Каспи́йское мо́ре	Caspian Sea

В ▸ Ле́тний о́тпуск

3	е́сли	if	Е́сли бу́дет дождь, мы пойдём в кино́.
5	отку́да	from where	Отку́да ты пришёл?
	у́тренний	morning	у́тренняя гимна́стика
	°те́лик *(coll.)*	television (set)	По те́лику идёт фильм.
	вече́рний	evening	вече́рнее пла́тье

Э́то вы уже́ понима́ете

2	ке́мпинг	camping

Мои планы на лето

1 °о́стров чуде́с	Island of Miracles	
фе́рма	farm	
Яросла́вль	Yaroslavl (city on the Volga)	
коро́ва	cow	
°тепли́ца	hothouse, greenhouse	
после́дний	last	после́дняя страни́ца
Приба́лтика	Baltic region	
испа́нский	Spanish	испа́нский язы́к
°испа́нец (-нца, -нцу, …)	Spaniard	
вообще́	in general	Я его́ вообще́ не ви́дел.
°одни́ богачи́	only rich people	
ве́рить	trust, believe	Я вам ве́рю.
я ве́рю		
ты ве́ришь		
они́ ве́рят/		
пове́рить		
°шу́ба	fur coat	дорога́я шу́ба
°но́рка	mink	шу́ба из но́рки
прогу́лка	walk, stroll	
хоте́ть/**захоте́ть**	want, wish	
я захочу́		
ты захо́чешь		
они́ захотя́т		
организова́ть (pf. and	organize	Гид организу́ет путеше́ствие в
impf.)	set up	Москву́.
я организу́ю		
ты организу́ешь		
они́ организу́ют		
ве́чер (Pl. -á)	here: soiree (evening party)	шко́льный ве́чер
ты́сяча	thousand	
°Проща́й(те)!	Farewell!	
пра́вда	truth	Он сказа́л пра́вду.
лу́чший	best	Она́ моя́ лу́чшая подру́га.

Это вы уже́ понима́ете

1 тра́ктор	tractor	поли́тика	politics

⟨5⟩ **Volga, Volga, Dear Mother**

1. From the island to the channel;
   On the breadth of the river's waves
   Sail brightly painted
   ships with pointed hulls.

2. In the front one sits Stenka Razin
   With a princess in his arm,
   He is celebrating a new wedding
   Is in a good mood and tipsy.

3. Behind him can be heard the murmurs:
   "He has traded us for a woman;
   After he spent a night with her,
   He became a woman himself."

4. "Volga, Volga. Mother dear.
   Volga, Russian river,
   Never have you seen such a gift
   from your Don Cossacks."

5. And with a powerful swing
   He lifts the princess high
   And tosses her overboard
   into the oncoming wave.

Багаж

S. Marshak

A lady checked her baggage
   A sofa,
   A suitcase,
   A travel bag,
   A painting,
   A basket,
   A carton,
And a tiny little puppy dog.

At the station they gave the lady
Four green receipt slips
For the baggage that was checked:
   A sofa, ...
And a tiny little puppy dog.

They carry the things to the platform,
Throw them into an open train car.
Done. The baggage was loaded.
   A sofa, ...
And a tiny little puppy dog.

Just as the signal was heard, —
The pup flew out of the car.

They found out at the station called Dno
One baggage piece had been lost.

In horror they counted the baggage:
   A sofa,...
"Comrades! Where is the tiny little
   puppy dog?"

Suddenly they saw: standing by the wheels
A huge disheveled dog.
They caught it — and in with the baggage.
There where there lay a travel bag,
   A picture,....
Where the tiny little puppy dog had been.

They arrived in the city of Zhitomir.
Porter number fifteen
Loads the baggage on his cart:
   A sofa, ...
And leading behind a tiny little puppy dog.

The dog begins to growl:
And the lady begins to shout:

You bandits! Thieves! Monsters!
The dog is not of the same breed!

She flung the suitcase.
With her leg she kicked off the sofa.
   The picture, ...
"Give me back my little puppy dog!"

Permit me, Madam! At the station,
According to the claim check
We checked in your baggage:
   A sofa, ...
And a little puppy dog.

However, in the course of the trip,
The dog
Could have grown!

Фóрточка 1

1б)	**Здрáвствуй(те)!** [-аст-]	Hello!
2	**уже́**	already
4а)	**Ах!**	Ah! Oh! *(expresses amazement, shock)*
	Ну и что?	Well? So what?
6	**рисýет**	draw *(3rd Pers. Sg.)*
7	**так**	so

Э́то вы уже́ понимáете	
4а) **буфе́т**	buffet, snack bar

Фóрточка 2

1	**маги́ческий**	magic	
2	**семья́** *(Pl.* се́мьи*)*	family	моя́ семья́
	мáльчик	boy	Мáльчику 5 лет.
	бáбушка	grandma, grandmother	моя́ бáбушка
4	**без** *(with Gen.)*	without	Он идёт в кинó без меня́.
8	**шáхматы** *(Pl.)*	chess	Мы игрáем в шáхматы.
11	**о себе́**	about oneself	
	сейчáс	right now, this instant	
	„Áнна Карéнина"	*Anna Karenina (novel by L. N. Tolstoi)*	

Э́то вы уже́ понимáете	
1 **квадрáт**	square, quadrate
11 **фильм**	film

Фóрточка 3

2	**ýлица Свобóды**	Street of Freedom	
⟨3⟩	**прóтив** *(with Gen.)*	across from, opposite	Онá сиди́т прóтив негó.
	в э́том дóме	in this house/building	
	мы по лéстнице бежи́м	we run up the stairs	
	раз	one *(when counting)*	
4	**страни́ца**	page	

4	**Кто живёт ря́дом с кем?** *(стр. 153)*:
	Бори́с живёт ря́дом с Олéгом. Натáша живёт ря́дом с Ди́мой. Татья́на живёт ря́дом с Натáшей.

6	**газéта**	newspaper	Э́то стáрая газéта.
	Киóск рабóтает.	The kiosk is open.	
	дéвушка	(young) girl	
7	**Слýшай(те)!**	Listen!	
	лýчше	better	Э́то лýчше.
	у *(with Gen.)*	at, near, by	у окнá
	всё ещё	still	Пéтя всё ещё смóтрит телеви́зор.

Фóрточка 4

1 **стадиóн „Локомотúв"**	Locomotive Stadium		
Алексáндр Сергéевич Грибоéдов	Aleksander Sergeevich Griboyedov *(Russ. playwright: 1795–1829)*		
аэропóрт (в *with Prep.* -ý)	airport		
дéньги *(Pl.)*	money	Он считáет дéньги.	
женá *(Pl.* жёны*)*	wife		

2 **в день**	daily, per day	Я сплю 8 часóв в день.	
3 **мы с ней**	She and I	Мы с ней чáсто гуляем в пáрке.	
4 **продýкты** *(Pl.)*	produce		
холодúльник	refrigerator	Продýкты в холодúльнике.	
5 °**скóлько человéк**	how many people		

5 Большáя семья *(стр. 156)*:

It might be easier to do this exercise from the back. It is clear that whoever likes the chicken, will like to eat the cutlet and fish, or chicken and cutlet, or cutlet and fish as well as chicken and fish.

	1	2	3	4	5	6	7	8	9	10
chicken	+		+	+	+	+	+			+
cutlet	+	+			+	+	+		+	
fish	+	+	+	+				+		

⟨6⟩ **A Passionate Fisherman**

1. Since early morning a passionate Fisherman has been sitting.
He sits and hums a tune.
The song has no words.

2. The song is magnificent.
It is happy and sad at the same time.
And this song is known by heart
By all the fish.

3. When the song begins,
all the fish swim away.

⟨7⟩ шýтка	joke, practical joke, prank	

Фóрточка 5

3 **контрóльная рабóта**	test	Они пúшут контрóльную рабóту.	

6 °**капитули́ровать**	capitulate, give up, surrender	
я капитули́рую		
ты капитули́руешь		
они капитули́руют		
дура́к	dummy	
°**Ходи́ конём!**	Move the knight!	
гость	guest	
7 **сло́во** *(Pl. -á)*	word	Каки́е слова́ говори́т попуга́й?

⟨10⟩ **Суперпопуга́й**

Говори́т попуга́й попуга́ю:	One parrot says to another parrot:
— Я тебя́, попуга́й, попуга́ю!	"I'm going to scare you, Parrot."
Отвеча́ет попуга́ю попуга́й:	The parrot answers the parrot:
— Попуга́й, попуга́й, попуга́й!	"Scare me, scare me, Parrot."

Э́то вы уже́ понима́ете

1	**турни́р**	tournament	6 **супертре́нер**	supertrainer
	орке́стр	orchestra	9 **су́пер**	super, top-notch

Фо́рточка 6

1 **неда́вно**	not long ago
°**Ему́ сто́лько ме́сяцев,**	He is as many months old,
ско́лько мне лет.	as I am years.

---

1 **Сего́дня день рожде́ния** *(стр. 161)*

Папе 24 го́да, а сы́ну два го́да.

---

2 °**ри́мский**	Roman		
3 **секре́т**	secret	У меня́ секре́т.	
4 **оригина́льный**	original	оригина́льный пода́рок	
Пу́шкин, Алекса́ндр Серге́евич	Aleksander Sergeevich Pushkin *(Russ. poet: 1799–1837)*		
у́лица Смирно́ва	Smirnov Street		

Э́то вы уже́ понима́ете

1	**почтальо́н**	mail carrier
	телегра́мма	telegram
4	**радиопрогра́мма**	radio program, broadcast

⟨7⟩ Апре́ль, апре́ль —	April, April—
никому́ не верь!	trust no one!
С пе́рвым апре́ля вас!	April Fools! *(when someone has been fooled)*

Форточка 7

1	в шесть лет	at the age of six	
2	юноша	youth	
	°последний	last	последний час
	золото	gold	
	°копать/выкопать	dig	
	за *(with Acc.)*	for *(price, value)*	за эти деньги
	большие деньги	lots of money	
	земля *(Acc.* землю*)*	earth, soil	Они копают землю.
6	Иди(те)!	Go! Go away!	
	Принеси(те)!	Bring (me)!	
	Я — сейчас!	I'll be right there.	
а)	°картинка *(Dimin. of* картина*)*	picture	
в)	однажды	once, once upon a time	Однажды они были в лесу.

Это вы уже понимаете

| 6 | рюкзак (-á, -ý, ...) | backpack | |

7	некрасивый	not pretty, ugly	
	грязный	dirty	грязная собака; грязное окно
	Незнакомка	Unknown	
	°бежать/побежать	run, jog	Собака побежала в лес.
	я бегу		
	ты бежишь		
	они бегут		
	сначала	first, in the beginning	
	понимать/понять	understand	
	понял, -лá, -ло; -ли		
	лучший	best	лучший друг
	хотеть/захотеть	want, wish	
	глаз *(Pl.* глазá*)*	eye	

Форточка 8

1	официантка	waitress	Официантка работает в ресторане.
	шутить/пошутить	joke	
2	девушка	*here:* salesgirl	
3	не бывает *(чего)*	there are no	Не бывает городов без домов.
6	часы *(Pl.)*	watch, clock	Мои часы стоят.
	чек	receipt, sales check	Иди в кассу за чеком!
	за *(with Instr.)*	for *(to go to get someone or something)*	Утром я хожу за хлебом.

Это вы уже понимаете

| 2 | роман | novel (romance) | 6 | витрина | shop window, vitrine |

8	продолжать/продолжить	continue	
	по понедельникам, по вторникам, ...	Mondays, Tuesdays,...	
9	°составлять/составить	compose, put together	
	предложение	sentence	

Форточка 9

2а)	„Бе́лые но́чи"	White Nights	
б)	**переда́ча**	broadcast (radio, TV)	
4	**число́** (*Pl.* чи́сла)	number	
7	°**дина́мовец** (-вца, -вцу, …)	player for Dinamo team	
	°**укра́л**	*Past tense of* steal	Кто укра́л мои часы́?
	°**вор**	thief	Ты зна́ешь во́ра?

Форточка 10

⟨3⟩	доро́га	road, path	моя́ доро́га в шко́лу
5	**пятёрка**	a five = A (*best grade in Russian school*)	
	четвёрка	four = grade of B	
	тро́йка	three = grade of C	
	дво́йка	two = grade of D	
	микрорайо́н	microregion (*new district*)	
	райо́н	region	
	ко́рпус	section of the housing complex	
	ре́чка (*Dimin. of* река́)	river	
	°**в три ра́за быстре́е, чем …**	three times faster than	
	„**Спарта́к**"	Spartacus (sports club)	
	°**У кого́ что боли́т, тот о том и говори́т.**	The one who is hurting will tell you about it.	

Форточка 11

1	**нельзя́** (*with inf. of impf. verbs*)	forbidden, ought not	Вам смотре́ть э́тот фильм нельзя́.
3	**на́до**	must	Ему́ на́до бо́льше занима́ться.
6	**язы́к**	tongue	
7	**рабо́тник**	worker	
8	°**фанта́стика**	science fiction	
	°**инопланетя́не** (*Pl.*)	extraterrestrials	
	челове́чек (-чка, -чку, …) (*Dimin. of* челове́к)	little man	
	фиоле́товый	violet (color)	
	Тьфу!	Phooey!	
	ведь	yes, you know	
	сон (сна, сну, …)	dream	Она́ ча́сто ви́дит сны.

Это вы уже́ понима́ете

| 8 | **экземпля́р** | example | **плане́та** | planet |
| | | | **анте́нна** | antenna |

Форточка 12

4 **че́рез** (with Acc.)   in, after (after a year has passed)   че́рез год, че́рез неде́лю

  учи́ть   study, learn

  я учу́

  ты у́чишь

  они у́чат/

  вы́учить

  Бо́же мой!   My God! My goodness!

6 **в гостя́х**   as a guest

Это вы уже понимаете

1	**пикни́к**	picnic	7 **А́зия**	Asia
4	**катастро́фа**	catastrophe		

Text Sources

© Detskaja literatura, Saint-Petersburg: p. 113 Больше не приходи! by A. Tolstikov from Дружба; © Nedelja, 1992, Moscow: p. 80 Свой дом на сво-ей земле; © Panorama, Moscow: p. 165 Макс и Рекс from Забава, 1991; © Pedagogitscheskij institut im A.I. Gerzena, Saint-Petersburg: p. 132 А жуки живут жужжа by S. Schtschukina from Фонетические пятиминутки, 1977; © Puschkin Verlag Köln: p. 175 Моя маленькая Москва by V. Alekseev, 1993; © Reclam Verlag, Leipzig, 1990: p. 63 Чудная картина by Afanasij Fet, Poems; © Respublika, Moscow: p. 168 Чего без чего не бывает by M. Piazkowskij from Миша, 1988; © Russkij jazyk, Moscow: p. 51

Большая семья by N. Lutschinskij, 1984 und p. 152 Новый дом by P. M. Baew Играем на уроках русского языка, 1989; © Sowjetskij pisatel, Moscow, 1960: p. 134 Тридцать лет спустя by M. Soscht-schenko from Рассказы и повести 1923 – 1956; © WAAP, Moscow: p. 85 В небо-дыра from Izd. Malysch, 1986, p. 78 В январе by S. Marschak: p. 24 До свидания by Awia: p. 157 Любитель-рыболов by A. Barto/M. Starokodomskij: p. 43 Миленький ты мой: p. 85 Песенка крокодила Гены by A. Timo-feewskij/B. Žainskij: p. 137 План Крыма from Крым, Атлас туриста, 1987, p. 118 Подмосковные вечера by M. Matusowskij/Solowjow-Sedoj.

Cartoons

© Izwestija, Moscow: p. 180; © Krokodil: p. 51 Issue 14, 1980, p. 126 Issue 10, 1991; © Politizdat, Moscow: p. 112 from Женский календарь, 1985, p. 115 top and mid. from Настольный календарь, 1978, p. 115 bot. from Настольный календарь, 1989,

p. 142 from Настольный календарь, 1987, p. 157 г. from Календарь Спорт 91; © Russkij jazyk, Moscow: p. 131 г. from 26 уроков по развитию речи 1975, p. 174 from Корректир. курс русского языка, 1980; © Sowjetskij Sojus, 1990; © Sputnik 12, 1982.

Photo Sources

Photos by Ilja Medowoj except: Archiv für Kunst und Geschichte, Berlin: p. 36. 5., p. 116 bot. l. by R. Werbezahl; Arthotek, Pressenberg, p. 116 mid. l. Iwan IV by V. Wasnezow; Bayerische Staatsbiblio-thek, Munich: p. 116 l. top; Bilderberg, Hamburg: p. 99.3 (Reiser), p. 126 top (Kunz); Der Kinderbuch-verlag, p. 92 from "Löwen an der Ufertreppe," illust. by Konrad Golz; dpa, Frankfurt, p. 36 1., 2., 3., 4.; P. Eising, Munich, p. 97 r. top; IFA Bilderteam, Munich, p. 96 l. mid.; Nicolai Ignatiev, Focus, Hamburg, p. 64 r. top; r. mid. bot. p. 99.2; Izdatelstwo "Plakat," p. 75 l. top; Izdatelstwo "Prawda," p. 75 bot.; Izobrazitelnoe iskusstwo, p. 75 r. top, r. mid. top; Janicek/Bavaria, p. 96 r. mid.; Janike, Munich, p. 96 top, p. 99.1; Jürgens Ost and Europa Photo, Berlin, p. 37 1. – 7., p. 54 bot., p. 79, p. 86 r. top, r. mid., p. 87, p. 96 l. bot., p. 97 l. top, l. bot., p. 97 l. top., l. bot., p. 117 mid. top, mid. bot., p. 119 mid., p. 122, p. 126 l. bot., p. 140 r. mid., p. 170, p. 175; Keystone,

Hamburg, p. 136 l. bot.; E. Mamonow, 1852, p. 31 r. top; Mauritius Bildagentur, Stuttgart, p. 169; The Miasnikows Collection, Moscow, p. 116 l. mid. by A. M. Wasnezow; Museum of the History and Reconstruction of Moscow, p. 116 r. mid. by A. M. Wasnezow; Music + Show, Nana Botsch, Hamburg, p. 24 r. bot.; Nowosti Press Agency, Berlin, p. 35 r. mid., p. 42, p. 64 l. top, mid., l. bot., mid. bot., p. 117 mid., p. 119 top, mid., p. 126 r. bot., p. 136 r. top, l. top, r. mid., l. mid., r. bot.; Panorama, Moscow p. 75 l. mid.; Piper, Frankfurt a. M., p. 31 bot. l. by Hans Fronius; Planeta, p. 75 mid., bot. r.; Heinz Steenmans, Korschenbroich, p. 37, p. 85, p. 97 l. top, r. bot., p. 100 top; Superbild, Munich, all rights reserved by Bernd Ducke, p. 117 mid. top; Verlag Junge Welt, p. 116 r. top by A. M. Wasnezow and r. bot. by K. F. Juon; VG Bild-Kunst, Bonn 1993, Edition Hazan, Paris, p. 82 Visum, Hamburg, p. 64 r. mid. top, p. 99.7 (Timm Rauter), p. 105, p. 117 bot. (Rudi Meisel).

Alphabetical Word List

А

а but, and **В**1
а́вгуст August **6Б**
авто́бус bus **В**4
а́втор author **5В**
Ага́! Aha! **1Г**
а́дрес address **10В**
ай лю́ли la la, la **<7Б>**
Алло́? Hello! *(on the phone)* **1В**
алфави́т alphabet **В**6
альбо́м album **Ф**2
америка́нский American **5В**
ана́лиз analysis **11Б**
анги́на sore throat, angina **11А**
англи́йский English **8Г**
анекдо́т joke **9В**
°**анке́та** questionnaire **5О**
анте́нна antenna **Ф**11
апельси́н orange **11Г**
аппети́т appetite **4Б**
  Прия́тного аппети́та! Bon appetit! **4Б**
апре́ль April **6Б**
  Апре́ль, апре́ль — никому́ не верь! April, April—don't trust anyone! **<Ф6>**
  С пе́рвым апре́ля вас! April Fools! **<Ф6>**
а́рмия army **10О**
архите́ктор architect **В**6
астроно́м astronomer **10Б**
лёгкая атле́тика track and field **5Б**
афи́ша poster **1А**
Ах! Ah! *(expresses surprise, shock)* **Ф**1, **6А**
аэро́бика aerobics **5Б**
аэропо́рт airport **Ф**4

Б

ба́бушка grandma, grandmother **2Б**
бадминто́н badminton **В**5
бале́т ballet **5Г**
балко́н balcony **3Б**
баскетбо́л basketball **5Б**
баскетболи́ст basketball player **5Б**
баскетболи́стка (female) basketball player **5Б**
бассе́йн swimming pool **3А**
°**Бах! Бух! Бац!** Boom! Crash! Bang! **6Г**
ба́шня tower **10А**
бежа́ть run **Ф**7, **9Г**
  Мы по ле́стнице бежи́м. We are running up the stairs **<Ф3>**
без without **Ф**2, **7А**
бе́лый white **9О**
бе́рег bank, shore, coast **8Б**

беспоря́док disorder, a mess **3Б**
библиоте́ка library **В**3
бики́ни bikini **12А**
биле́т (entrance) ticket, (bus, train) ticket **2А**
билья́рд billiards **11Г**
бинт bandage **9Г**
био́лог biologist **2Б**
биоло́гия biology **1Б**
блин bliny (flat pancake) **8Б**
блу́зка blouse **9О**
°**одни́ богачи́** only the rich **12Г**
Бо́же мой! My God! My goodness **Ф**12
боле́ть hurts, be sick, fall ill **5Г**, **11Г**
  У кого́ что боли́т, тот о том и говори́т. The one who is hurting will tell you about it. **Ф**10
больни́ца hospital **11А**
больно́й patient **11А**
бо́льше more **9Г**
большо́й large, big **3А**
  большо́й па́лец thumb, big toe **11Б**
  Большо́е вам спаси́бо. thank you very much **6Г**
  больши́е де́ньги lots of money **Ф**7
брат brother **2А**
брать take **8Б**
броса́ть throw, toss **<10Б>**
бро́сить *(pf.)* throw, toss **<10Б>**
брю́ки *(Pl.)* pants, slacks **9О**
бу́дет will be, equals *(math)* **2О**
  у нас бу́дет... we will have... **4Г**
буди́льник alarm clock **8А**
буди́ть wake **4А**
бу́ду I will be **9Г**
бу́дущий future **7В**
Бу́дь(те) здоро́в(а; ы) Stay healthy! Stay well! **11О**
буке́т bouquet (of flowers) **7Г**
бургоми́стр mayor, burgomaster **8Г**
бутербро́д sandwich **4Б**
буты́лка bottle **4В**
буфе́т buffet, snack bar **Ф**1
бу́хта bay, bight **2Б**
не быва́ет there are no **Ф**8
бы́стро fast, quickly **8Г**
  °**в три ра́за быстре́е, чем...** three times faster than... **Ф**10
быть to be **7А**
  у нас не́ было... we did not have... (possess) **7А**
  у них был... they had... (possessed) **7А**
°**Их бы́ло двена́дцать.** There were twelve (of them). **7Г**
бюро́ bureau, office **В**6

В

в in, at, on, to **В**4; on **1Б**; at *(time)* **4А**
в гостя́х as a guest **Ф**12
в день per day, daily **Ф**4
в ... лет at the age of ... years **Ф**7, **10Б**
°**в три ра́за быстре́е, чем...** three times faster than... **Ф**10
ваго́н train car **<11В>**
ва́нная bathroom **3Б**
вариа́нт variant **Ф**3
вверх up, upwards **11Б**
вдруг suddenly **7В**
ведь yes, you know **Ф**11
°**ве́жливый** polite **9Б**
век century **8О**
вели́кий great **8Б**
вели́к too big **9В**
велосипе́д bicycle **5Б**
  ката́ться на велосипе́де ride a bicycle **5Б**
велосипеди́ст bike rider **5Б**
велосипеди́стка (female) bike rider **5Б**
ве́рить trust, believe **12Г**
  Апре́ль, апре́ль — никому́ не верь! April, April—trust no one! **<Ф6>**
весёлый happy, lighthearted **6В**
ве́село happy, gay, merry **6А**
весна́ spring **6Б**
весно́й in spring **6Б**
°**вестибю́ль** vestibule **5В**
весь, вся, всё; все all, whole **10В**
ве́тер wind **2Б**
ве́чер evening **4А** soiree (evening party) **12Г**
вече́рний evening **12В**
  вече́рний звон evening sound (of bells) **4О**
ве́чером in the evening **1А**
ве́щи things **6А**
взволнова́ться *(pf.)* worry, get upset **8А**
взрыв explosion, detonation **11Г**
взять *(pf.)* take **8Б**
видеосало́н video salon **5В**
видеофи́льм video film **2В**
ви́деть see **5Г**
°**виктори́на** quiz game **8Г**
°**винегре́т** vinaigrette **6Г**
висе́ть hang **1Б**
витри́на shop window, vitrine **Ф**8
вку́сный tasty, delicious **4Б**
вме́сте together **В**4
вниз down, downwards **11Б**
внук grandson **7А**
вода́ water **4Б**
во́дка vodka **8Г**

вокза́л railway terminal **В**3
волейбо́л volleyball **В**5
волейболи́ст volleyball player **2Б**
волейболи́стка (female) volley-ball player **5Б**
волк wolf **1В**
волнова́ться worry, get upset **8А**
во́лос hair **9Б**
вообще́ in general **12Г**
вопро́с question **В**5
    Что за вопро́с! What a question! **В**5
°вор thief **Ф9**
°во́рон raven **7Б**
воро́чать turn, move **<6В>**
восемна́дцатый eighteenth **3В**
восемна́дцать eighteen **2О**
во́семь eight **2О**
воскресе́нье Sunday **1Б**
восто́к east **2Б**
восьмо́й eighth **3В**
вот here **В**4
    Вот они́. Here they are. **В**4
вперёд forward, ahead **<10Б>**, **11Б**
врач doctor, physician **11А**
вре́мя time **5О**
вре́мя го́да season of the year **7Б**
    всё вре́мя all the time **5О**
    свобо́дное вре́мя free time **5О**
все everyone, all **1А**
всегда́ always **2В**
всего́ хоро́шего all the best **6Б**
всё everything, all **3А**
    всё (ещё) still (always) **Ф3**, **11А**
    всё вре́мя all the time **5О**
    всё да́льше farther and farther **9Г**
    К чему́ ей всё э́то? What does she need all this for? **3Б**
    всё равно́ all the same **9Г**
встава́ть arise, get up, stand up **4А**
встать (pf) arise, get up, stand up **7В**
встре́титься (pf.) meet each other, encounter **12А**
встреча́ться meet **5А**
всяк each **<6В>**
вся́кий each **<7Г>**
вто́рник Tuesday **1Б**
    по вто́рникам on Tuesdays **Ф8**
второ́й second **3В**
вчера́ yesterday **7А**
вы (Pl. and polite) you **В**4
выбира́ть choose, select **8Б**
вы́брать (pf.) choose, select **8Б**
вы́глядеть look **9Б**
вы́йти (pf.) exit, get off **10Б**
вы́клевать peck out **7Г**
°вы́копать (pf.) dig up **Ф7**
    Вы́пьем за...! Let's drink to...! **6Г**

высо́кий tall, high **8Б**
°Без труда́ не вы́тащишь и ры́бку из пруда́. No pain, no gain. (Without effort you can't even pull a little fish from a pond.) **5В**
вы́учить (pf.) learn **Ф12**
выходи́ть exit, get off **10Б**

Г

газе́та newspaper **Ф3**, **3Г**
галере́я gallery **10А**
гандбо́л handball **<2В>**, **5Б**
°гвоздь nail **6Г**
где where **В**5
    Где они́? Where are they? **В**5
геогра́фия geography **1Б**
гид tour guide **В**3
гимна́стика gymnastics **5Б**
гита́ра guitar **2В**
гитари́ст guitarist **2Б**
гитари́стка (female) guitarist **5Б**
гла́вный main, major **8О**
глаз eye **Ф7**, **<7Г>**, **9Б**
глухо́й deaf **9Г**
говори́ть speak, say **1А**
°У кого́ что боли́т, тот о том и говори́т. The one who is hurting will tell you about it. **Ф10**
    Что мно́го говори́ть! Why so much talking! **7Г**
год year **2А**
    С Но́вым го́дом! Happy New Year! **6О**
голла́ндский Dutch **8Г**
голова́ head **9Б**
°го́лод hunger **10Г**
голо́дный hungry **4В**
голубо́й blue, sky blue **9О**
гора́ mountain **12Б**
го́рло throat **11А**
го́род city **В**3
°горчи́чник mustard plaster **11А**
гости́ная living room **3Б**
гости́ница hotel **10А**
гость guest **Ф5**, **6А**
    в гостя́х as a guest **Ф12**
госуда́рственный state **10А**
гото́вить prepare, cook **4А**
гото́виться prepare (oneself) **5А**
грамма́тика grammar **10Б**
°гриб mushroom **7Б**
грипп flu, grippe **2В**
гру́ппа group **1А**
гру́стный sad **9Г**
°гру́ша pear **7Б**
гря́зный dirty **Ф7**
гуля́ть take a walk, stroll **3А**

Д

да yes, **В**3, and (literary) **7Г**
°В тесноте́, да не в оби́де. In tight quarters, but not offended. **3Г**
Дава́й(те)...! Let's...! **В**5
дава́ть give **2А**
давно́ a long time, for a long time **2А**
да́же even **6Г**
далеко́ far, far away from **2Г**
да́льше further, next **2О**
дать (pf.) give **7В**
да́ча summer cottage, dacha **3Г**
два two **2О**
двадца́тый twentieth **3В**
два́дцать twenty **2О**
две two **3А**
двена́дцатый twelfth **3В**
двена́дцать twelve **2О**
°Их бы́ло двена́дцать. There were twelve of them. **7Г**
дверь (f.) door **3Б**
дво́йка a two = a grade of D **Ф10**
двор yard **7В**
    в/на дворе́ in the yard, outdoors **<6Б>**, **7Г**
дворе́ц palace **8О**
де́вочка (little) girl **2А**
де́вушка (young) girl **Ф3**, **5Б**, salesgirl **Ф8**, **8Б**
девятна́дцатый nineteenth **3В**
девятна́дцать nineteen **2О**
девя́тый ninth **3В**
де́вять nine **2Б**
де́душка grandpa, grandfather **2Б**
дека́брь December **6Б**
де́лать do, make **В**5
    де́лать уро́ки do homework **В**5
де́ло affair, matter **6В**
    Как дела́? How are things? **В**2
день day **4А**
    день рожде́ния birthday **5Г**
    в день in a day, per day **Ф4**
де́ньги (Pl.) money **Ф4**, **12Б**
    больши́е де́ньги lots of money **Ф7**
дере́вня the country **3А**
деся́тый tenth **3В**
де́сять ten **2О**
детекти́в crime story, mystery **5Д**
де́ти (Pl.) children **3А**
джи́нсы (Pl.) jeans **9О**
дзюдо́ judo **5Б**
диало́г dialogue **В**2
дива́н sofa **3Б**
°дина́мовец player for Dinamo **Ф9**
дире́ктор director **1В**
диске́та disk **5Б**
дискоте́ка discotheque **2В**
дли́нный long **9Б**
для for **Ф3**, **6А**

дневни́к diary **1Б**
днём in the afternoon **4О**
> **С днём Восьмо́го ма́рта!** Best wishes for March 8! *(International Women's Day)* **6О**
> **С днём рожде́ния!** Happy Birthday **6О**

до until *(temporal and spatial)* **5А**
> °**До но́вых встреч!** Until our next meeting! **1А**
> **До свида́ния!** Good-bye **1А**

до́брый good, kind **6Г**
Догада́лись? Have you guessed? **<Ф3>**
до́ждик rain **<6Б>**
дождь rain **7Б**
> **дождь идёт (шёл)** it's raining **7Б**

до́ктор doctor **11Б**
до́лго long time **7В**
дом home, house **3А**
до́ма at home **В5**
до́мик little home **7Б**
домово́й house ghost **<7В>**
домо́й to home **В4**
доро́га street, road **<Ф10>, 10В**
дорого́й dear, expensive **6А**
доска́ chalkboard **1Б**
до́чка daughter **7Г**
дочь *(f.)* daughter **В6**
дра́ма drama **7Б**
друг friend **1А**
друго́й another **6Г**
дружи́ть make friends **9Г**
друзья́ *(Pl.)* friends **2А**
°**дуб** oak **7Б**
ду́ма *here:* memory **<4О>**
ду́мать think **2В**
дура́к dummy **Ф5**
дуэ́ль *(f.)* duel **10Б**
дя́дя uncle **В2**

Е

е́здить ride, drive **11В**
е́сли if **<10Б>, 12В**
есть eat **4Б**
> **у меня́ есть...** I have, possess... **2А**

е́хать go by vehicle **В4**
ещё still, more **В6**

Ё

ёлка fir tree, Christmas tree **6Б**

Ж

жа́рко hot **7Б**
же *(emphatic particle for word it follows)* **5Г**
жела́ть wish **6Б**

жена́ wife **Ф4, 6Г**
же́нский female, women's **6Б**
же́нщина woman **6Б**
жёлтый yellow **9О**
жёлудь acorn **7В**
живо́т abdomen, belly, stomach **11Б**
жизнь *(f.)* life **8Г**
жил-был once upon a time *(introduction to a fairy tale)* **7Г**
жить live **В6**
журна́л journal, magazine **2Б**
журнали́ст journalist **В6**
журнали́стка (female) journalist **5Б**

З

за behind **3А**, for *(price, value)*, **Ф7**, for *(the person or thing you go to get)* **Ф8**, in place of **10Г**
> **за столо́м** at the table **4А**
> **Вы́пьем за...** Let's drink to... **6Г**
> **спаси́бо за...** thank you for... **2Г**
> °**Что за фо́кусы?** What kind of nonsense is that? **11А**

заболе́ть *(pf.)* to get sick, fall ill **11Г**
забыва́ть forget **8Б**
забы́ть *(pf.)* forget **8Б**
зави́довать envy **11Г**
заво́д factory, plant **4Б**
за́втра tomorrow **12А**
за́втрак breakfast **4А**
за́втракать breakfast **4А**
загора́ть sunbathe, tan **12А**
загоре́ть *(pf.)* sunbathe, tan **12А**
закрича́ть *(pf.)* scream out **Ф11**
закрыва́ть close **11Б**
закрыва́ться close, be closed **10Б**
закры́ть *(pf.)* close **11Б**
закры́ться *(pf.)* close, (will) be closed **10Б**
зал hall **10Б**
°**замёрз** (he/it) froze **9Г**
°**Она́ замёрзла.** She froze. **7Г**
°**за́навес** curtain **6Г**
занима́ться be occupied, engaged in, play a sport **5Б**
за́пад west **2Б**
за́падный western **10Б**
запи́ска note, brief letter **1В**
запла́кать *(pf.)* begin crying **9Г**
заплати́ть *(pf.)* pay **8Б**
зараба́тывать earn **12Б**
зарабо́тать *(pf.)* earn **12Б**
засмея́ться *(pf.)* begin laughing **8Г**
Заходи́(те)! Come in! **3Б**
захоте́ть *(pf.)* begin to want **Ф7, 12Г**

звать call, summon **<7Г>**
звони́ть phone, call on the phone **11А**
звоно́к a ring, the bell **1Г**
зда́ние building **3А**
здесь here **2А**
здо́рово *(coll.)* great, super, wonderful **В4**
здоро́вый healthy **11О**
здоро́вье health **6Б**
Здра́вствуй(те)! Hello! **Ф1, 3В**
зелёный green, unripe **<7Б>, 9О**
земля́ earth, soil **<6В>, Ф7**
зима́ winter **6Б**
зимо́й in winter **2Г**
знако́миться make acquaintance, get acquainted **12Б**
знамени́тый famous, renowned **8Б**
знать know **В5**
Как тебя́ зову́т? What is your name? **В2**
Его́/Её зову́т... His/her name is... **2А**
зо́лото gold **Ф7**
золото́й golden **5Г**
> **золоты́е ру́ки** golden hands **5Г**

зуб tooth **11Б**

И

и and **В1**, also **1В**
и ... и ... both... and... **3А**
игра́ game **5А**
игра́ть play **В5**
> **игра́ть в бадминто́н** play badminton **В5**
> **игра́ть в волейбо́л** play volleyball **В5**
> **игра́ть в ка́рты** play cards **В6**
> **игра́ть в футбо́л** play soccer **1В**
> **игра́ть в ша́хматы** play chess **Ф2, 5Б**
> **игра́ть на компью́тере** play computer games **5Г**
> **игра́ть на пиани́но** play the piano **5В**

иде́я idea **8А**
идти́ go *(by foot)* **В4**
> **дождь идёт** it's raining **7Б**
> **снег идёт** it's snowing **7Б**
> **Это ему́/ей идёт.** That looks good on him/her. **9А**
> **Иди́(те)!** Go! **Ф7, 7Г**

из from, out of **2А**
изве́стный well-known, famous **8О**
Извини́(те)! Excuse me! **8Б**
ико́на icon **3А**
и́ли or **В6**
и́мени (им.) named after, in name of ('in name of' often omitted) **10Б**

и́мя (*n*) name, first name **B6**
инжене́р engineer **B6**
иногда́ sometimes, now and then **7B**
°**инопланетя́не** (*Pl.*) extra-terrestrials **A11**
иностра́нец foreigner **8Г**
иностра́нный foreign **8Г**
институ́т institute **B3**
интервью́ interview **4Б**
интере́сно interesting **1A**
интере́сный interesting **3A**
интересова́ться interested in, take an interest in **5Б**
информа́ция information **10B**
иска́ть search, look for **5Б**
°**испа́нец** Spaniard **12Г**
испа́нский Spanish **12Г**
истори́ческий historical **3A**
исто́рия history **1Б**
италья́нский Italian **8Г**
ию́ль July **6Б**
ию́нь June **6Б**

К

к to, toward **1B**
  к сожале́нию unfortunately **5B**
  К чему́ ей всё э́то? Why does she need all this for? **3Б**
кабине́т office **1Г**
ка́ждый each, every **5B**
как how **B2**
  Как дела́? How are things? **B2**
  Как добра́ться до...? How can I get to...? **10Б**
  Как и я. as do I, like me **2A**
  Как тебя́ зову́т? What is your name? **B2**
  °**как раз** just right **9B**
кака́о cocoa **11Г**
како́й what, what kind, what sort **3A**
  Како́го числа́? On what date? When? (*asking for the date when*) **6Б**
календа́рь calendar **5Г**
кали́нка snowball tree <**7Б**>
ка́менный stone, rocky **8Г**
кана́л canal **2Б**
кани́кулы (*Pl.*) (school) vacation, holidays **12A**
капитали́ст capitalist **12Б**
капита́н captain **2Б**
°**капитули́ровать** capitulate, give up, surrender **Ф5**
°**капу́ста** cabbage **7Б**
каранда́ш pencil **1Б**
карате́ karate **9Г**
ка́рий (chestnut) brown (*of eyes, horses*) **9Б**
ка́рта playing card(s), map **B6**
карти́на picture, painting **3A**

°**карти́нка** pictures **Ф7**
карто́шка potato(es) **4Б**
ка́сса cashier's box, office **5B**
кассе́та cassette **2A**
кассе́тник cassette recorder **1Б**
катастро́фа catastrophe **Ф12**
ката́ться take a ride **8A**
  ката́ться на велосипе́де ride on a bicycle **5Б**
  ката́ться на конька́х go ice-skating **5Б**
  ката́ться на ло́дке sail on a boat **7A**
ка́тер motorboat, excursion boat **8Б**
кафе́ café **5O**
ка́шель cough **11Б**
квадра́т square, quadrate **Ф2**
кварти́ра apartment **3Б**
ке́мпинг camping **12Б**
килогра́мм kilogram, kilo **4B**
кино́ movies **B4**
киноза́л cinema, movie hall **5B**
кинотеа́тр movie theater **B4**
кио́ск kiosk, newsstand **Ф3, 10Б**
  Кио́ск рабо́тает. The kiosk is open. **Ф3**
класс class, school grade **1Б**
  в одно́м кла́ссе in the same class/grade **2A**
класси́ческий classical **5B**
класть lay, place **9Г**
клуб club, clubhouse **B3**
кни́га book **4Б**
ковёр carpet <**6B**>
когда́ when **1A**
ко́ккер-спа́ниель cocker spaniel **3Г**
ко́ла cola **11A**
коле́но knee **11Б**
кома́нда team **5A**
°**командиро́вка** business trip **8A**
коми́ссия commission **10Г**
ко́мната room **3Б**
компози́тор composer **9Г**
компо́т compote (*juice with fruit*) **4Б**
компре́сс compress, bandage **11A**
компью́тер computer **5O**
  игра́ть на компью́тере play a computer game **5Д**
компью́терный computer **5Г**
коне́ц end **9Г**
коне́чно of course, naturally **1A**
°**Ходи́ конём!** Move the knight! (*in chess*) **Ф5**
контро́льный control **11A**
  контро́льная рабо́та test **Ф5**
конфе́та candy, bonbon **6A**
конце́рт concert **1A**
конце́ртный concert **10Б**
конча́ться come to an end, end, conclude **5A**

°**Хорошо́ то, что хорошо́ конча́ется.** All's well that ends well. **5A**
ко́нчиться (*pf.*) come to an end, end **12Б**
°**копа́ть** dig up, dig out **Ф7**
кора́бль ship **8O**
коридо́р corridor **1A**
кори́чневый brown **9O**
коро́ва cow **12Г**
коро́ткий short **9Б**
ко́рпус section of housing complex **Ф10**
ко́смос cosmos **5B**
костёр campfire **7B**
костю́м suit **9O**
кот male cat **3A**
котле́та cutlet, hamburger **4Б**
кото́рый who, which (*rel. pron.*) **6B**
  Кото́рый час? What's the hour? What time is it? **4O**
ко́фе (*m.*) coffee **4Б**
ко́шка female cat **6Г**
°**Кошма́р!** (What a) nightmare! **11B**
краси́вый pretty, beautiful, handsome **3A**
°**красне́ть** blush, turn red **11Г**
кра́сный red **9O**
в краю́ родно́м in the homeland <**4O**>
кремль Kremlin, fortress **B3**
°**крепостно́й** fortress **8Б**
°**кре́пость** (*f.*) fortress **8O**
кре́сло armchair **3Б**
крест cross **10Г**
крик shout, scream **9Г**
кри́кнуть (*pf.*) shout, scream **9Г**
крича́ть shout, scream **9Г**
кро́ме того́ besides that, in addition **11B**
круи́з cruise **12Б**
кто who **B1**
ку́бик die (dice) <**10Б**>
куда́ where to **B4**
кузи́на (female) cousin **2Б**
кузне́ц smith <**6B**>
°**кули́ч** kulich, Easter cake (*high cylinder-shaped cake*) **6Б**
купа́ться bathe **12A**
купи́ть (*pf.*) buy **8A**
ку́рица chicken **4Б**
куро́рт health resort **2Б**
кусо́к piece (*part of a whole*), item **4B**
ку́хня kitchen **3A**

Л

ла́герь camp **12Б**
ла́дно okay, agreed **8A**
ла́мпа lamp **3Б**
ла́сточка sparrow <**7Г**>

ле́вый left **11Б**

лежа́ть lie **1Б**

  лежа́ть на со́лнце lie in the sun, sunbathe **5Б**

лени́вый lazy **9Б**

лес forest **7А**

Мы по ле́стнице бежи́м. We are running (up) the stairs. **<Ф3>**

лет years **2А**

  °Ему́ сто́лько ме́сяцев, ско́лько мне лет. He is as many months old, as I am years. **Ф6**

ле́тний summer **12А**

ле́то summer **6Б**

ле́том in the summer **2Г**

лечь *(pf.)* lie down, go to bed **11Г**

лёгкий light **5Б**

  лёгкая атле́тика track and field **5Б**

лёд ice **4Г**

ли́бо...ли́бо either...or **<7Г>**

лимона́д soft drink *(not lemonade)* **4Б**

литерату́ра literature **1Б**

литр liter **4В**

лицо́ face **11Б**

ли́шний extra, superfluous **10В**

лови́ть catch **4Г**

ло́дка boat **7А**

  ката́ться на ло́дке sail on a boat **7А**

ложи́ться lie down, go to sleep **11Г**

°лук onion **7Б**

лу́на-па́рк amusement park **10А**

лу́чше better **Ф3, 7А**

лу́чший best **Ф7, 12Г**

°льди́на block of ice **9Г**

люби́ть love **1А**

любо́вь *(f.)* love **<9Д>**

лю́ди *(Pl.)* people **6Б**

М

магази́н store, shop **3А**

маги́ческий magical **Ф2**

май May **6Б**

ма́йка T-shirt **9О**

мал too small **9В**

ма́ленький small, tiny **3А**

мали́нка raspberry, raspberry bush **<7Б>**

ма́ло little **7Г**

ма́льчик young boy **Ф2, 2А**

ма́ма mama, mom **В4**

мане́ры manners, behavior **10Г**

ма́рка stamp **5Б**

март March **6Б**

матема́тика mathematics **1Б**

матрёшка matryoshka (wooden nesting dolls) **8Б**

матро́с sailor **8Г**

мать *(f.)* mother **В6**

маши́на machine, car **3Г**

медсестра́ nurse **11Б**

°мемориа́льный ко́мплекс memorial complex **12Б**

меня́ зову́т... my name is... **В2**

меня́ть change, exchange **3Г**

ме́сто place, set **3А**

ме́сяц month **6Б**

  °Ему́ сто́лько ме́сяцев, ско́лько мне лет. He is as many months old, as I am years. **Ф6**

металли́ческий metallic **11Г**

метро́ metro, subway **10А**

мечта́ dream, daydream **3Б**

мечта́ть daydream, dream **9Б**

мёртвый dead **10Г**

микрорайо́н microregion **Ф10**

ми́нус minus **2О**

мир earth, world; peace **10А**

мно́гие *(Pl.)* many **10Г**

мно́го many, much **3Г**

мо́да mode, fashion **10Г**

мо́жет (быть) maybe, perhaps **6А**

мо́жно may one **7Б**

  °мо́жно мне...? may I? **7Г**

мой, моя́, моё; мои́ my, mine **1Б**

°молоде́ц great guy **12Б**

молодо́й young **3А**

  молодо́й челове́к young man **3Г**

молоко́ milk **4Б**

°молото́к hammer **6Г**

моне́та money, coin **5Б**

мо́ре sea **2Б**

°морж walrus *(person who swims in ice-cold water)* **5В**

моро́женое ice cream **4Б**

моро́з frost **7Г**

морско́й sea **10А**

москви́ч Muscovite *(inhabitant of Moscow)* **10А**

москви́чка (female) Muscovite **10В**

мост bridge **8О**

мочь can, able to **5А**

муж husband **6Г**

мужчи́на man **6Б**

музе́й museum **В3**

му́зыка music **В5**

музыка́льный musical **5В**

мы we **В4**

  мы с Ви́кой Vika and I **4Г**

мя́у meow **6Г**

Н

на on, in, to **В4**

На здоро́вье! To your health! **6Г**

на у́лице on the street **7Б**

наве́к forever **<4О>**

наве́рно(е) probably **3А**

наводи́ть bring, lead **<4О>**

над over, above **3Б**

надева́ть put on **9В**

наде́ть *(pf.)* put on **9В**

на́до must, is necessary **Ф11, 11А**

наза́д back, backwards **<10Б>, 11Б**

назва́ться *(pf.)* (will) be called **8О**

называ́ться be called **8О**

наконе́ц finally, at last **4А**

нале́во to the left **10Б**

написа́ть *(pf.)* write **7В**

напра́во to the right **10Б**

наприме́р for example **5Б**

напро́тив across, from, opposite **8Б**

нарисова́ть *(pf.)* draw **7В**

на́сморк a cold **11Г**

насто́льный table **5Б**

  насто́льный те́ннис table tennis **5Б**

научи́ться *(pf.)* study, learn **10Б**

находи́ться be found, located **5А**

национа́льный national **12Б**

нача́ло beginning *(temporal and spatial)* **8О**

нача́ть *(pf.)* begin, start **8А**

начина́ть begin, start **8А**

начина́ться begin, be beginning **5А**

наш, на́ша, на́ше; на́ши our **6А**

не not **В3**

  не быва́ет there are no **Ф8**

  у нас не́ было... we did not have any... **7А**

не́бо sky, heaven **<9Д>, <10Б>**

небольшо́й not large, small **8В**

неда́вно not long ago, recently **Ф6**

надалеко́ not far away, near **2Б**

неде́ля week **1Б**

незнако́мка unknown **Ф7**

неизве́стный unknown, not famous **8О**

неинтере́сно uninteresting **3А**

неинтере́сный uninteresting **8Б**

не́которые some, several **6Б**

некраси́вый ugly **Ф7, 8В**

нельзя́ prohibited, forbidden **Ф11, 11А**

неме́цкий German **5В**

  неме́цкий язы́к German language **5В**

немно́го not much, a little **9Б**

ненорма́льный abnormal **Ф9, 11Г**

непло́хо not bad **1Г**

неплохо́й not bad, satisfactory **8В**

непра́вильно false, incorrect **1Г**

нет no, not **В3, 2А**

нехоро́ший not good **8В**

нехорошо́ not well, not good **3Б**

ни ... ни neither...nor **12Б**

ни́зкий lower, base **8Б**

**Апре́ль, апре́ль — никому́ не
    верь!** April, April—trust no
    one! **<Ф6>**
Э́то ничего́. That's all right! That
    doesn't matter! **3Б**
ничья́ no one's **<6А>**
но but **В4**
но́вгородский Novgorodian **3А**
новосе́лье housewarming party
    6О
    С новосе́льем! Congratulations
    on your move. **6О**
но́вый new **3А**
    Но́вый год New Year's **6О**
    С Но́вым го́дом! Happy New
    Year! **6О**
нога́ leg, foot **11Б**
нож knife **10Г**
но́мер number **2Б**
но́рка mink **12Г**
норма́льно okay, not bad, normal
    В2
нос nose **1Г**
ноя́брь November **6Б**
нра́виться please, like **9А**
ну well, so **В2**
    Ну и что? So what? **Ф1, 7В**
ну́жен, нужна́, ну́жно; нужны́
    need **12В**
ня́ня nanny **10Б**

О

о about **1А**
о себе́ (refl.) about oneself **Ф2,
    3В**
обе́д midday meal **4А**
обе́дать have midday meal, dine
    4А
°**В тесноте́, да не в оби́де.** In tight
    quarters, but not offended. **3Г**
обма́нывать deceive **11Г**
обману́ть (pf.) deceive **11Г**
образе́ц example, sample **3В**
о́бувь (f.) shoes, footwear **12Б**
обы́чно usually **5О**
объявле́ние announcement **3Г**
обяза́тельно absolutely,
    positively **8А**
о́вощи vegetables **7Б**
Ого́! Oho! (expresses surprise)
    11А
огоро́д vegetable garden **7Б**
°**огуре́ц** cucumber **6Г**
оде́жда clothes **9А**
оди́н one **2О**
оди́н, одна́, одно́; одни́ alone **5Б**
°**одни́ богачи́** only the rich **12Г**
оди́ннадцатый eleventh **3В**
оди́ннадцать eleven **2О**
одна́жды once, one day **Ф7, 7Г**
одни́м сло́вом in a word **9Б**
в одно́м кла́ссе in the same
    class/grade **2А**

о́зеро lake **В3**
Ой! Oh! Ouch! (expresses fright
    or pain) **3А**
окно́ window **3Б**
октя́брь October **6Б**
октя́брьский October **10О**
он he/it **В4**
она́ she/it **В4**
они́ they **В4**
оно́ it **В5**
опа́сный dangerous **9Г**
о́пера opera **10Б**
оптими́ст optimist **<9Д>**
опя́ть again **1Г**
ора́нжевый orange (colored)
    <9Д>
организова́ть (impf. and pf.)
    organize **12Г**
оригина́льный original **Ф6**
орке́стр orchestra **Ф5**
о́сень (f.) fall, autumn **6Б**
о́сенью in the autumn **7Б**
осма́тривать look around,
    examine **12Б**
осмотре́ть (pf.) look around,
    examine **12Б**
основа́тель founder **10А**
основа́ть (pf.) found, create **8О**
осно́вывать found, create **8О**
осо́бенно especially **9В**
остано́вка (bus, trolley) stop **10Б**
°**Осторо́жно!** Careful! **3В**
осторо́жный careful, cautious **9Г**
о́стров island **8О**
    о́стров чуде́с Island of
    Miracles **12Г**
от from, away from **2Б**
отве́т answer **10Г**
отве́тить (pf.) answer **7В**
отвеча́ть answer **2Г**
отдохну́ть (pf.) relax, rest up,
    vacation **10В**
отдыха́ть rest, relax, vacation **В5**
оте́ц father **В6**
открыва́ть open **6Б**
откры́ть (pf.) open **7В**
откры́тка postcard **5Б**
отку́да where from **Ф12, 12В**
о́тпуск vacation, leave **12Б**
о́тчество patronymic, father's
    name **В6**
официа́нтка waitress **Ф8, 8Б**
Ох! Oh! Ah! **1Г**
°**о́хать** ooh, oohing **11Г**
°**о́хнуть** (pf.) ooh, oohing **11Г**
о́чень very **1А**
°**о́тчий дом** father's house **<4О>**
°**оши́бка** mistake **<10Б>**

П

па́дать fall **<7Г>, 11Г**
°**па́дчерица** stepdaughter **7Г**
пала́тка tent **12Б**

па́лец finger, toe **9Г**
пальто́ coat **9В**
па́мятник memorial, statue **8О**
па́па papa, dad **В1**
па́почка daddy **9В**
парк park **В3**
па́сха Easter **6О**
    С Па́схой! Happy Easter! **6О**
пацие́нт patient **11Б**
пе́рвый first **3В**
    С пе́рвым апре́ля вас! April
    Fools! **<Ф6>**
пе́ред before, in front of **3Б**
переда́ча broadcast **Ф9**
перее́хать (pf.) move, transfer
    10Б
переме́на pause, recess (in school)
    1В
перепи́сываться correspond with,
    be pen pals **5Б**
Перескажи́(те)! Retell! **7Г**
пе́сня song **1А**
петербу́ргский Petersburg **8Б**
петь sing **7В**
пешко́м on foot **<10Б>, 11В**
пиани́но piano **5В**
    игра́ть на пиани́но play the
    piano **5В**
пиани́ст pianist **5Б**
пиани́стка (female) pianist **5Б**
пиджа́к jacket **9В**
пикни́к picnic **12Б**
писа́тель writer **10В**
писа́ть write **4А**
письмо́ letter **2Г**
пи́шет s/he writes **1В**
пить drink **4Б**
пла́вать swim **5Б**
пла́кать cry **9Г**
план plan, city map **Ф3, 8Б**
плане́та planet **Ф11**
плати́ть pay **8Б**
пла́тье dress **9О**
пло́хо poorly **1А**
плохо́й poor, bad **4В**
пло́щадь (f.) square **10А**
плюс plus **2О**
пляж beach **12А**
по through, about **4А**
    Э́то не по мне. That's not for
    me. **5Г**
    по-мо́ему in my opinion **9В**
    **по понеде́льникам, по
    вто́рникам,...** on Mondays,
    on Tuesdays,... **Ф8**
побежа́ть run **Ф7, 9Г**
°**по́вар** cook **8Г**
пове́рить believe, trust **12Г**
Поверни́(те)! Turn! **10Б**
пого́да weather **2Г**
    прогно́з пого́ды weather
    forecast **2Г**
погуля́ть stroll, take a walk **8А**
под under **3Б**

пода́рок gift **5Г**
подру́га female friend **1А**
°подсне́жник snowdrop **7Г**
поду́мать *(pf.)* think **8Б**
подъе́зд wing, entrance *(of a building)* **В6**
Пое́дем! Let's go! **В4**
по́езд train **<11В>**
пое́здка trip, journey **12Б**
пое́хать *(pf.)* drive, ride **12А**
пожа́луйста please, you're welcome **В5**
пожела́ть *(pf.)* wish **10В**
позави́довать *(pf.)* envy **11Г**
позвони́ть *(pf.)* call on the phone **11А**
поздравля́ть congratulate **6Б**
познако́миться *(pf.)* make acquaintance **12Б**
Пойдём! Let's go! **В4**
пойти́ *(pf.)* go, set off on foot **12А**
Пока́! See you soon! Until next time! **В2**
показа́ть *(pf.)* show **8А**
пока́зывать show **1В**
поката́ться *(pf.)* ride **8Б**
покрасне́ть *(pf.)* blush, turn red **11Г**
покупа́ть buy **8А**
пол floor **3Б**
поли́тика politics **12Г**
по́лка shelf **1Б**
°по́лный full, full-bodied **9Б**
положи́ть *(pf.)* lay, place **9Г**
Положи́(те)! Lay it down! **3Б**
получа́ть receive, get **6Б**
получи́ть *(pf.)* receive, get **7В**
по́льский Polish **10Г**
поля́к Pole **10Г**
°поля́рный polar **12Б**
°помидо́р tomato **7Б**
по́мнить remember **11Г**
помога́ть help **2А**
помо́чь *(pf.)* help, assist **7В**
понеде́льник Monday **1Б**
по понеде́льникам on Mondays **Ф8**
понима́ть understand, comprehend **3Г**
понра́виться *(pf.)* like, be pleasing to **9А**
поня́ть *(pf.)* understand, comprehend **7Ф, 9Г**
попуга́й parrot **3А**
популя́рный popular **10А**
порт port **2Б**
портре́т portrait **1Г**
по́сле after **4А**
после́дний last **Ф7, 12Б**
посло́вица saying, proverb **<7Г>**
послу́шать *(pf.)* listen **8А**
посмотре́ть *(pf.)* look **7В**
Посмотри́(те)! Look! **3А**

поспеши́ть *(pf.)* hurry **11В**
поста́вить stand up, place **11А**
Поста́вь(те)! Stand it up! **3Б**
постро́ить *(pf.)* build **7В**
посчита́ть *(pf.)* count **8А**
пото́м then **4А**
потому́ therefore **9Г**
потому́ что because **2Г**
поу́жинать *(pf.)* have supper *(evening meal)* **10В**
°похо́д hike, trip **11В**
похо́жий similar **9В**
поцелова́ть *(pf.)* kiss **8А**
почему́ why **2Г**
по́чта post office **В3**
почтальо́н mail carrier **Ф6**
почти́ almost **4Б**
пошути́ть *(pf.)* joke **Ф8, 11Г**
поэ́т poet **10Б**
поэ́тому therefore **10Б**
прав, -а́, -о; -ы right, correct **9В**
пра́вда truth **12Г**
пра́вило rule **<10Б>**
пра́вильно right, correct **1Г**
пра́вый right **9Г**
пра́здник holiday **6О**
пра́здничный holiday, festive **7В**
пра́здновать celebrate **6Б**
предложе́ние sentence **Ф8**
прекра́сный lovely, wonderful, magnificent, super **7Б**
при during **10О**
Приве́т! Greetings! Hi! **В1**
пригласи́ть *(pf.)* invite **6В**
пригласи́ть в го́сти invite as a guest **6В**
приглаша́ть invite **6Г**
пригото́вить *(pf.)* prepare, cook **7В**
приезжа́ть come, arrive *(by vehicle)* **12О**
прие́хать *(pf.)* come, arrive *(by vehicle)* **12О**
прийти́ *(pf.)* come, arrive *(on foot)* **7В**
Принеси́(те)! Bring! **Ф7, 7Г**
приро́да nature **7Б**
приходи́ть come, arrive *(on foot)* **4А**
Прия́тного аппети́та! Bon appetit! Enjoy your meal! **4Б**
прови́нция province **1А**
провести́ *(pf.)* spend (time) **12Б**
проводи́ть spend (time) **12Б**
°прогла́тывать swallow **11Г**
°проглоти́ть *(pf.)* swallow **11Г**
прогно́з пого́ды weather forecast **2Г**
програ́мма program **4В**
прогу́лка walk, stroll **12Г**
продава́ть sell **10В**
прода́ть *(pf.)* sell **10В**
продолжа́ть continue **Ф8**
продо́лжить *(pf.)* continue **Ф8**

проду́кты produce **Ф4**
пропуска́ть pass, let pass **<10Б>**
пропусти́ть *(pf.)* pass, let pass **<10Б>**
проспе́кт prospect (long street) **8О, 12Б**
рекла́мный проспе́кт advertising flyer (prospectus) **12Б**
прости́ться part from **<4О>**
про́тив across from, opposite **Ф3, 10Б**
профе́ссор professor **В6**
прочита́ть *(pf.)* read (through) **7В**
Проща́й(те)! Farewell! **12Г**
°Без труда́ не вы́тащишь и ры́бку из пруда́. No pain, no gain. (Without effort you can't even pull a little fish from a pond.) **5В**
пря́мо straight ahead **3Б**
пти́ца bird **7Б**
пункт point **<10Б>**
путеше́ствие trip **12Б**
путёвка paid vacation, voucher **12А**
°пу́шка cannon **8Б**
пюре́ puree **4Б**
пятна́дцатый fifteenth **3В**
пятна́дцать fifteen **2О**
пя́тница Friday **1Б**
пятёрка a five = a grade of A **Ф1О**
пя́тый fifth **3В**
пять five **2О**

Р

рабо́та work **2Г**
контро́льная рабо́та test **Ф5**
рабо́тать work **В5**
Кио́ск рабо́тает. The kiosk is open. **Ф3**
рабо́тник worker **Ф11**
ра́дио radio **В6**
радиопрогра́мма radio program **<2В>, <Ф6>**
радиоста́нция radio station **10А**
раз one *(by counting)* **<Ф3>, once 11А**
°в три ра́за быстре́е, чем... three times faster than... **Ф10**
разбуди́ть *(pf.)* wake **8А**
разгова́ривать converse, chat **9Б**
разгово́р conversation **9Б**
раздева́ть undress **11Г**
разде́ть *(pf.)* undress **11Г**
ра́зный different **<11В>**
разруша́ть destroy **10О**
разру́шить *(pf.)* destroy **10О**
райо́н region **Ф10**

ра́ньше earlier 7А
расписа́ние schedule 1Б
расска́з short story 1Г
рассказа́ть *(pf.)* tell (a story), narrate 7Г
 Расскажи́(те)! Tell! 3В
расска́зывать tell (a story), narrate В6
расти́ grow 7Б
ребя́та kids, guys *(form of address)* В4
револю́ция revolution 10О
результа́т result <2В>, <5О>
резюме́ resume 11Г
река́ river В3
рекла́мный проспе́кт advertising flyer (prospectus) 12Б
ремо́нт repair 11В
рестора́н restaurant 4А
реце́пт prescription 11А
ре́чка little river Ф10
реша́ть decide 8Б
реши́ть *(pf.)* decide 8Б
°ри́мский Roman Ф6
рис rice 4Б
рисова́ть draw 5А
 рису́ет s/he draws 1Г
рису́нок drawing 8В
ро́дина homeland 5В
роди́тели parents 11Г
роди́тель father *(archaic)*, parent <3В>
роди́ться *(pf.)* be born 10Б
в краю́ родно́м in the homeland <4О>
рожда́ться be/being born 10Б
С днём рожде́ния! Happy Birthday! 6О
Рождество́ Christmas (birth of Christ) 6О
С Рождество́м! Merry Christmas! 6О
ро́за rose 11В
ро́зовый rose (colored) <9Д>
рок-гру́ппа rock group 1А
рок-конце́рт rock concert В5
рок-му́зыка rock music 1А
рома́н Roman Ф8, 10Б
рост size 9Б
рот mouth <7Г>, 11Б
руба́шка shirt 9О
рука́ hand, arm 5Д
 золоты́е ру́ки golden hands 5Д
ру́сские Russians 6Б
ру́сский Russian 3А
 ру́сский алфави́т Russian alphabet В6
 ру́сский язы́к Russian language 1Б
ру́чка pen 1Б
ры́ба fish 4Б
рыба́к fisherman 10Б
°рыба́лка fishing 4Г

°ры́бная соля́нка fish soup 4Г
 Без труда́ не вы́тащишь и ры́бку из пруда́. No pain, no gain. (Without effort you can't even pull a little fish from a pond.) 5В
°рыболо́в fisherman 4Г
ры́жий red (haired) 9В
рюкза́к backpack Ф7, 12Б
ряд row 5В
ря́дом next to, alongside 3Б

С

с with 1В, from, off of 10В
 С днём Восьмо́го ма́рта! Best wishes on March 8th! *(International Women's Day)* 6О
 С днём рожде́ния! Happy Birthday! 6О
 С новосе́льем! Best wishes on your move! 6О
 С Но́вым го́дом! Happy New Year! 6О
 С Па́схой! Happy Easter! 6О
 С пе́рвым апре́ля вас! April Fools! <Ф6>
 С Рождество́м! Merry Christmas! 6О
с удово́льствием with pleasure 6В
мы с Ви́кой Vika and I 4Г
сад garden 7Б
сала́т lettuce, salad 4Б
сам self 8В
самова́р samovar 7А
са́мый very, best *(to form superlative)* 10А
сандале́ты sandals 12А
све́тит (the sun) shines 2Б
све́тлый light, bright 9Б
До свида́ния! Good-bye! 1А
°свинья́ pig 7В
сви́тер sweater 9О
свобо́да freedom <9Д>
свобо́дный free 5О
 свобо́дное вре́мя free time 5О
сде́лать *(pf.)* do, make 7В
себя́ self *(refl.)* 10Г
се́вер north 2Б
се́верный northern 8Б
сего́дня today 1А
седьмо́й seventh 3В
сейча́с right now, immediately Ф2, 3В
 Я сейча́с! I'll be right back! Ф7
секре́т secret Ф6
семна́дцатый seventeenth 3В
семна́дцать seventeen 2О
семь seven 2О
семья́ family Ф2, 2Б
сентя́брь September 6Б

се́рдце heart 10О
середи́на middle 6Г
се́рый gray 9О
серьёзный serious 9Б
сестра́ sister 2А
сиде́ть sit 4А
си́льный strong 7Б
си́мвол symbol 8О
симпати́чный nice, attractive 3А
си́ний (navy) blue 9О
сказа́ть *(pf.)* say, speak 7В
 так сказа́ть so to speak 9Б
 Скажи́(те)! Speak! Say it! 3А
ска́зка fairy tale 6В
скаме́йка bench 8Б
скейт-бо́рд skateboard 8А
ско́лько how many? 2О
 Ско́лько ... лет? How old...? 2А
°ско́лько челове́к how many people Ф4
°Ему́ сто́лько ме́сяцев, ско́лько мне лет. He is as many months old, as I am years. Ф6
ско́ро soon 10Г
скро́мный modest 9Б
ску́чно boring 1Г
ску́чный boring 4В
слабоу́мный weak-minded, dim-witted 10Г
сла́бый weak 7Б
сле́ва on the left 1Б
сле́дующий next 10Б
°сли́ва plum, plum tree 7Б
сло́во word Ф5, 9Г
случа́ться happen, occur, take place 10Г
случи́ться *(pf.)* happen, occur, take place 10Г
слу́шать listen В5
 Слу́шай(те)! Listen! Ф3
слы́шать hear 8Г
сме́лый brave, bold, daring 9Г
смешно́й funny, humorous 11Г
смея́ться laugh 8Г
смотре́ть look, watch 1А
смочь *(pf.)* can, able to <10Б>
снача́ла first, in the beginning Ф7
снег snow <6Б>, 7А
 снег идёт (шёл) it is snowing 7Б
соба́ка dog 3А
собира́ть gather, collect 5Б
собо́й (with) oneself 12А
собо́р cathedral В3
собра́ть *(pf.)* gather, collect 7В
совреме́нный contemporary, modern 5Б
совсе́м completely 5В
совсе́м не not at all 5В
согла́сен agree with 9В
к сожале́нию unfortunately 5В

со́лнце sun 2Б

  лежа́ть на со́лнце lie in the sun 5Б

  со́лнце све́тит the sun is shining 2Б

соля́нка solyanka (fish soup) 4Г

сон dream Ф11

соси́ска hot dog 4Б

сосла́ть *(pf.)* exile 10Б

сосна́ pine tree <7Б>

°соста́вить *(pf.)* compose, put together Ф8

°составля́ть compose, put together Ф8

спа́льня bedroom 3Б

спаси́бо thank you В4

  спаси́бо за... thank you for... 2Г

  Большо́е вам спаси́бо. Thank you very much. 6Г

спать sleep 4А

специали́ст specialist 8Г

спеши́ть hurry 11В

спорт sport(s) Ф3, 5А

спортза́л gymnasium 5А

спорти́вный sport 9Б

спортлото́ sport lottery <2В>

спортсме́н athlete В4

спортсме́нка (female) athlete Ф12

спра́ва on the right 1Б

спра́шивать ask *(a question)* 2В

спроси́ть *(pf.)* ask *(a question)* 7В

°спустя́ later, after 11Г

среда́ Wednesday 1Б

сре́дний middle 9Б

ссыла́ть exile, deport 10Б

ста́вить place, stand 11А

стадио́н stadium В3

стака́н glass 4В

ста́ло it became 7Г

станови́ться become 10О

ста́нция station 10А

старе́ть grow old 9В

стари́к old man Б5

стару́шка old woman <11В>

ста́рый old 3А

стать *(pf.)* become 10О

стена́ wall 3А

стихи́ *(Pl.)* verse, poem 10Б

стол table, desk 1Б

столи́ца capital 2Б

столо́вая cafeteria, dining room 4Б

°Ему́ сто́лько ме́сяцев, ско́лько мне лет. He is as many months old, as I am years. Ф6

сторона́ side <11В>

стоя́ть stand 1А

страна́ country 2Б

страни́ца page Ф3, 5О

стра́шно terrible, awful 11Б

стрельну́ть *(pf.)* shoot 8Б

стреля́ть shoot 8Б

°строи́тель builder 8Г

стро́ить build 7В

стро́йный slim 9Б

студе́нт student 3А

стул chair 1Б

суббо́та Saturday 1Б

сувени́р souvenir 8Б

су́мка handbag, bag 1Б

су́мма sum Ф4

суп soup 4Б

су́пер super Ф5

супертре́нер supertrainer Ф5

сфотографи́ровать *(pf.)* photograph 7В

сце́на scene 6Г

счастли́вый happy, fortunate 9Б

сча́стье happiness, fortune 6Б

счита́ть count 2О

сшить *(pf.)* sew 9В

сын son В6

съесть *(pf.)* eat 7В

Т

табле́тка tablet 11А

так thus, this way, so Ф1, 4А

  так сказа́ть so to speak 9Б

тако́й such 9Б

такси́ taxi Ф4

такси́ст taxi driver Ф4

там there В2

танцева́ть dance 5А

таре́лка plate 4В

°тата́рский Tatar 12Б

тата́ры *(Pl.)* Tatars 10О

твой, твоя́, твоё; твои́ your *(sg.)* 1Б

теа́тр theater В3

Хорошо́ тебе́! You have it good! 11А

текст text 9Г

телеба́шня television tower 10А

телеви́зор television set 1А

телегра́мма telegram Ф6

телефо́н telephone 1В

телефони́ст telephone operator 2Б

°те́лик *(coll.)* TV 12В

те́ло body 11Б

те́ма theme, topic 1Г

темно́ dark 6Г

темнота́ darkness 6Г

температу́ра temperature 2Г

те́ннис tennis 5Б

  насто́льный те́ннис table tennis 5Б

тенниси́ст tennis player 5Б

тенниси́стка (female) tennis player 5Б

тепе́рь now 3Г

°тепли́ца greenhouse, hothouse 12Г

тепло́ warm 7Б

теплота́ warmth <9Д>

°теплохо́д ship 12Б

термо́с Thermos 4Г

°В тесноте́, да не в оби́де. In tight quarters, but not offended. 3Г

тетра́дь notebook 1Б

те́хника technology <11В>

течёт flows 2Б

тёмный dark 8В

тёплый warm 7Б

тётя aunt 7Б

тигр tiger В6

ти́хо quietly 7Б

тогда́ then, at that time 11Г

то́же also В4

то́лько only, just 1А

торт cake, torte <6В>

тот that one 7В

тот, та, то; те that 10В

  °Хорошо́ то, что хорошо́ конча́ется. All's well that ends well. 5А

  °У кого́ что боли́т, тот о том и говори́т. The one who is hurting will tell you about it. Ф10

тра́ктор tractor 12Г

тре́нер trainer 2А

трениро́вка training 5А

тре́тий third 3В

три three 2О

три́дцать thirty 2О

трина́дцатый thirteenth 3В

трина́дцать thirteen 2О

тро́йка a three = grade of C Ф10

°Без труда́ не вы́тащишь и ры́бку из пруда́. No pain, no gain. (Without effort you can't even pull a little fish from a pond.) 5В

тру́дно difficult, hard 4А

тру́дный difficult, hard 5В

туале́т toilet, restroom 3Б

туда́ to there 5А

ту́ндра tundra *(treeless plain)* 2Б

тури́ст tourist В3

турни́р tournament Ф5

тут here 6Г

ты you *(Sg.)* В4

ты́сяча thousand 12Г

Тьфу! Phooey! Ф11

тяжёлый heavy 11Г

У

у at, near, by Ф3, 7Б

°У кого́ что боли́т, тот о том и говори́т. The one who is hurting will tell you about it. Ф10

у нас не́ было... we did not have... 7А

у них был... they had... 7А

у меня́ есть I have... 2А

у меня́ нет... I do not have... 2А

убива́ть kill, murder **10Г**
убира́ть pick up, clean up **4А**
уби́ть (*pf.*) kill, murder **10Г**
убра́ть (*pf.*) pick up, clean up **10В**
уви́деть (*pf.*) see, catch sight of **7В**
у́гол corner **3Б**
удиви́ться (*pf.*) be surprised at, wonder at **8Г**
удивля́ться be surprised at, wonder at **8Г**
с удово́льствием with pleasure **6В**
У́жас! Horrible! Terrible! **2Г**
ужа́сный horrible, terrible **10В**
уже́ already **1В**
у́жин supper **4А**
у́жинать have supper (*evening meal*) **4А**
узнава́ть learn, find out **8Г**
узна́ть (*pf.*) learn, find out **8Г**
уйти́ (*pf.*) go out, leave **7Г**
°укра́л stole (*past tense of* steal) **Ф9**
у́лица street **3А**
умере́ть (*pf.*) die **10Б**
уме́ть can, know how to (*the ability to*) **5А**
умира́ть die **10Б**
у́мный clever, smart **9Б**
универса́льный universal **10А**
университе́т university **В6**
упа́сть (*pf.*) fall **11Г**
уро́к lesson, class hour **1В**
   де́лать уро́ки do your homework **В5**
услы́шать (*pf.*) hear **8Г**
у́тренний morning **12В**
у́тро morning **4А**
у́тром in the morning **1А**
у́хо ear **11Б**
уходи́ть leave, go out **7Г**
уче́бник textbook **1Б**
учени́к schoolboy **В6**
учени́ца schoolgirl **В6**
учи́тель teacher **1Б**
учи́тельница (female) teacher **1Б**
учи́ть study **Ф12**
учи́ться study, be a student **10Б**

Ф

фа́брика factory **В6**
факт fact **8Г**
фами́лия family name, last name **В2**
°фанта́стика science fiction **Ф11**
°фа́ртук apron **9О**
февра́ль February **6Б**
фе́рма farm **12Г**
фестива́ль festival **8О**
фигу́ра figure **5Г**
фигури́ст figure skater **2А**

фигури́стка (female) figure skater **2А**
фи́зик physicist **В6**
фи́зика physics **1Б**
физкульту́ра physical education **1Б**
фило́лог philologist **10Б**
фильм film **Ф2, 4А**
фиоле́товый violet (color) <**9Д**>, **Ф11**
°Что за фо́кусы? What kind of nonsense is that? **11А**
фортепиа́но piano (-forte) **10Б**
фо́то photo **2А**
фотоаппара́т camera **2В**
фото́граф photograph **В6**
фотографи́ровать photograph **5А**
францу́зский French **9О**
фру́кты fruits **7Б**
фунда́мент foundation **7В**
футбо́л soccer **1В**
   игра́ть в футбо́л play soccer **1В**
футболи́ст soccer player **2Б**
футболи́стка (female) soccer player **5Б**
футбо́льный матч soccer match <**10Б**>

Х

Ха-ха-ха! Ha-ha-ha! **В5**
хара́ктер character **9Б**
хи́мик chemist **2В**
хи́мия chemistry **1Б**
хлеб bread **4Б**
хо́бби hobby **5Б**
ход move <**10Б**>
ходи́ть go on foot, visit **5О**
   °Ходи́ конём! Move the knight! **Ф5**
   ходи́ть на лы́жах go cross-country skiing **4Г**
хокке́й hockey **5Б**
хоккеи́ст hockey player **5Б**
хоккеи́стка (female) hockey player **5Б**
холоди́льник refrigerator **Ф4, 4Г**
хо́лодно cold **2Б**
хоро́ший good **4В**
хорошо́ well, fine **В4**
   Хорошо́ тебе́! You have it good! **11А**
   °Хорошо́ то, что хорошо́ конча́ется. All's well that ends well. **5А**
хоте́ть want **4В**
храм cathedral **10А**

Ц

царе́вич czarevitch (*son of the czar*) **10Г**
цари́ца czarina **8О**

ца́рский czarist **10Г**
ца́рствовать reign as czar **10Г**
царь czar **8О**
цвет color **9А**
цвето́к flower **6А**
целова́ть kiss <**6В**>, **7А**
центр center, downtown **В3**
центра́льный central **10А**
це́рковь (*f.*) church **6Б**
цирк circus **12А**
ци́фра number **5Г**

Ч

чай tea **4Б**
час hour, o'clock **4О**
   Кото́рый час? What time is it? **4О**
°ча́сик hour **4Г**
ча́сто often **2А**
ча́стый often, frequent <**6Б**>
часы́ watch, clock **Ф8**
ча́шка cup **4В**
°чей, чья, чьё; чьи whose **6А**
чек receipt, sales check **Ф8**
челове́к person **3Г**
   молодо́й челове́к young man **3Г**
   ско́лько челове́к how many people **Ф4**
челове́чек little person **Ф11**
°в три ра́за быстре́е, чем... three times faster than... **Ф10**
че́рез across, through **10Б**, in, within (*a time*) **Ф12**
   че́рез одну́ after one (*one after next*) **10Б**
четве́рг Thursday **1Б**
четвёрка a four = a grade of B **Ф10**
четвёртый fourth **3В**
четы́ре four **2О**
четы́рнадцатый fourteenth **3В**
четы́рнадцать fourteen **2О**
чёрный black **9О**
чиж siskin, finch <**6А**>
чи́жик little siskin <**6А**>
число́ number **Ф9**
   Како́е сего́дня число́? What is today's date? **6Б**
чита́ть read **В5**
что what **В3**, that **4Б**
°Что за фо́кусы? What kind of nonsense is that? **11А**
Что мно́го говори́ть? Why so much talking? **7Г**
Что э́то? What is this? **В3**
°Хорошо́ то, что хорошо́ конча́ется. All's well that ends well. **5А**
чу́вствовать себя́ feel **11А**
°чу́до miracle **12Б**
   о́стров чуде́с Island of Miracles **12Г**

Ш

ша́пка hat **11А**
ша́рик little sphere **11Г**
ша́хматы chess **Ф2, 5Б**
 игра́ть в ша́хматы play chess
 Ф2, 5Б
шахмати́ст chess player **5Б**
шахмати́стка (female) chess
 player **5Б**
шестна́дцатый sixteenth **3В**
шестна́дцать sixteen **2О**
шесто́й sixth **3В**
шесть six **2О**
шить sew **5Г**
шкаф closet **3Б**
шко́ла school **В3**
шко́льная фо́рма school uniform
 9О
шко́льный school **5В**
шокола́д chocolate **6А**
°шу́ба fur coat **12Г**

шути́ть joke **5Г**
шу́тка joke **Ф4, 9Г**

Э

Эй! Hey! **В5**
экза́мен exam **2В**
экземпля́р example **Ф11**
экску́рсия excursion **4А**
эпиде́мия epidemic **11А**
эта́ж floor **3В**
э́то this, that **В3**
 Э́то не по мне. That's not for
 me. **5Г**
 Э́то ничего́. That doesn't
 matter. **3В**
э́тот, э́та, э́то; э́ти this **6В**
Эх! Oh! *(expresses regret, pity,
 reproach, grieving)* **7В**
э́хо echo **10А**

Ю

юбиле́й jubilee **Ф2**
ю́бка skirt **5Г**
юг south **2Б**
ю́ноша youth, young boy **Ф7**
ю́ный young **<4Б>**

Я

я I **В1**
 Я сейча́с. I'll be right back. **Ф7**
я́блоко apple **7Б**
яви́ться *(pf.)* be present **10А**
явля́ться be present **10А**
°я́года berry **7Б**
язы́к language **1Б**, tongue **Ф11**
яйцо́ egg **6Б**
янва́рь January **6Б**
я́сно clear, distinct **11А**
я́щик box **4Г**